통일에 대비한 경제정책

이종원 지음

도서출판
해남

머리말

2010년도 남북관계는 한국전쟁 이후 가장 긴장된 시기였다고 할 수 있다. 2010년 3월 발생한 천안함 침몰사건 그리고 동년 11월에 발생한 연평도 포격사건 등으로 군사적 위기가 최고조에 달하게 되었다. 이로 인해 지난 20여 년 넘게 진행된 남북경협이 거의 단절단계에 이르렀다. 이러한 상황전개는 부분적으로는 한국의 대북 정책기조 변화와 북한의 내부 사정(3세대 권력세습 등)에 기인하는 것으로 보인다.

2000년 남북정상회담 및 6.15공동선언 후 추진된 DJ정부의 '햇볕정책', 그리고 이를 계승한 참여정부의 '평화번영정책'은 기본적으로 정치적 화해(political reconciliation)와 경제적 협력(economic cooperation)을 표방한다는 차원에서 맥을 같이 하였다고 볼 수 있다. 그러나 MB정부는 정권 초기에 내세웠던 '비핵 · 개방 3000 정책'을 '상생과 공영 정책'으로 대체한 다음 일방적 양보와 지원으로 일관해 온 이전 정부의 정책노선 대신 상호주의를 표방하게 되었다. 결과적으로 남북관계는 냉각기에 들어서게 되었다. 물론 이러한 정책노선 변경은 연평해전과 같은 충격적 사건을 목도하는 가운데 쌓여 온 북한 정권에 대한 불신과 그동안 추진하여 온 대북정책의 성과에 대한 회의감이 중첩되면서 추진된 것으로 볼 수 있다. 또한 MB정부가 들어선 이후 대북정책기조 측면에서는 원칙과 명분이 보다 분명하고 납득 가능한 내용으로 설정되었다는 평가가 나오기도 하였다. 그러나 성과는 별무한 반면 남북관계 악화만을 초래하였다는 비판이 동시에 제기되기도 하였다. 심지어 새로운 정책기조는 실효성이 의문시되는 일종의 봉쇄정책(containment policy)으로 전락하였다는 견해까지 제시되었다. 반면에 이전 정부의 대북 정책은 우리의 입장이나 원칙이 제대로 천명되고 존중되지는 못하였으나 나름대로 성과가 있었다는 평가가 제기되기도 하였다. 여하튼 현시점에서 볼 때 남북관계는 매우 경직된 교착상태에 빠져 있으나 쌍방의 입장이 쉽사리 누그러질 가능성은 없어 보인다. 그리고 이러한 상황전개는 어떤 형식으로든 새로운 사건의 발생으로 이어질 가능성이 높아 이에 대한 현명한 대처가 필요하다고 볼 수 있다.

1980년대까지만 해도 희망사항에 불과하였던 남북한 통일은 독일 통일을 지켜보면서 우리에게도 실현 가능한 일로 인식되었고, 아울러 국민들의 기대를 한껏 부풀게 한 적이 있었다. 그러나 독일에서의 통일후유증 등을 지켜보면서 통일에 대한 우려가 제기되기도 하였고, 따라서 가능하면 점진적이고 단계적인 평화적 통일을 실현하는 것이 바람직하다는 견해가 부각되기도 하였다. 그러나 통일이 물리적 시간상 먼 장래에 도래한다 해도 우리가 이에 대한 대응책을 적절히 마련해 두지 않을 경우 큰 후유증을 가져올 것이라는 사실에 유념할 필요가 있다. 어쩌면 최근의 대북한 관계 경색은 준비가 미흡한 시점에서의 급격한 통일도래로 이어질 경우 큰 혼란을 야기할 수 있다고 볼 수도 있다. 조속히 남북통일에 대한 철저한 대응방안을 마련해 두어야 할 때이다.

이상과 같은 인식하에 저자는 지난 20여 년 간의 연구물들을 기초로 '통일에 대비한 경제정책'이란 표제의 본서를 발간하게 되었다. 개인적으로는 아직 미흡한 부분이 있어 좀더 시간을 두고 준비하고 싶었으나 금년 8월로 예정된 정년퇴임을 기념한다는 차원에서 일단 서둘러 출간하게 되었다.

통일로 인한 혼란을 감안하여 다소의 우려가 제기되기도 하였지만, 대다수 국민의 궁극적 바람은 통일국가의 형성이라 할 수 있다. 조선 멸망 후 민족적 수난과 분단에 따른 동족상잔으로 인해 겪어야 하였던 왜곡된 정치 · 경제 · 사회적 제도와 깨져 버린 민족적 동질성 회복은 우리 모두의 염원이라 할 수 있다.

그런데 통일을 보다 순조롭게 달성하기 위해서는 일차적으로 동질적 경제공동체를 회복하는 데 초점을 맞출 필요가 있다. 이러한 측면에서 볼 때, 우리는 어떤 방식의 남북경제 통합이 바람직하고 또 현실적으로 실현 가능한 것인가에 대한 논점을 우선 정립할 필요가 있다. 그리고 이를 위해 특히 북한 경제가 어떠한 이행과정을 거쳐 왔고, 또 앞으로 어떠한 방향으로 변모하게 될 것인가를 설득력 있게 분석할 수 있는 모형의 설정이 절실해진다.

이러한 관점하에 본서에서는 일단 한 나라 국민경제의 발전과정을 분석할 수 있는 접근방안들을 총망라하여 검토해 보았다. 그리고 기존의 방법론들이 갖는 한계성은 무엇이며, 또 이를 어떻게 보완 내지 개선할 수 있는지 탐구해 보았다. 아울러 이러한 논의과정을 통해 도출된 새로운 분석모형을 제2장에 정리 · 제시하였는데, 그 내용이 저자의 대표적 기여사항 중 하나라 할 수 있다.

그리고 이렇게 정립된 분석모형에 근거하여 북한 경제의 전개과정 및 성과를 분석하고 향후 예상되는 경제체제 전환방향에 대한 논의를 정리하여 제3장에 실었다. 한편, 통일의 기초를 마련해 줄 동질적 국민경제 구축방안은 제4편과 제5편에 핵심적 고려사항을 중심으로 제시하였는데, 남북한 경제의 동질성 회복 및 통일 실현을 가속화시킬 수 있는 방안 중 통일 실현 이전에 추진할 수 있는 정책대안들은 제4편 제4장에 별도로 정리해 두었다. 한편, 언제 어떤 형태이든 간에 일단 통일이 도래할 경우에 남북한 경제의 동질성을 조속히 그리고 원만하게 회복하기 위해 추진해야 할 정책대안들은 제5편의 제5~10장까지 6개 장에 걸쳐 구체적으로 검토 제시하였다. 단, 이상과 같은 방

대한 내용의 책을 펴내기 위해 저자는 그간 단독 또는 공동연구를 통해 발표하여 온 아래와 같은 저서와 논문들을 많이 참고하거나 개편 · 활용하게 되었다. 자료활용을 허락해 준 인천대 함정호 교수, 전주대 김창권 교수 등 공동연구자들에게 감사의 뜻을 표한다.

· 『통일경제론』, 해남, 1997(공저).
· 『통일 실현 시 경제안정화를 위한 주요정책과제』, 한국노동연구원, 2003.
· 『통일 실현 시 경제안정화를 위한 주요정책과제: 대량기업 도산 및 실업 그리고 인구 이동문제를 중심으로』, 한국노동연구원 연구보고서, 2003.
· 『북한 인력의 실태분석과 북한 인력 활용 시 정책적 고려사항』, 한국노동연구원 연구보고서, 2003.
· *Success and Failure of The Korean Economy and Its Prospects*, East-West Research Institute, U.S.A., 2004(2005년도 정진기 언론문화상 경제도서부문 장려상 수상; 2006년도 대한민국학술원 우수학술도서 선정).
· 『한국경제론』, 제2판, 해남, 2004.
· 『북한 인력에 관한 법제 · 실태와 활용방안』, 한국노동연구원, 2004(공저).
· 『경제학』, 해남, 2009.
· 「韓國經濟의 發展過程에 關한 一論議」, 『경제학연구』, 제41집 제2호, 1993, pp. 335~371.
· 「남북경제 교류실태와 통일에 대비한 협력방안: 민족공동체적 경제통합을 위한 경제협력 및 조정방안」, 『사회과학』, 제32권 제1호, 1993, pp. 97~122.

·「統一에 對備한 韓國經濟의 進路摸索」, 『한국경제』, 제21권 제1호, 1994, pp. 65~109.

·「동구권 국유기업의 사유화 정책평가 및 한반도 통일에의 시사점」, 『국제경제연구』, 제2권 제1호, 1996, pp. 103~128(김창권 공저).

·「통일 실현 시 북한경제의 시장경제로의 전환을 위한 경제제도 개혁방안」, 『재정논집』,제11집, 1996, pp. 271~298(김창권 공저).

·「거시 계량 모형 체계에 의한 북한의 GNP추정」, 『동북아경제연구』, 제8호, 1997, pp. 209~232.

·「統一韓國에서의 金融·財政政策의 混合的 運用方案」, 『재정논집』, 제13집 제2호, 1999, pp. 229~257(김창권 공저).

·「統一費用 極小化를 위한 政策提案」, 『동북아경제연구』, 제10권 제2호, 1999, pp. 95~137(한기성 공저).

·「통일한국에서의 금융제도 개편방안: 신용경색 해소를 위한 미시적·제도적 대응방안을 중심으로」, 『경상논총』, 제22호, 2000, pp. 73~98(함정호, 김창권 공저).

· "German Reunification after Ten Years: Lessons from the Monetary Side and the Labor Market for the Unified Korea," 『경상논총』, 2001, pp. 149~173(Horst Brezinski, Chang-Kwon Kim 공저, 영문).

· "A Practical Approach to the Estimation of North Korea's GNP," *The Journal of the Korean Economy*, Vol. 2, No. 2, Fall 2001, pp. 333~347(이상돈 공저, 영문).

·「통일한국에서의 대량실업 및 인구이동 대응방안: 통일독일의 노동정책에 대한 평가를 중심으로」, 『동북아경제연구』, 제13권 제1호, 2001, pp. 53~90(함정호, 김창권, Horst Brezinski 공저).

· "The Impact of the Korean War on the Korean Economy," *International Journal of Korean Studies*, Vol. 5, No. 1, 2001, pp. 97~118.

끝으로 본서를 출간하는 데 많은 배려와 관심을 보여 주신 도서출판 해남의 노현철 사장과 책의 구성 및 내용편집에 고견을 제시해 준 성균관대학교 경제학과 김영세 교수에게 감사의 뜻을 전하며, 강호제현의 거침없는 비판을 삼가 청하고자 한다.

다산경제연구원에서

저자

차례

제1편

통일에 대한 인식과 대응

제1장 통일문제, 어떻게 인식하고 대처할 것인가

CHAPTER 1

통일문제, 어떻게 인식하고 대처할 것인가

1

통일문제, 어떻게 인식하고 대처할 것인가

냉전시대에 북한 경제에 접근하는 방안은 대체적으로 남북한 체제 간의 이질성을 강조하거나 남한 체제의 우수성을 부각하려는 차원에서 이루어졌다. 남북관계가 그나마 쌍방 간에 직접 대화를 통해 실질적으로 상대방의 존재를 서로 인정하는 방식으로 전화된 것은 1972년 7.4공동성명이 발표된 이후라 할 수 있다. 이어 1990년을 전후한 소련 및 구동구권 국가들의 체제전환을 지켜보면서 쌍방은 1992년에 남북 기본 합의서를 교환하게 되었다. 그리고 1990년대 이후 무려 9년 간에 걸쳐 마이너스 성장을 기록할 만큼 경제적 난국에 처한 북한은 남한과의 경제교류 및 협조가 절실하여졌고, 남한은 불가능할 것만 같던 통일이 한반도에서도 이루어질 수 있다는 희망 속에 대북 정책의 전환이 필요하다는 인식이 확산되면서 쌍방의 이해가 맞아 떨어지게 되었다. 그 결과 2000년에는 김대중 대통령이 북한을 직접 방문하여 김정일 위원장을 만나 6.15공동선언을 공표하기에 이르렀다. 김대중의 국민의 정부 연장선상에서 출범한 노무현의 참여정부에서도 2007년에 정상회담을 성사시키면서 10.4선언을 발표하게 되었다. 이 두 정부의 대북정책을 한 마디로 표현한다면 각각 '햇볕정책'과 '평화번영정책'이라 할 수 있다. 그러나 2008년 출범한 이명박정부는 이전 정부들에서의 일방적 양보와 지원정책에 문제가 있다고 보고 상호주의에 입각하는 '상생공영정책'을 표방하게 되었다. 아울러 비핵평화, 대외개방, 민생우선이라는 원칙하에 평화공동체와 경제공동체 그리고 민족공동체를 구축하자는 제안을 내놓았다.

2008년은 북한에 곡물부족이 극심한 시기였는데, 상호주의 원칙을 표방하고 나선 이명박정부로부터 대북 곡물지원이 급감하는 결과가 초래되었다. 당시 세계적으로는 국제곡물가가 급등하여 북한이 해외로부터 수입할 경우 그 조달비용이 급증할 수밖에 없었다. 당연히 남북관계는 냉각기에 들어서게 되었다. 그리고 2010년 3월 26일 천안함 침몰사건과 연이은 11월 23일 연평도 포격사건으로 남북관계가 급속히 경색되었고, 지역안보주체들의 갈등을 심화시킴에 따라 그 동안의 남북관계 및 안보정책이 딜레마에 빠지게 되었다.

그 결과 대북 정책에 대한 전면적인 재검토 내지 수정이 필요하다는 인식이 자리잡게 되었다. 사건발발 후 관련국들의 대응자세를 보면서 지역안보를 위해 한 · 중 · 미, 그리고 한 · 미 · 일 간의 삼자협력체제의 중요성이 재삼 확인되었다. 특히, 중국의 북한에 대한 일관되지 못한 포용정책이 드러나면서 차후 대북 관련 정책 추진에 걸림돌로 작용할 수 있다는 우려가 제기되기도 하였다.

그런데 과연 북한은 무엇 때문에 이러한 일을 자행하였을까, 또 이러한 행위를 통해 그들이 의도하였던 성과를 거둔 것으로 볼 수 있을까, 그리고 그동안 어렵게 조성되어 온 남북 간 협력 및 통일기반 조성사업은 이제 거두어들여야 할 것인가라는 등의 의문이 자연스레 제기되었다.

물론 예상보다 강력한 돌발행위이기는 하지만 어느 정도 위기의 도래는 예견된 것이었다. 지난 2008년 이명박정부 수립에 따른 남북관계 및 북미관계의 변화는 위기의 시대를 예고하게 되었고, 그 이후 북한은 제2차 핵실험, 6자회담 불참선언, 개성공단에 대한 12.1조치, 금강산 및 개성관광 중단 등으로 남북관계 경색은 물론 동북아의 극심한 긴장을 고조시켜 왔던 것이다.

통상적으로 북한은 '부정적인 양보의 전략'을 주로 써 왔다. 관련국들로부터 정치 · 경제적 양보를 얻기 위해 그들의 이익을 위협하는 행위를 하지 않겠다는 약속을 하는 방식으로 실리를 추구하는 전략이다.[1] 예컨대, 북한은 더 많은 양보와 지원을 얻어 내기 위해 미사일 발사나 핵실험, 화생방 및 대량살상무기 사용 그리고 '서울 불바다' 같은 위협적인 협박을 일삼으며 자신의 위험성을 부각시킴으로써 위기감을 고조시킨 다음, 화해의 제스처를 취하며 회담의지를 표명하고는 하였다. 그런 다음 고조된 위기를 완화하는 조건하에 정치 · 경제적 양보를 얻어 내는 것이다. 그런데 2010년의 천안함 폭침과 연평도 포격사건은 이러한 관행에 크게 어긋나는 행태라 할 수 있다.

일부 전문가들은 금번 위기가 북한의 정치사정, 즉 지도부 내 권력경쟁이나 후계자 구도문제와 관계가 있다고 본다. 이러한 가설을 물론 전면 부인할 수는 없다. 그러나 금번의 도발은 전례 없이 높은 강도의 것임에 주의할 필요가 있다. 따라서 금번 사태는 결국 이들이 그 동안 성공적으로 활용하여 온 전통적인 전략만으로는 소기의 성과를 거둘 수 없었기 때문에 자행한 도발로 보는 것이 오히려 타당할 것이라 볼 수 있다. 즉, 남한에서 비우호적 정권이 출현하면서 포용정책과 일방적 양보로 일관해 오던 입장에서 벗어나 상호주의 원칙을 천명함에 따라 북한이 상응하는 양보를 하지 않을 경우 남북교류를 더 이상 확장하지 않겠다는 입장을 공표하였던 것이다. 한편, 미국의 경우 새로 출범한 오바마 행정부가 비록 북한을 '악의 축'으로 규정하였던 부시 행정부에 비해서는 상대적으로 유화적인 입장을 견지하며 출범하였으나, 이라크와 아프가니스탄 전쟁 등을 종결하기 위해 심혈을 기울이면서 북한 문제에

---

1) 안드레이 란코프(2010) 참조.

대해서는 별 관심을 보이지 않게 되었다. 결국 이러한 한국 정부와 미국 정부에 지대한 관심을 촉발할 엄청난 사건을 계획할 수밖에 없었다고 볼 수 있다. 더구나 최근 2년여 기간 동안 여러 유형의 압력에 이명박정부는 결코 굴복함이 없이 균형 있게 대응하였고, 미국 측의 관심도 끌어 내지 못함으로써 아무런 성과를 거둘 수 없었기 때문이다.

그러나 북한이 금번 사태를 통해 얻은 것보다는 잃은 것이 많다고 보아야 할 것이다. 한미 간에 전시작전권 이양시기를 2012년 4월 17일에서 3년 7개월 연장하였을 뿐만 아니라, 10여 년 간 소원해졌던 한미동맹관계도 회복되었다. 게다가 한미공동군사훈련까지 강화되어 중국은 난처한 입장에 빠질 수밖에 없는 결과를 초래하였기 때문이다.

한편, 최근 북한의 극단적인 도발을 목도하면서 북한에게 충분한 보상과 안전 보장을 담보로 관계를 정상화함으로써 핵무기를 포기시키는 노력을 경주하였어야 한다는 비판이 제기되기도 하였다. 그러나 분명한 사실은 김정일 정권이 존재하는 한 핵을 포기할 가능성은 전혀 없다고 보는 것이 일반적인 견해이며, 따라서 실현 가능성도 없는 비핵화를 위해 대규모 지원이나 양보를 하는 것은 아무런 의미가 없다고 보는 것이 타당하다 보여진다.

이러한 상황전개와 관련하여 가장 큰 영향을 미칠 수 있는 국가는 중국이라 할 수 있는데, 중국 또한 북한의 비핵화를 바라고는 있으나 그보다는 안정유지 내지 분단유지가 우선적 희망사항이라 여기고 있다. 게다가 중국은 북한에 중국(이나 베트남)식의 개혁 · 개방을 강요할 수도 없다. 경제봉쇄 등의 특단의 조치를 취할 경우 북한의 변화를 유도할 수 있을지 모르나 북한 정권 자체의 붕괴 가능성이 높기 때문에 결국 중국은 비핵화를 추구하다 북한을 무정부 상태에 빠뜨리기보다는 핵보유를 허용하더라도 안정적인 북한을 유지하는 데 무게를 둘 수밖에 없어 보인다.

이와 같은 관점에서 볼 때, 한국 정부가 독자적인 강경정책으로 북한에 변화를 유발시킬 가능성은 전혀 없다고 보아야 할 것이다. 북한의 변화는 결국 북한 주민들의 의식변화를 통해서만 가능하다고 판단된다. 남한 정부는 단기적으로는 한반도 안정을 유지하는 선에서 원칙적 입장을 견지하되, 지속적인 그리고 다양한 남북교류의 확대를 통해 북한 주민들의 사고방식과 세계관이 바뀔 수 있도록 노력하는 일에 전념할 필요가 있다. 따라서 북한의 요구나 압력에 굴복하는 것은 좋은 정책이라 볼 수 없지만 북한에 대해(더구나 독자적으로) 압력을 가하거나 비현실적 요구를 강요하는 것도 현명한 대응이라 볼 수는 없다. 또한 공갈 협박을 통해 핵보유라는 실익을 챙겨 온 북한은 결코 어떤 조건이 제시되더라도 비핵화 제안을 수용할 가능성은 없다고 보아야 한다.

또한 분명한 것은 북한이 중국식이나 베트남식의 개혁 · 개방을 능동적으로 추구할 가능성도 없다는 사실이다. 남한의 존재로 인해 체제붕괴 및 흡수통합 가능성이 상존하고 있다는 두려움이 너무 크기 때문이다. 따라서 앞으로도 북한은 시대착오적인 정치 · 경제체제를 유지하며 벼랑 끝 외교전술로 외부 지원을 끌어 내려 안간힘을 쓸 것이라 보아야 하고, 북한 체제의 변화는 결코 상부구조로부터의 변화를 통해 이루어지기를 기대할 수는 없다고 보아야 할 것이다.

북한의 변화는 시간이 오래 걸리더라도 결국 북한의 민중들에 의해 이루어질 성격의 것이다. 이미 금강산과 개성관광 그리고 개성공단의 운영은 북한 주민과 사회에 엄청난 변화를 가져다 주었다. 밖의 세상과 한국 경제의 실상을 알게 해 주었을 뿐만 아니라 북한 주민들의 생활여건 개선 그리고 새로운 기술 및 자본유입을 통한 북한 경제의 발전 가능성을 보여 주었기 때문이다. 이러한 남북교류 및 협력을 통한 북한의 사회변화 및 경제력 신장이야말로 통일비용도 낮추고 통일 가능성도 높일 수 있는 첩경이라 믿는다. 북한에서의 내부적 변화 그리고 북한 주민들의 의식변화만이 유일한 그리고 확실한 대안이라 보아야 할 것이다.

여기서 잠시 최근의 북한의 경제 추이를 살펴보면 다음과 같다.

북한은 2000년대 이후 체제유지와 경제회복을 동시에 도모하는 자력갱생노선 및 군사 · 경제 병진노선과 같은 전통적 경제정책 기조를 여전히 계승하고 있다. 그리고 선군정치(先軍政治)를 표방하며 '중공업 우선발전'을 '국방공업 우선발전' 정책으로 전환하였다.

주지하는 바와 같이 1990년대 이후 사회주의 계획경제의 모순 누적과 사회주의 경제권의 붕괴로 인해 9년간 마이너스 경제성장을 경험하였던 북한이 2000년대 이후 경제회복, 대외원조 증대, 그리고 남북경협 확대 등과 같은 외부적 요인에 의해 미세하나마 경제여건이 개선되는 성과를 거두게 되면서 부분적이지만 노선변화를 표방하고 나선 바 있다. 그런데 그 동안 북한이 계획경제의 틀은 유지하되 시장경제 요소를 일부 도입하는 2002년 7.1경제관리개선조치 등을 실시하였음에도 불구하고 큰 성과는 거두지 못한 채 단지 시장공간이 확산되는 비사회주의적 현상이 확대되었다. 이에 북한은 2005년 10월 이후부터 전통적 경제관리방식으로 되돌리기 위한 역전환정책을 채택 · 시행하였다.

그리고 남한과의 경색국면이 강화되면서 경제여건이 지속적으로 악화된 데다 그 동안의 보수적 · 퇴행적 경제정책으로의 회귀가 여의치 않자 2009년 11월 30일에는 특단의 화폐교환조치를 내리게 되었다. 더구나 김정은으로의 3대째 정권세습을 추진해야 하는 시점에서 그 어느 때보다도 사회주의 체제에 근거하는 중앙집권적 지도체제 유지가 절실하였던 내부적 여건과 맞물리면서 단행된 조치라 할 수 있다. 그러나 그 이후 나타난 제반 현상으로 보아

화폐개혁이 표방하였던 물가안정이나 재정확보 노력은 실패하고 말았으며, 단지 그 동안 시장공간을 통해 부를 축적해 온 주체들에 대한 타격을 가하는 결과를 가져왔을 뿐이다. 물론 북한 당국이 이를 통해 소기의 성과를 거두었다고 볼 수도 있지만 주민들로부터는 엄청난 반발을 초래하였고, 사회적 안정 및 정권세습에 대해서도 부정적 영향이 미칠 것이라 분석된다.

진정한 개혁 · 개방 없이 경제회복을 결코 달성할 수 없으며, 체제유지를 위해 시대에 역행하는 비합리적인 조치를 남발할 경우 북한 정권은 존립 자체에 위험이 가중될 것이다.

이러한 상황전개에 즈음하여 우리가 제대로 인식해야 할 몇 가지 대안을 지적해 두고 싶다.

첫째, 과도한 통일비용 등에 관한 논의로 인해 통일에 대한 일부 부정적 인식이 확산되기도 하였지만, 분명한 사실은 통일은 원하든 원하지 않든 불원간 불어닥치게 될 사안이란 점이다.

둘째, 통일이 실현되는 시점이 가까운 장래이건 먼 훗날이건 우리의 통일에 대한 준비가 제대로 안 된 시점에서 이루어진다면, 이는 여유를 가지며 합리적 단계와 절차에 따라 대처할 수 있는 이른바 점진적 대응방안(gradual approach)으로 대처할 수 있는 기회를 상실한 채 일종의 충격요법(shock approach)을 불가피하게 채택할 수밖에 없게 될 것이며, 아울러 많은 혼란을 자초할 것이라는 사실이다.

결국 통일이란 예상하지 못한 시기에 불현듯 들이닥칠 성격의 것이어서 한시바삐 이에 대비할 대응방안을 마련해 두어야 한다. 오랫동안 통일정책을 체계적으로 준비해 온 독일조차 예기치 못한 시점에서의 급작스런 통일로 인해 엄청난 후유증을 겪었던 사실을 상기할 필요가 있다. 통일로 인한 충격을 최소화하기 위한 장단기 대책을 사전적으로 마련하고 수행해 나가야 할 것이다. 뿐만 아니라 피할 수 없는 통일과정이란 인식하에 단지 수동적으로 대처하는 자세보다는 동질적 민족동일국가의 회복이라는 차원에서의 능동적 통일방안을 마련하려는 인식의 전환이 필요하다 보여진다.

참고문헌

강승호, 「남북경협확대에 따른 경제자유구역의 역할: 개성공단과 인천경제자유지역을 중심으로」, 한국경제학회 2008년도 제9차 정책세미나 발표논문, 2008. 11. 28.

개성공업지구관리위원회, 「남북공동번영을 위한 신 성장 동력: 개성공업지구투자안내」, 2007. 1.

고일동 외 3인, 「급변하는 환경하의 북한경제 현상평가와 전망」, 전문가 좌담회, 『북한경제리뷰』, 11/12월호, KDI, 2010, pp. 3~16.

김영윤, 「통독사례를 통한 남북경제통합방안」, 『통일경제』, 겨울호, 2010, pp. 76~88.

김창권, 「독일통일비용 15년 평가와 시사점」, 『통일경제』, 겨울호, 2005, pp. 66~83.

문성민, 「화폐개혁이후 북한시장 물가 및 환율동향」, 한국은행 금융경제연구원, 2011. 3.

박형중, 「화폐교환조치의 파장과 전망—정치경제학적 분석」, 『Online Series』 CO, 09-48, 통일연구원, 2009. 12. 10, pp. 1~7.

배종렬, 「대북투자 및 경제교류 확대방안: 지하자원, 농림수산업, 경공업 등의 분야를 중심으로」, 한국경제학회 2008년도 제9차 정책세미나 발표논문, 2008. 11. 28.

사회과학출판사, 「북한의 경제현황과 개혁 · 개방」, 『경제사전(2)』, 평양, 1985, 제15장.

스콧 스나이더, 「최근 한반도 정세진단과 해법」, 『통일경제』, 제1호, 현대경제연구원, 2011, pp. 72~81.

안드레이 란코프, 「새로운 남북관계 모색을 위한 전략적 접근방안」, 『통일경제』, 겨울호, 현대경제연구원, 2010, pp. 44~60.

안예홍 · 문성민, 「통일이후 남북한 경제통합 방식에 대한 연구」, 한국은행 금융경제연구원, 2007.

양문수, 「위기의 개성공단, 해법은 없는가」, 『KNSI 현안진단』, 제143호, pp. 1~6.

______, 「지난 10년간 남북경협의 평가와 정책과제」, 한국경제학회 2008년도 제9차 정책세미나 발표논문, 2008. 11. 28.

양창호, 「인천항을 축으로 하는 동북아 물류체제 구축방안」, 한국경제학회 2008년도 제9차 정책세미나 발표논문, 2008. 11. 28.

오병헌, 『평화통일은 오는가』, 문학과 지성사, 1996.

윤덕룡 · 오승환, 「북한화폐개혁의 의미와 시사점」, 『KIEP 오늘의 세계경제』, Vol. 9, No. 37, 2009. 12. 7, pp. 1~6.

이승현, 「이명박정부의 중 · 후반기 대북 · 통일 정책: 현황과 쟁점」, 『이슈와 논점』, 제176호, 국회입법조사처, 2011. 1. 6.

이영훈, 「탈북자를 통한 북한경제변화상황 조사」, 한국은행 금융경제연구원, 2007.

이우영, 「남북사회공동체의 진전 모색」, 『통일경제』, 여름호, 2009, pp. 4~9.

이종원, 『한국경제론』 제2판, 해남, 2004, 제11장.

______, 『경제학』, 해남, 2009, 제26장.

이종원 외, 『통일경제론』, 해남, 1997.

임재경, 「개성공단 물류처리를 위한 인프라의 구축방안」, 한국경제학회 2008년도 제9차 정책세미나 발표논문, 2008. 11. 28.

조동호, 「북한경제정책의 변화전망과 남북경협의 역할」, 한국경제학회 2008년도 제9차 정책세미나 발표논문, 2008. 11. 28.
______, 「신년사 분석을 통한 2011년 북한경제전망」, 현안리포트, 『통일경제』, 제1호, 현대경제연구원, 2011, pp. 33~42.
조명철, 「중국의 대 북한 경제협력정책변화와 전망」, 『KIEP 오늘의 세계경제』, 2010. 12. 28, pp. 1~9.
조한범, 「남북사회문화교류협력 정체와 확대방안」, 『통일경제』, 여름호, 2009, pp. 29~35.
최대석, 「금강산관광재개와 월드컵 공동응원추진」, 『통일경제』, 겨울호, 2010, pp. 33~39.
최용환, 「개성공단사업의 현황과 향후전망」, 『Policy Brief』, 경기개발연구원, pp. 1~17.
통일연구원, 「북한의 경제현황과 전망」, 『2009 북한개요』, pp. 123~169.
현대경제연구원, 「북한경제회생의 핵심과제—베트남 발전사례를 중심으로」, 『한국경제주평』, 07-37(통권 268호), pp. 1~25.
______, 「북한의 국제금융체제 복귀에 따른 국제원조 재원현황분석」, 『한국경제주평』, 07-43(통권 274호), pp. 1~26.
______, 「남북경협20년의 성과와 과제—남북 상생 · 공영을 위한 신 경협전략」, 08-34(통권 312호), pp. 1~24.
______, 「남북한 인구구조특성」, 『경제주간』, 10-11(통권 391호), 2010. 3. 19.
______, 「동서독 통일 20년 평가와 시사점: 통일비용과 편익분석을 통한 긍정적 통일인식 확산」, 『경제주간』, 10-35(통권 415호), 2010. 9. 17.
______, 「남북통일, 편익이 비용보다 크다: 통일비용 및 통일편익 추정과 시사점」, 『경제주간』, 10-42(통권 422호), 2010. 10. 28.

홍순직,「북한의 경제발전전략 평가와 전망」,『통일경제』, 봄 · 여름호, 현대경제연구원, 2010, pp. 1~12.

Choi, Jinwook and Sun-Song Park, "The Making of a Unified Korea: Policies, Positions and Proposals," Korea Institute for National Unification, 1997.

Kim, Sung Chall, *et al.*, "North Korea in Crisis: An Assessment of Regime Sustainability," Korea Institute for National Unification, 1997.

제2편

국민경제 통합을 위한 연구방법론

제2장 동질적 국민경제 구축문제 어떻게 접근할 것인가

CHAPTER 2

동질적 국민경제 구축문제 어떻게 접근할 것인가

1. 전통적 접근법과 한계
2. 대안적 접근법과 한계
3. 새로운 분석모형의 제시
4. 새로운 분석모형에 의한 경제발전과정의 재해석
5. 요약 및 정책적 함의

2

동질적 국민경제 구축문제 어떻게 접근할 것인가

우리는 북한 경제가 남한 경제와는 철저히 격리된 채 지극히 이질적인 경제체제하에 운용되어 왔다는 사실과 우리가 활용할 수 있는 경제논리는 자본주의 시장경제에 기초하고 있다는 인식으로 인해, 일단 남북한 경제를 과연 어떠한 분석방법에 근거하여 접근할 수 있는지에 대하여 고민하게 된다.

그런데 적절한 분석모형을 정립할 경우 북한에서와 같은 경제체제가 결국은 구소련 및 동구권 경제가 그러하였듯이 몰락하고 말 것이라는 논리를 설득력 있게 제시할 수 있을 것이라 믿는다. 물론 이를 위해 한 국가의 경제발전 내지 변천과정을 설명할 수 있는 방법론의 정립이 필요하다. 그리고 이러한 분석방법론은 사회주의 경제체제가 결국은 시장경제로 전환될 수밖에 없다는 것이 경제발전법칙에 순응하는 길이라는 것을 입증할 수 있게 될 것이다.

이러한 목적을 위해 활용할 수 있는 경제발전모형은 전통적 경제발전단계론과 근대적 경제발전단계론, 그리고 신종속이론모형 등으로 구분할 수 있다. 그러나 이들 모형은 본서의 연구목표를 수행하는 데 적용하기에는 한계가 있다는 결론이 도출될 수 있다.

이상과 같은 기본 시각을 가지고 일단 기존의 분석모형들이 갖는 특징과 한계점들을 정리해 보기로 한다.

1. 전통적 접근법과 한계

한국과 같이 시장경제가 비자발적인 식민지화를 통해 이식된 후진국의 경제발전문제는 이른바 근대화 과정 또는 자본주의적 근대 시민사회 정착과정으로 인식될 수 있을 것이다. 그리고 이들 국가에서 성공적인 근대화 과정의 정착을 위해 선진 제국의 경제발전과정에 관한 연구는 필수적이 되어 왔다. 그런데 이러한 과정에서 개발되고 활용된 경제발전모형들은 대부분이 어떻게 성공적인 경제성장을 이룩할 수 있는가에 대한 논리를 제시하는 데 주로 초점을 맞추어 왔다. 즉, 자본주의로의 이행과정에 관한 연구는 상대적으로 소홀히 취급되고 단지 양적인 성장 측면만이 강조되어 온 성향이 강하였다. 결국 경제발전이론이라기보다는 경제성장이론에 가까운 논리들이 주류를 이루어 온 것이다. 이러한 성향은 결국 후진 제국이 성공적으로 근대 시민사회를 구축하고 질적으로 개선된 여건을 조성하는 방안을 마련하는 데에는 별다른 기여를 할 수 없었다.

한편, 근세에 정립된 논리로 경제발전과정에 관한 분석이 주내용으로 구성된 경제발전이론 모형들이 있었다. 예컨대, 경제발전단계론적 전통을 이어받은 분석모형들이 있다. 그러나 이들 모형 또한 아래에서 살펴보게 되듯이 후진 제국의 경제발전과정에 대한 유용한 길잡이가 되기에는 많은 한계점을 노출하고 있다. 본서에서는 이상과 같은 점을 감안하여 양적 경제성장 위주의 이론모형이나 전통적 경제발전단계론의 한계성을 탈피할 수 있는 새로운 경제발전논리를 정립하여 활용해 보고자 한다. 이러한 관점에서 우선 기존의 경제발전 논리들 중 주요한 이론모형들을 간략히 살펴보기로 한다.

이상과 같은 관점에서 제일 먼저 검토해야 할 접근방안은 (신)고전학파 모형이라 할 수 있다. 신고전학파는 경제발전을 1인당 실질소득의 증대로 파악하고, 완전균형조건하에서 발생하는 자본형성, 노동력 증대, 그리고 기술변화 등의 장기적 성과로서 GNP가 증가한다고 보았다. 이들 이론에서는 케인지언 경제학과 마찬가지로서, 자본형성이 경제성장의 가장 중요한 요소로 간주되었다. 그러나 이러한 논리는 실제로 시장가격체제가 잘 작동할 수 있는 상황하에서만 적용 가능한 논리로서, 저개발국에 적용하기에는 지극히 비현실적인 논리라 하겠다.

이러한 신고전학파 모형이 갖는 한계성을 보완하기 위해 이른바 구조적 접근법이 제시된 바 있다. 구조적 접근법에서는 (시장실패를 치유하기 위한) 공급애로의 해소, (파급효과를 창출하기 위한) 사회간접자본의 확충, 수출지향적 산업화, 그리고 고생산성 부문으로의 자원이동 등에 관심을 집중하고 있다. 또한 시장실패의 시정 및 시장가격기능의 부활을 위하여 정부가 경제에 대하여 적극적으로 개입할 것도 제안하고 있다. 그러나 이러한 논리가 신고전학파 모형의 한계성을 일부 만회할 수는 있을 것이나 이 역시 북한의 사회주의 경제가 궁극적으로 어떠한 방향으로 전환될 것인지에 대해서는 아무런 대답을 제공해 줄 수 없을 것이다.

우리가 남북경제의 동질화 내지 통합과정을 설명하기 위해 도입할 수 있는 두 번째 경제발전모형으로는 19세기 중반 독일 경제학자들에 의하여 창안된 경제발전단계론을 들 수 있다.

그런데 이들 전통적인 경제발전단계론은 서로 다른 역사발전 단계상에 놓여 있는 사회를 각 사회가 지니는 특성에 의해 구분한 다음 이들을 단순히 연결시키는 데에 그쳤다는 점에서 비판을 면하기 어렵다. 사실상 그들은 어느 한 사회가 한 단계에서 다른 단계로 어떻게 이행하는지에 대하여 납득할 만한 어떠한 논리도 제시하지 못하고 있었다. 뿐만 아니라 그들이 제시한 사회적 특성이라는 것도 일반적으로 지나치게 단순화되어 있어서, 다양한 지역 및 사회에 대하여 적절히 적용할 수 없다는 문제점을 지니고 있다.

한편, 20세기에 들어서면서 과거의 발전단계모형들을 확연하게 개선한 모형이라는 평가를 받고 있는 현대적인 발전단계모형이 로스토우(W. Rostow), 쿠즈네츠(P. Kuznets)와 클라크(C. Clark) 등에 의하여 제안되었다. 그리고 마이어(G. Meier, 1995)는 로스토우의 모형을 투자의 증대와 특정 경제부문의 주도적 성장을 강조하는 동학적 생산이론의 한 유형으로서 단계론적 접근법을 경제발전과정에 진취적으로 응용한 논리로 평가하고 있다.

그런데 전통적 모형이건 현대적 모형이건 간에 결국 장기적 경제변화를 설명함에 있어 경제발전단계론들은 동일한 한계점을 갖고 있다. 즉, 발전단계론적 접근법들은 일반적으로 역사가 단선적으로 발전한다고 보고 있으며, 아울러 모든 경제가 동일한 발전경로를 경유하는 경향이 있다고 인식함으로써 진실을 오도하고 있다. 분명한 사실은 하나의 역사발전 도식만으로는 전 세계 모든 국가의 경제발전과정을 설명할 수 없다는 점이다. 모든 경제가 동일한 발전과정을 항상 경유하여, 공통된 과거 및 공통된 미래를 맞이할 것이라는 생각은 경제발전의 복잡한 동인을 지나치게 단순하게 도식화하는 것이다. 한 국가가 어느 한 단계를 경유하지 않거나, 앞선 단계 중 일부를 경유하지 않고도 발전단계상의 후기 단계에 도달할 수도 있는 것이 현실이다. 한편, 이전 단계의 속성들과 이후 단계의 속성들이 혼재할 수도 있기 때문에, 각 단계들을 상호 배타적으로 존재하는 것만으로 볼 필요도 없는 것이다.

이상과 같은 문제점 외에도 경제발전단계 모형들은 일반적으로 단계별 이행에 대한 인과관계적 논리를 제공하지 못하고 있어, 현대사회를 어떻게 정의하든지 간에 이들 이론은 현재의 사회가 향후 어떠한 사회로 이행하게 될지에 대하여도 어떠한 설명도 할 수 없을 뿐만 아니라, 저개발국의 성공적인 경제발전에 대하여 충분하고도 구체적인 지침을 제공할 수도 없다. 특히, 북한 경제가 체제전환을 거쳐 남한의 시장경제로 편입될 수밖에 없다는 논리를 입증할 수도 없다는 한계점이 있다.

2. 대안적 접근법과 한계

전통적 경제발전이론에 근거한 경제성장전략이 대다수 후진국에서 큰 성과를 거두지 못하고 선 · 후진국 간의 경제협력, 즉 남북문제 또한 순조롭게 진행되지 못하는 데다 1970년대 이후부터 제기된 성장 자체의 한계에 대한 관심이 집중되면서 결국 중남미를 중심으로 하는 지역에서 마르크스적 전통을 계승한 대안적 발전이론이 주목을 받기도 하였다.

원래 마르크스 이론체계에서 가장 중요한 개념 중 하나는 생산양식이다. 인간은 생존을 위해 노동을 제공하여 생산하며, 생산은 토지 · 노동 · 자본이란 생산력을 조합시키는 사회조직, 즉 생산관계를 정립시킨다고 보는데, 이들 생산력과 생산관계가 생산양식을 구성하는 것으로 설명한다.[1] 마

1) 한편, 마르크스는 ① 근대 자본주의 경제학은 인간과 자연 간의 관계만을 분석대상으로 고려하였을 뿐 사회적 동물인 인간과 인간 간의 관계에 관한 분석은 무시하였다는 점, ② 따라서 거기서 다루어지는 인간은 사회적 인간이 아닌 로빈슨 크루소와 같은 고립적 인간이란 점, ③ 결과적으로 근대 자본주의 경제학의 기본적 방법론은 고립적 인간이 자기 만족의 증대를 위해 향하는 합리적 경제행위를 분석하고 거기서 일정한 법칙성을 도출하려는 이른바 '방법론적 개인론'에 머물렀다는 점, ④ 따라서 그 경제법칙은 '한계효용 체감의 법칙'처럼 개인적 · 심리적 법칙일 뿐 사회과학적 특색이 희박하다는 점, ⑤ 결국 이와 같이 인간이 어떠한 사회관계를 맺으며 생산하는지를 도외시하는 사조는 본질적으로 인류의 역사성까지를 배제함으로써 비사회적 내지 초역사적 성격을 띠는 한계성을 갖고 있다고 비판한 바 있다.

르크스는 생산양식이 5단계를 거치며 변증법적으로 전개되면 4번째 단계인 자본주의가 최종단계인 사회주의로 이전될 수밖에 없다는 당위성을 강조하였다.

그러나 이러한 단순 진화론적 발전단계가 항상 모든 지역에서 실현될 수 있는지 그리고 특히 마지막 단계로의 이행은 능동적 성취과정을 통해 쟁취해야 한다는 식의 당위론이 과연 과학적 학술논리로 정착될 수 있는지 의문이 제기된 바 있다. 또 이러한 과정이 국가단위로만 가능한 것인지, 아니면 같은 생산양식을 가진 모든 사회에서 동시적으로 이행되어야 하는지에 대한 강한 의문과 이의가 아울러 제기되었다. 뿐만 아니라 자본주의의 현실적 발전양상은 마르크스의 예상과는 크게 다르게 진행됨에 따라 마르크스주의(Marxism)는 다소의 논리조정을 통해 이른바 신마르크스주의(Neo-Marxism) 등 다양한 유형의 학설로 개편 또는 계승되기에 이르렀다.

이러한 과정에서 제기된 이른바 마르크스적 전통을 계승한 발전이론들은 근대 경제학적 발전이론의 한계를 보완할 수도 있다는 차원에서 대안적 발전이론(alternative development theory)이라고도 불리는데, 이들 이론의 대다수는 발전단계설이나 국가별 사회주의 혁명 가능성을 주장하는 소련식 노선을 일단 탈피하되, 국민국가를 세계경제의 일부로 보며 저발전의 문제도 자본주의 세계경제체제의 맥락에서 접근하는 관점을 견지하면서 잉여수탈 또는 착취의 관계를 파악하고 있다. 그러나 자본주의 경제의 필연적 모순으로 사회주의 단계로 이전되어야 한다는 마르크스적 신념은 여전히 견지하고 있다.

이러한 견해는 식민지화를 통하여 저개발국이 국제자본주의 체제에 편입되었으며, 저개발국에 대한 외부적 경제여건이 불리하게 작용하고 있다는 점 등에 근거하여 저개발국의 경제발전은 난망시된다고 보는 논리로서, 신고전파 접근법에 대한 비판적 견해 내지 대안적 견해로서 주로 남미 지역에서 부상되었다.

종속학파들은 중심부(미국 및 서구 제국 등 예전의 제국주의 국가)와 주변부(예전의 식민지) 간에 비대칭적인 권력관계가 존재하며, 저개발의 주요한 근원이 주변부의 중심부에 대한 종속에 기인한다고 주장하고 있다. 따라서 이들은 주변부의 저개발과 중심부의 발전은 동전의 양면과 같은 관계에 있다고 본다. 더욱이 종속학파 경제학자들은 저개발국이 어느 정도의 산업화를 달성할 수는 있으나 여전히 선진국의 우월한 경제력에 예속되어 있으며, 따라서 생산원료의 대외공급에 따른 국내생산구조의 왜곡, 교역조건 및 무역수지의 악화, 자생적 발전의 저해 등이 초래될 것인바, 주변부는 여전히 실질적인 세계적 실력자(중심부)에 의하여 착취를 당하게 된다고 주장한다. 기본적으로 이들 종속이론가들은 중심-주변부 무역을 부등가교환으로 파악하면서 선진국의 자본주의적 발전이 종속된 주변부의 저개발 대가로서 이루어진 것으로 보고 있다.

한편, 1950년부터 활동하기 시작한 ECLA(Economic Commission for Latin America) 학자 및 프레비시(Paul Prebisch)는 구조주의적 관점의 종속이론을 정립시킨 바 있다. 이들은 전통적 고전경제이론에 입각한 경제발전이론은 남미에 적용하는 데 매우 부적절하다고 지적하면서 저발전의 원인을 선·후진국 간의 불평등 교역에 따른 종속관계(즉, 중심부-주변부 관계)에서 찾았다. 즉, 이들은 1차상품 수출 위주의 후진국들에게는 비교우위론에 근거한 국제무역이 경제발전에 불리하게 작용하므로 수출주도적 공업화 전략보다는 수입대체산업에의 투자를 통한 내부지향적 발전이 바람직하다고 권고하였다. 그러나 이와 같은 폐쇄주의적 전략(autarky체제)은 국제적 수준의 기술발전 내지 경쟁력을 확보할 수도 없고 수입대체 공업화 자체가 대량의 해외자본유치를 유발할 수밖에 없어, 결국 국제수지를 악화시킴은 물론 실업 및 인플레이션마저 심화시키는 결과를 초래하고 말았다.

결국 문제는 과연 "종속이론으로부터 어떠한 정책적 대안을 얻어 낼 수 있는가, 그리고 저개발은 극복될 수 있는 문제인가, 또는 종속으로부터 벗어날 수 있는 해법을 적절히 제시할 수 있는가" 하는 점이다. 이러한 의문과 관련하여 제시된 견해들은 학파에 따라 다소 상이하지만 대체로 다음과 같이 요약할 수 있다.

① 일반적으로 모든 종속이론가들은 신고전학파 경제학의 주류들이 제안하고 있는 소위 '근대화' 명제를 거부하고 있다.

② 또한 산업화 자체보다는 내적 생산구조 및 국제적 경제질서의 변화를 통하여 종속을 근절할 수 있다고 주장한다. 일부 학자는 무력으로든 혁명을 통해서든 간에 국제적 사회주의 체제로의 세계적인 이행이 가능할 때에 비로소 자생적인 발전이 가능하다고 주장한다.

③ 일부의 극단주의자는 자본주의와 결별하고 집단적 자급자족경제를 건설하자고 제안하기도 하였다.[2)]

④ 온건주의적 종속론자들은 산업구조의 수입대체형 구조로의 전환, 저개발국 간의 지역경제 통합체 형성, 원료수출경제에 유리한 국제통상조약의 마련, 제3세계 국가들을 위한 새로운 국제경제질서 마련 등과 같은 불평등 권력관계를 치유할 수 있는 방안들을 제시하기도 하였다.

그런데 마르크스적 접근법에서 제시하는 정책제안들이 극단적인 것과

2) 아민(S. Amin)은 개도국 간의 (집단적인 자급자족) 경제통합 및 협력을 우선으로 하면서, 자국의 자원에 의존하여 경제발전을 이룩한다는 원칙하에 자급자족적 발전방식을 옹호하였다.

는 별개로, 이들 이론은 구체성을 결여하고 있으며, 따라서 전통적인 접근법에 대한 대안적 이론이 될 수는 없다. 뿐만 아니라 그들 이론이 제시한 정책 제안들이 실제적으로 효과를 거둘 수 있을지도 미지수이다. 더욱이 1990년대를 전후로 사회주의 경제가 몰락함에 따라서 그들의 이데올로기적 기반도 상실하게 되었다. 사회주의 실험은 비록 평등이라는 문제와 관련하여 인류역사에 많은 논쟁거리를 제공한 것만은 사실이지만, 역사적으로는 실패한 것으로 판명되었다. 결국 이러한 분석모형으로는 북한 경제에서의 성공적 발전방안이나 한국에서의 동질적 국민경제 구축방향을 설득력 있게 제시할 수 없다는 사실이 자명하다 할 수 있다.

3. 새로운 분석모형의 제시

본서에서 제시하고자 하는 경제발전에 관한 분석방법론은 앞서 소개한 바 있는 마르크스적 접근방법까지를 포괄하는 경제발전단계설의 기본 논리에 대한 비판적인 검토에 근거하되 베버(M. Wever)류의 분석방법론을 접목시켜 정립한 것이다. 즉, 전통적 경제발전단계론이 갖는 한계성, 예컨대 ① 역사발전단계별 이행을 지나치게 단선적으로 파악한 점, ② 단계별 이행을 유발한 원인분석 등 인과관계적 논리의 제공이 미흡한 점, ③ 따라서 미래에 도래할 발전단계에 대한 아무런 제안도 할 수 없을 뿐만 아니라 후진 제국의 성공적인 경제발전에 대한 충분하고도 유용한 지침을 제공할 수 없다는 점 등을 해소할 수 있는 접근방안을 모색함에 있어 베버적인 분석체계의 일부를 접목시킨 것으로 그 논리적 귀결은 다음과 같은 명제로 요약될 수

있다.[3)]

첫째, 경제의 발전과정을 단순한 경제여건이나 제도의 변화내용으로 파악하는 대신 인류의 복지수준 변화내용을 근거로 평가한다.

우리는 흔히 인류역사는 끊임없이 발전해 왔다고 한다. 그렇다면 이때의 발전의 핵심적인 내용은 무엇인가? 본장 서두에서 언급한 바 있듯이, 그것은 한 마디로 말해 인류 복지수준의 향상이라 할 수 있을 것이다. 여기서 복지란 기본적으로 인권의 신장과 (물질적) 생활수준의 향상을 뜻한다. 물론 근대에 이르러 복지의 개념은 보다 확대되어 신분적 자유는 물론 민주적 정치참여, 최저생활 보장 및 경제 · 사회적 형평 제고 등을 포괄적으로 함축하고 있다.

여하튼 이러한 관점에서 볼 때 경제의 발전이란 역시 인류의 복지향상이란 측면에서 고찰해 보는 것이 타당할 것이다. 그러나 지금까지의 경제사적 분석시각은 단순히 경제여건 및 제도의 변화내용에 집중되어 온 감이 있다. 물론 마르크스의 유물사관은 생산력과 생산관계를 분석의 토대로 하는 인간해방사관을 정립하여 제시하였으나, 전술한 바와 같이 이데올로기적 목적성이 지나쳐 필연적 이행과정을 강조하는 단선적 논리에 집착하였을 뿐 아니라 투쟁에 의한 이행의 능동적 실천을 주창함으로써 과학으로서의 한계를 벗어나고 말았음을 지적한 바 있다.

---

3) 베버(Marx Weber)의 분석방법론을 한 마디로 요약한다는 것은 불가능한 일이다. 따라서 이 곳에서는 단지 베버가 마르크스(Karl Marx) 이론이나 기존의 발전단계설에 나타난 단선적 역사발전과정에 관한 논리에 대해 어떻게 비판하고 또 차별화된 대안을 제시하였는가에 대하여 간략히 정리하는 데 초점을 맞추고자 한다. 우선 베버는 자본주의를 경제제도로서뿐만 아니라 사회 전체에 작용하는 사회제도로서 인식하면서 마르크스의 계급모형보다는 생산과정에서 차지하는 실질적 사회적 지위를 척도로 보는 산업사회적 계급모형을 중시하였다. 이어서 베버는 자본주의의 내재적 병폐를 자본주의적 경제구조 자체의 변화에서 찾기보다는 위기극복을 위한 국가개입이라는 정치적 해결에서 찾고자 하였다. 또한 마르크스가 제시한 사회주의는 내재된 제도적 비능률과 관료적 병폐 때문에 자본주의에 대한 대안이 결코 될 수 없다는 결론을 내렸다.

소유와 생산양식에 따른 지배체제의 변화 및 경제발전

원시시대란 모든 생산도구와 물질을 공동소유하고 공동생산 또는 공동분배하는 시기라 한다. 그러나 생산도구 및 생산방법의 개선은 유목, 목축 및 농경사회로 이행을 촉구하였으며 인류는 양과 질 모든 면에서 원시사회보다 향상된 복지를 누리게 되었다. 그러나 새로운 시대로의 진입은 그 동안 평등관계에 있었던 원시시대적 사회구성체를 파괴하면서 성립된 것이다. 즉, 인간의 고유한 특성인 무한한 욕망과 이를 실천하려는 의지로 인해 복지는 개선되었으나 이는 일차적으로는 완력 및 무력과 같은 능력의 차이에 근거한 정복전쟁을 통하여 실천될 수 있었다. 이때부터 인간의 불평등관계가 지속되어 왔고 앞으로도 이것이 완전히 제거된다는 것은 논리적으로 그리고 현실적으로 불가능하다. 단지 지배의 주체 및 지배방식의 변화에 따라 인류복지의 개선, 특히 인권의 신장이 성취되어 온 것뿐이다.

일단 정복전쟁이나 이에 준하는 과정에 의해 지배계층이 형성되면 이들은 생산도구 및 요소의 소유와 이에 근거한 경제력 장악과 체제유지를 위한 지배관계의 제도화를 정착시킨다. 그리고 지배관계의 성공적 유지는 주로 생산력에 근거하는 경제력에 의존하며, 부의 분배상태에 따라 안정성이 달라진다. 이때 생산력의 기초는 생산요소의 소유방식과 이에 따른 경영방식에 의존하게 되며, 만일 기존의 지배체제 및 지배계층에 의한 생산력이 주도권을 상실한 채 성공적인 확대 재생산을 시현하지 못할 경우에는 지배체제의 변화가 올 수밖에 없다.

물론 이러한 지배체제 이행은 근대에 이르러 생산요소 소유형태 자체보다는 생산관계 유형과 정치 · 사회 · 종교 및 사상의 영향은 물론 경제제도 및 정책내용 등에 크게 의존하게 된다.

그러나 결국 인간에 의한 인간의 지배는 그 내용과 형태가 달라질 뿐 불가피한 측면이 있으며, 따라서 노동자의 형식적 자유가 보장된 이후에도 지속되고 있다. 단, 효율적인 생산력의 신장에 따라 발생하는 불평등으로 인해 야기되는 사회적 갈등이 합리적으로 해소 또는 완화될 수 있는 정치 · 사회적 제도가 지속적으로 추구될 것이고, 이에 따라 인권과 인류복지, 즉 정치 · 사회적 자유의 신장과 경제적 윤택 및 형평 제고가 지속적으로 이루어질 것이다. 이상과 같은 논의내용을 그림형식으로 정리해 본 것이 〈그림 2-1〉이다.[4]

둘째, 역사발전과정의 핵심적인 동인은 생산도구 및 생산요소의 소유내용과 이에 근거한 지배방식과 생산양식이 갖는 경제력의 효율성과 형평성의 변화이다(이하에 별도 정리한 설명 참조).[5)]

셋째, 동일한 주도적 생산요소라도 보다 많은 사람에 의해 소유가 분산될수록 경제적 효율성과 형평성이 제고되는 경제발전이 이룩된다.

넷째, 중심적 생산요소는 자연자원에서 토지를 거쳐 (물적) 자본의 순서로 바뀌어 왔으며, 최근에는 인적 자본의 중요성과 위상이 점차 강조되는 시대로 전환되고 있다.

상기 두 명제에 대한 방증을 다음 절에서 서양 및 동양 사회의 발전과정상의 특징을 재조명하는 과정을 통해 대신하고자 한다.

다섯째, 경제발전과정은 각 사회구성체가 처한 경제적 여건이나 제도 및 관습에 근거하는 문화가치 이념의 특성에 따라 다양한 모습과 순서로 시현될 성격의 것이며, 따라서 단선적인 이행과정에 의해 모든 지역이나 사회집단의 발전과정을 설명하기는 곤란하다.

베버는 복잡다양한 현실을 일반적 개념이나 일반화적 방법으로 파악하는 것은 불가능하다고 인식하면서 역사학파의 발전단계론을 비판한 바 있다. 즉, 역사적 실체는 무한히 복잡다양하여 그 특성과 구체성을 추상적 개

4) 본서에서 사용하고 있는 용어 중 생산양식, 생산력과 생산관계 등은 전통적인 마르크스 경제이론에서 주로 사용되어 온 것이지만 여기서는 마르크스 이론의 개념에 국한된 의미로 사용한 것은 아니며 보다 포괄적이고 일반적인 용어로서 사용한 것이다. 따라서 여기서 생산력이라 함은 생산요소 결합방식과 생산규모 그리고 경영방식 및 기술 등에 의존하는 생산성 수준을 의미하는 것이고, 생산관계 또한 단순한 노사간의 대립적 계급관계가 아니라 노조 유형과 자본 소유방식에 따른 생산 및 경영형태 그리고 나아가서는 근대 시민사회의 특징적 계층인 관료조직의 구조와 권력분산 정도에 따르는 경제주체 간의 역학관계까지를 포괄하는 개념이다. 그리고 생산양식 또한 단순한 생산방식은 물론 경제체제에 이르는 실로 광범위한 내용을 총괄적으로 표현한 용어이다. 이러한 논지에 따라 본서에서는 마르크스적 용어인 '생산수단' 대신에 보다 일반적인 '생산요소'란 용어를 주로 사용하였으며, 이는 기술 및 자원까지를 포괄하는 통상적인 근대경제학 개념에 해당되는 것이다.

5) 본서에서 제시한 방법론은 D. C. North and R. P. Thomas(1976) 및 김홍식 · 이영훈 공역(1990) 등을 참고하여 정리되었다.

그림 2-1 소유 및 생산관계의 변화와 경제발전

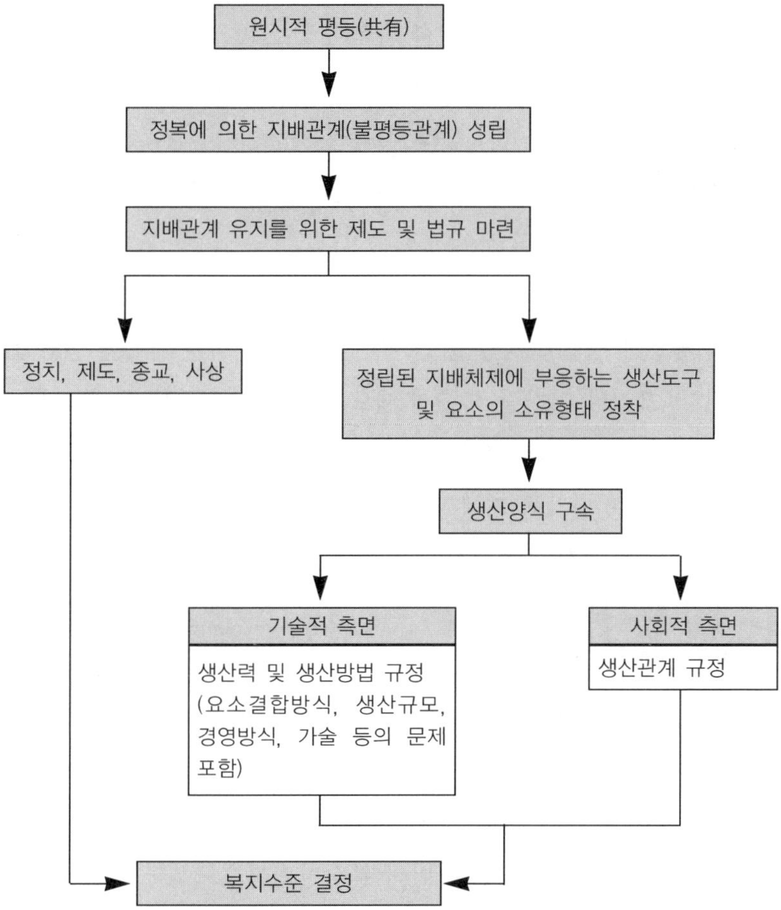

념체계로는 충분히 또는 완전하게 파악할 수 없다고 보았는데, 본서에서는 바로 이러한 베버의 논리를 수용하고자 하는 것이다.

여섯째, 새로운 제도는 새 시대를 주도할 만큼 효율적인 생산력 신장을 시현할 수 있는 생산방식의 출현으로 성립되며 일반적으로 이러한 새로운 제도는 기존 제도의 정착이 철저하지 못하거나 체제 내의 지배계층의 기반이 부실한 곳에서, 즉 기존의 중심적 체제의 변두리 지역에서 출현할 가능성이 높다. 일반적으로 새로운 생산방식은 주요 생산요소의 소유내용에 근거하여 정착될 성격의 것이어서 통상 기득권 계층이나 기존 지배계층으로부터 큰 저항이 일어날 것이기 때문에 기존 질서의 핵심 지역에서 새로운 체제의 정착은 그만큼 어려워질 것이기 때문이다.

일곱째, 여하튼 일단 특정 지역에서 인류복지 개선에 보다 성공적인 경제체제 및 제도가 정립될 경우 일단 이러한 제도는 여타 지역에 변화압력을 미치게 된다. 그러나 이처럼 새롭게 제도가 출현하여 외부적 변화압력으로 작용해도 여건에 따라 여타 지역에서는 수용되지 못할 수가 있다. 따라서 각 지역에는 특정 발전단계를 거치지 않거나 전혀 다른 단계를 거칠 수도 있다. 물론 이때 주도적 체제가 정착하지 못한 지역의 발전속도는 상대적으로 정체적 성격을 띠게 된다.

이상과 같은 논리는 인류역사 발전과정의 모든 단계에 적용 가능한 기초 규정으로 제시된 것이며, 상이한 시대와 지역에서의 경제발전과정이 각 사회구성체가 갖는 객관적 가능성 내지 적합적 연관내용의 특성에 따라 다양한 모습과 순서로 시현될 수 있음을 논증하고 있다.

마지막 두 가지 명제 또한 베버의 분석방법론으로부터 도출할 수 있는 내용의 것이어서 베버의 기본 논리 중 일부를 소개해 두고자 한다.

베버는 어떤 현실도 이론적으로나 실천적으로 합리화가 가능하다고 봄으로써 간접적으로 고전학파의 자연과학적 실증주의 방법론을 비판하였다.

이상과 같이 역사학파의 일반적 개념이나 일반화적 방법 또는 고전학파의 자연과학적 내지 일원화적 법칙성 위주의 접근방법을 비판하면서 베버는, 첫째 인간은 역사적 현실 안에서 주체적으로 행동하는 실체라는 점, 둘째 구체적 현실을 다루는 경험과학으로서의 사회과학의 목표는 이 인간들이 창조하여 그 당대에 나타난 사건들의 문화적 중요성과 그들 간의 관계를 이해하는 데 맞추어져야 하며, 따라서 역사적 사실과의 연관성이 중요하다는 점을 강조하였다. 그리고 역사와 현실은 인간을 전제로만 인식될 수 있고 문화가치 이념에 관련시켜야 비로소 올바른 인식이 가능하다고 보았다.

이러한 베버의 방법론은 이른바 '이념형'(ideal typus)에 근거한 접근방식으로 대변될 수 있는데, 그는 사회과학은 반드시 일정한 문화의 가치이념하에서 역사 및 현실사회 현상 중의 중요한 요소를 귀납시켜 나간다고 보았으며, 이러한 과정에서 일정한 요소를 사유적으로 상승시켜 모순이 없는 사유구성체를 만드는데 이것을 바로 이념형이라 정의한 것이다. 물론 이처럼 사유적으로 그리고 합리적으로 이념화된 '이념형'은 관념적 의의를 갖는 것으로 현실적 사회현상과는 다르다. 그러나 개념의 '상승된 일의성'을 가지고 있어 다양한 역사 및 현실파악에 유효하며, 이론적 정확성 및 엄밀성을 갖는다.

한편, 베버는 이러한 '이념형'이 과학적 인식이 되려면 인과귀속이 있어야 한다고 보았는데, 인과귀속이란 객관적인 가능성의 판단 및 적합적 연관을 의미하는 것이다. 결국 그는 모든 역사 및 사회현상을 먼저 문화가치에 연관시켜 그것의 역사적 개성을 형성시키고 객관적 가능성 판단과 적합적 연관에 의한 인과귀속을 통하여 분석할 것을 천명한 것이다.[6]

6) 베버의 이념형은 근대 자본주의와 근대 국가의 합리성을 해명하는 공준이 되었는데, 이는 베버가 이념형을 '자본주의 정신'에 처음 적용한 데 연유한 것이다. 그는 '프로테스탄티즘의 논리', '합리주의', '전통주의', '금욕', '정신주의'의 이념형을 통해 자본주의에 대한 유형론적인 역사서술을 시도하였고, 이를 통한 역사인식으로 마르크스의 사적 유물론을 비판하였던 것이다.
베버의 방법론에 관한 보다 상세한 내용은 유석춘 편, 「Marx Weber와 동양사회」, 나남, 1992를 참조.

이상과 같은 경제발전에 관한 분석방법론의 기본적 운동양식을 도표로 나타내면 <그림 2-2>와 같다. <그림 2-2>는 A라는 경제사회체제로부터 출발하여, 인류복지가 개선되는 경제발전을 이룩하면서 B_k(k=1, 2, ···, K)라는 유형의 경제사회체제들로 이행되어 나가는 과정을 보여 주고 있다. 이 그림은 A 체제로부터의 변화는 변화발전의 기본 동인과 변화방향을 결정해 주는 핵심 요인에 따라 다양한 형태의 체제들(B_k, k=1, 2, ···, K)로 이행될 수 있음을 보여 주고 있다. 즉, 다음과 같은 세 가지 변화가 발생하는 경우에 체제변화의 기본 동인이 작동하는 것으로 볼 수 있다. 첫째, A라는 체제하에서 새로운 생산요소가 주도적 역할을 담당하게 되는 변화가 발생하거나(예컨대, 토지 대신 자본), 둘째 주된 생산요소의 변화 없이 기존 생산요소의 소유방식이 인류복지(경제적 효율성과 형평성)를 개선하는 방식으로 변할 때(예컨대, 자본주의의 맹아기에서처럼 토지 소유가 다수에 의한 소규모 소유유형이 일반화될 때), 그리고 셋째 위의 두 가지 형태의 변화로 인해 한 지역에서 먼저 경제발전이 이루어져서 다른 지역에 변화압력을 미치게 될 때, 비로소 체제변화의 기본 동인이 작동하는 것으로 볼 수 있다.

각 지역이나 국가는 개개의 문화가치 이념에서 서로 달라 각국 간에 상이한 '이념형'(ideal typus)이 형성되므로, 변화의 동인이 같거나 유사하더라도 변화압력을 받아들이는 양상이 다를 수밖에 없다. 그런데 이러한 각국이 갖는 특수한 문화가치 이념은 체제변화의 발생 가능성이나 방향을 결정하여 주는 일종의 '여과장치'(filter)역할을 담당하게 된다.

이제 한 국가가 갖는 여건과 특성을 C_{ij}(여기서, i=1, 2, ···, M, 그리고 j=1, 2, ···, N)라고 표기하자. i값이 낮을수록 기존 체제가 공고한 국가이며, j값이 높을수록 긍정적 변화를 수용할 능력(absorbtive capacity)이 큰 국가라고 가정하자. 그러면 C_{11}국가는 발전의 변화요인이 발생해도 체제변화가 실현되기

그림 2-2 경제발전 분석도표

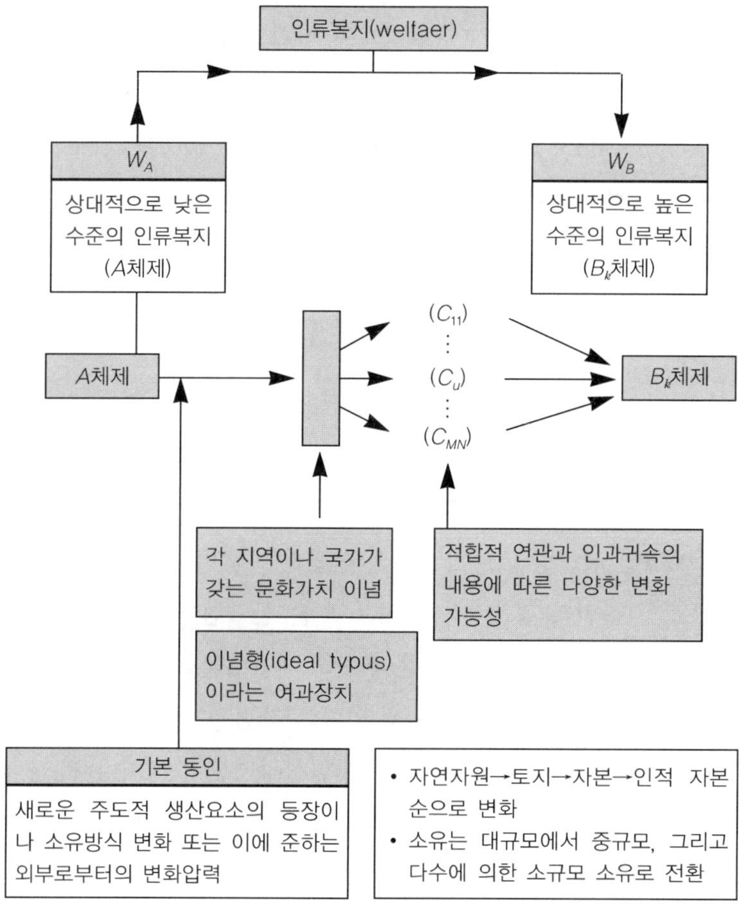

가장 어려운 지역이 될 것이고, C_{MN}국가는 기존 체제가 강력하게 정착되지 않아 새로운 체제유입에 대항할 기득권 계층이 없는 반면, 발전적 변화를 수용할 만한 여건은 가장 성숙된 지역이라 할 수 있다. 결과적으로 C_{MN}국가 또

는 지역이 새로운 체제를 가장 먼저 정착시킬 가능성이 높은 국가라고 할 수 있다.

각 국가는 C_{11}과 C_{MN} 사이에서 각각의 여건에 합당한 변화를 맞이할 것이므로, 체제변화의 출발점이 A로 동일하였다고 하더라도 결과적으로 정착될 B_k체제(k=1, 2, ⋯, K)는 다양한 형태로 시현될 것이다. 물론 C_{MN}에 대응하는 변화를 수용한 국가에서 출현한 체제가 B_k라면 이는 B_1, B_2, ⋯보다도 상대적으로 높은 수준의 인류복지 개선이 이루어질 수 있는 체제가 될 것이고, 결국 이러한 국가가 새로운 시대를 주도해 나갈 중심적 역할을 담당하게 될 것이다.

이상과 같이 요약할 수 있는 경제발전 접근방식은 분명히 기존의 경제발전단계설이 갖는 문제점을 완화할 수 있을 뿐만 아니라 신마르크스주의에 근거하는 대안적 접근법이 갖는 한계성을 상당 부분 해소할 수 있을 것이다. 한편, 이러한 접근방법은 자본주의 성립기 이후만을 분석대상으로 삼되 단순히 양적인 측면의 경제성장을 강조해 온 신고전학파적 접근법이나, 제도 내지 구조적 개선 등을 강조해 온 후진국 개발이론들이 갖는 시대적 분석 범위상의 한계성을 아울러 해소할 수 있다는 장점을 지닌다. 이러한 장점을 부여할 수 있는 경제발전 분석방법론이 현실설명능력 내지 논리적 정당성을 지니고 있는지는 살펴보기 위하여 제4절에서는 동 · 서양의 발전과정을 본 모형에 입각하여 재조명해 보고자 한다.

4. 새로운 분석모형에 의한 경제발전과정의 재해석 7)

4.1. 서양의 경제발전과정

우선 서양의 고대사회는 정복전쟁을 통해 지배체계가 성립된 대표적 사회구성체로서 피지배계층인 노예를 포함한 모든 생산요소 및 도구의 소유권이 지배계층에 귀속된 이른바 '노예제' 사회였다. 그런데 이 고대 노예제 하에서의 지배계층은 소비주체로서만 존재하였고, 생산(및 교역)은 주로 피지배계층에 의해서 수행되었다. 따라서 지속적인 생산은 지속적인 정복전쟁 내지 식민지 유지에 의해서만 가능하였기 때문에 생산규모나 방법 등이 불안정하였고 생산력은 정체 내지 둔화될 수밖에 없었다. 결국 생산의 주체인 노예들의 권익이 상대적으로 신장되는 형태인 봉건제로 이행되는 결과를 낳았다.

당시 상황을 보다 구체적으로 살펴보면 고대 노예제 사회에서 산업의 근간은 농업이라기보다는 상업이라 할 수 있는 특징이 있었다. 특히, 그리스 도시국가들의 경우 곡물은 전부 수입하였고 주로 정복지로부터 조달하였던 것이다. 따라서 그리스나 로마는 다른 나라를 정복하거나 선린관계를 유지함으로써 필요한 물자를 얻을 수 있었으며, 전쟁이 지속되면 정복지에서의 착취나 정상적 상업활동이 유지되기 곤란한 산업구조상의 취약성을 갖고 있었다.

한편, 국내농업은 기본적으로 대토지소유 지배자가 노예를 시켜 생산을

7) 본절에 관한 보다 상세한 논의는 이종원(1993) 참조.

담당하게 하는 유형이 지배적이었으나 대외교역규모에 비해 국내생산력은 미약한 수준에 머물렀던 농업생산 정체기적 성격을 가졌다. 따라서 비록 고대 시기가 오래 존속은 하였으나 이는 전적으로 무력에 의한 정복능력이 유지 가능하였던 체제 및 제도에 연유하는 것뿐이고, 생산이 아닌 사치재 소비의 주역(그나마 물품조달은 정복민 내지 이주민이 주역을 담당하였던 대외교역에 전적으로 의존하였음)에 불과하였던 지배계층은 지속적 지배력 유지를 위한 경제력 확충을 끝내 달성하지 못하였다. 따라서 이러한 어려움이 증폭되어 체제유지가 어려워지게 되자 지배계층은 결국 대토지제의 골격인 라티푼티움을 분할하여 봉건소작제를 허용하기에 이르렀던 것이다.[8] 근대에 이르기까지 가장 중요한 생산요소인 토지를 중심으로 보면 결국 서구에서는 공동소유 시기였던 원시사회가 정복전쟁에 의해 성립된 고대사회로 대체되면서 비로소 사유화가 정착되는데, 이 시기에는 대토지사유제(大土地私有制)가 주축이 되었음은 전술한 바와 같다. 그리고 고대 노예제가 무너지고 중세 봉건제가 들어서면서 정착된 토지제도는 장원을 중심으로 하는 영주의 중토지사유제(中土地私有制)라 할 수 있다. 이어서 등장하는 자본주의 시대에는 독립자영농민층을 중심으로 하는 소토지사유제(小土地私有制)가 이루어지고, 이들 계층이 결국 새로운 시대를 여는 이른바 중산적 생산자층을 구성하게 되었던 것이다(<그림 2-3> 참조).[9] 이러한 토지제도 이행과정상의 특징은 결

8) 중세 기원설에 관해서는 게르만민족 이동에 따른 프랑크(Frank)왕국 기원설과 북부 이탈리아 기원설이 있는데, 흉노족 침입에 따라 밀려난 게르만민족의 대이동(5세기)이 북부 이탈리아에 이르렀을 때 이들의 중세적 정치 · 사회 지배체제(마르크 공동체)와 현지 북부 이탈리아의 농노제(Kolonatus)가 결합되면서 탄생하였다는 논리가 보다 광범위한 지지를 받고 있다. 이때에 이르러 고대의 라티푼티움(Latifuntium)이 노예관리상의 애로 및 생산의 효율성을 위해 노예를 농노로 인정하면서 농노제로 전환되기에 이르렀다. 농노제도란 노예에게 토지를 대여하고 노예들이 책임경영하게 하는 대신 일정한 조세를 부과하는 제도로서 귀족의 대토지(Latifuntium)가 Kolonus(원래 농민이란 뜻이었으나 준노예적 또는 농노적 소작인을 지칭하게 됨)에 분양됨으로써 이들을 통한 농업경영제, 즉 농노제가 정립된 것으로 분석되고 있다.

9) 중세의 농민해방은 두 가지 유형의 경로를 밟게 되는데 영국의 경우에는 밑으로부터의 해방(무혈 명예혁명)을 통하여 출현한 수많은 독립자영 농민층에 의해 '농민형' 토지소유가 정착되었다. 그러나 독일과 프

그림 2-3 서양 경제의 발전과정

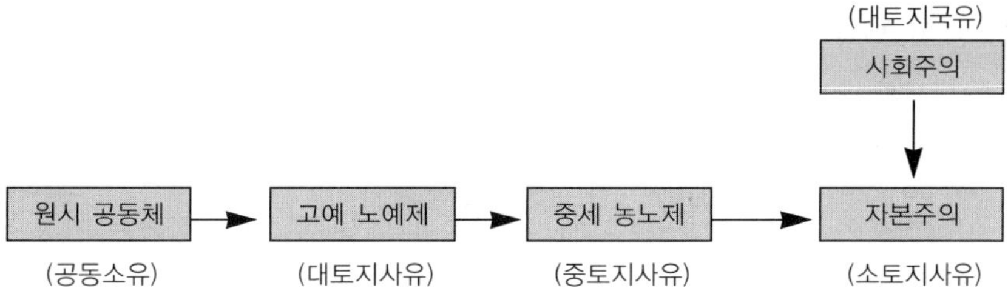

국 역사발전과정에 따라 보다 많은 사람에 의해 토지가 사유되는 방식으로 이행되었다는 점, 따라서 보다 많은 사람의 복지(신분적 자유와 생활수준 등)가 개선되는 방향으로 진행되었다는 점을 지적할 수 있으며, 이러한 점에서 앞서 제시한 본고의 기본 명제가 부분적으로나마 입증될 수 있음을 알 수 있다. 이러한 논리의 흐름에 역행하는 이행과정이 바로 마르크스 이론에 근거하여 성립되었던 사회주의 제도라 할 수 있다. 주지하는 바와 같이 이 제도로의 이행은 자생적 성격보다는 폭력을 동반한 능동적인 성취과정을 통해 이루어졌다. 소련의 볼세비키혁명이 전기가 되었다고 하나 이는 근대적 시

랑스, 러시아 그리고 일본 등지에서는 일종의 유혈혁명을 통하여 이른바 '지주형' 토지소유가 등장하는데, 영주 내지는 상층시민층, 농민층의 상층이 경영보다는 토지소유에 중점을 두면서 기생지주적 토지소유 내지는 지주직접경영으로 성장 · 진화해 나갔다. 특히, 프랑스의 경우를 보면 화폐지대화 시기(농노해방시기)에 이르러 망모르드(농노사망시 토지가 다시 영주에게 귀속되는 법규)를 농민에게 사서 갖도록 하여 봉건적 법적 근거를 스스로 포기하게 되면서 농민적 토지소유의 기초가 정립되는 계기가 마련되었다. 물론 이때까지도 법률상의 소유권(상급 소유권)이 영주에 귀속되고 있었으나, 사회 · 경제적 현실은 세습 · 증여 · 매각 · 임대가 가능한 사실상의 토지보유권(하급권)이 농민에게 주어진 것이다. 이러한 추세는 혁명기를 거치며 개별적으로 영주와 농민 간에 봉건지대의 유상폐기 및 양도과정을 통해(법률혁명) 독립적 토지소유 농민을 탄생시키는데, 이를 '분할지 농민'에 의한 '나폴레옹적' 토지소유 형태라 한다.

그러나 이와 더불어 진행된 국유재산 매각(혁명으로 몰수한 승족령 토지와 도망한 귀족토지)은 상층농민만이 매수가 가능한 것이어서 결국 지주형 토지소유가 농민형을 압도하며 농민층 분해를 가속화시키는 결과가 초래되었다(기생지주적 지주와 차지농으로 분해됨).

민혁명의 성격보다는 쿠데타 성격이 강한 상층부에서의 권력이동이라 볼 수 있으며, 이렇게 성립된 사회주의 및 공산주의는 무력에 의해 인접 동구 국가로 이식되었던 것이다.

본서에서 제시한 명제에 따르면 인류역사 발전의 흐름에 역행하였던 역사적 실험은 결국 실패할 수밖에 없는 요인을 당초부터 안고 있었으니 토지 국유화 정책이 바로 그것이다. 주요 생산수단의 사유화가 부정되는 이상 각 개인의 복지와 권익이 보장될 수 없으며, 결국은 토지소유가 귀속된 지배체제 내의 관료에게 예속되는 결과를 피할 수 없다. 뿐만 아니라 사유재산의 확대 및 소유 가능성이 배제된 상태에서 생산성이 신장될 수 없음은 불문가지이며 결국은 자급자족마저 불가능한 침체 속에 스스로 몰락의 길을 걷게 되었던 것이다.

4.2. 동양의 경제발전과정: 동양적 정체론에 대한 재해석

이상과 같은 논리를 가지고 동양 및 한국의 경제발전과정은 어떻게 설명할 수 있을 것인가? 지금까지 동양의 경제발전과정에 대한 견해는 대체적으로 부정적이거나 패배주의적 사조가 강한 성격을 가지고 있는데 이는, 특히 근대에 이르러 서양의 경제력이 세계경제를 주도해 왔다는 역사적 사실로부터 파생된 것이다. 즉, 동양의 발전과정을 연구하는 기본 목표는 대체적으로 왜 동양 사회가 서양과는 달리 오랜 기간에 걸쳐 역동성이 결여된 정체사회에 머물렀는가를 규명하는 데 두어졌다. 이러한 사조로 인해, 특히 서양 분석가들의 경우 극단적인 평가를 내리는 경우가 많았다. 예컨대, 마르크스는 동양의 사회구성체를 서양의 고대 노예제보다 선행하는 겨우 원시 상태를 벗어난 사회 정도로 규정한 바 있다. 아마 이러한 평가는 동양의 토지제도는 국유제로 일관되어 왔으며, 사유화가 정착도 되어 보지 못한 상태에 불과하였다는 식의 논리에 근거하였던 것으로 이해된다.

그러나 이는 마르크스의 단선적 발전논리가, 특히 생산수단(토지와 노동력 포함)의 소유형태와 이에 따른 생산관계만을 중시하는 관점에서 설정되었다는 사실에 연유하는 것이라 보여진다. 그러나 앞서 본서에서 제시한 가설에 따라 인류역사 및 경제발전과정을 복지수준 향상에 맞추어 재조명할 경우 마르크스의 아시아적 생산양식론에 대한 평가는 적절한 것으로 받아들여질 수 없다. 어떤 특정 사회가 서구적 노예제나 봉건제와 같은 사회구성체로 이행한 흔적이 없다고 해서 아직도 그러한 단계에 이르지 못한 것으로 보는 견해는 지나치게 제한적인 기준만에 근거한 단선적 분석에 불과하기 때문이다.

한편, 베버는 동양에서는 왜 자본주의가 자생적으로 탄생하지 않았는가에 대한 해답을 구하는 방식에 의해 동양의 정체성에 대한 사유를 해명하고자 하였다. 이러한 베버의 동양 사회에 대한 견해는 지금까지 주로 인용되어 온 종교사회학적 분석시각보다는 자신의 대표적 저서 중 하나인 『경제와 사회』(*Economy and Society*)에서 제기된 지배의 유형론을 접목시킴으로써 보다 적절하게 이해할 수 있다고 본다. 즉, 베버는 동양 사회의 토지에 대한 권리의 성격을 정치적 지배양식과 연관하여 설명하면서 동양 사회의 핵심적인 이념형으로 녹봉제와 가산관료제(patri-monialism)와 같은 지배유형을 제시한 바 있다. 베버의 가산관료제 개념은 비트포겔(Karl A. Wittfogel)의 동양적 전제주의(oriental despotism) 개념과 더불어 동양적 정체성을 규명하는 대표적 개념이다. 가산제적 지배란 행정의 합리화보다는 인습화를 초래하고 전통적 지배자 및 권위에 대한 헌신을 중심적인 에토스로 강요하는 것이어서 개인의 자주적 역량이나 권한의 증대 노력은 질식될 수밖에 없는 것이라 규정하였다. 한국은 일찍부터 중앙집권적 관료제가 정착하였으며, 따라서 사회세력이나 집단 간의 자유로운 경쟁이 위축되는 관료엘리트 중심의 하향적 사회통제구조가 지배적이었다는 시각이 베버식 분석의 핵심이라 할 수 있다.

베버가 규정한 합리화는 보다 구체적으로 살펴보면 탈주술화 및 가치의 다신교 명제를 포함하는 문화적 합리화와 자본주의 경제구조와 관료적 근대 국가로 특징지어지는 사회적 합리화로 구분될 수 있다. 베버는 근대 유럽문화를 합리주의 문화로 규정하면서 이는 금욕적 프로테스탄티즘으로부터 가장 큰 영향을 받아 형성된 것으로 보았다. 베버는 아울러 동양에서는 유교에 근거한 합리주의가 지배적이었던 것으로 인식하였고, 이는 (상업적) 영리를 시인하는 낙관적 현세 긍정사상의 성격을 갖는다고 보았다. 한편, 청교도주의(puritanism)는 현세에 대한 낙관적 긍정 대신 격렬한 현세거부(weltablehnung, 현세의 가치를 낮게 보고 천국에서의 영원한 구원을 갈구함), 그리고 이에 부응하는 반영리적이고 금욕적인 윤리를 강요한 것으로 보았다. 이어서 베버는 청교도주의의 에토스를 '내면적 품위의 윤리'로, 그리고 유교의 에토스를 '외면적 품위의 윤리'로 규정함으로써 동서양의 차이를 구분하였다. 그리고 이러한 유교적 윤리는 바로 사대부(士大夫, mandarin)라 불리는 가산제관료(家産制官僚)들이 중심적 담당자로서 주도해 왔으며, 따라서 유교적 합리주의는 궁극적으로 전통주의 내지는 전통적인 공동체적 생활양식의 무조건적 존속을 지향하는, 말하자면 기존 체제유지 지향적 논리의 성격을 갖는다고 보았다.

결국 베버는 동양에서는 전통적 질서에 자신을 끊임없이 순응시켜 가는 것을 궁극적으로 가장 귀중하게 여기고, 이러한 관점에서 외면적 품위유지를 존중하는 윤리가 탄생한 것으로 보았던 것이다. 그리고 그는 이러한 유교적 윤리로 인해 가산제 관료층이 진보적인 변혁을 유도하지 못하였을 뿐만 아니라 전통주의를 뒷받침하고 있는 주술문화와의 단절에도 실패한 것으로 보고 있으며, 이는 본질적으로 유교의 낙관적인 현세적 성격에 기인한다고 본 것이다.

과연 이러한 베버의 분석방법이 보편성을 가지며 또 동양의 정체성을 설명하는 데 적절히 적용될 수 있는지, 그리고 나아가서 한국의 전통사회를 가산제적 지배양식으로 파악하는 것이 정당한지에 대해서는 상이한 견해가 계속 제기되고 있어 앞으로 연구해 보아야 할 과제이다.

여하튼 이상과 같은 마르크스나 베버류의 분석시각은 국내학계에 큰 영향을 미쳤고, 따라서 한국의 역사발전과정을 '동양적 전제국가'로 규정하여 정체성 원인을 다각적으로 분석하는 사조와 '동양적 봉건국가'라는 개념을 설정하여 동양에도 서양과는 일치하지 않으나 나름대로의 봉건제적 특징이 강한 시기를 거쳐 조선 후기에는 자본주의적 맹아현상이 나타났으며, 외세의 개입이 없었다면 시기적으로는 지연되었을망정 자본주의는 자생적으로 정착될 수 있는 발전과정이 실재하였다는 견해를 탄생시키기도 하였다. 특히, 후자의 논리는 광범위한 호응을 얻어 왔고, 심지어는 이러한 논리를 확대시켜 토지국유제는 허상이었고 실제로는 서구보다 앞선 시기부터 토지사유화가 이루어졌다는 주장까지 등장하였다. 그러나 이러한 토지사유화 논리는 박준서(1981)에 의해 명쾌하게 반박된 바 있듯이 논리적 비약이 심한 것이라 보여진다.[10] 토지사유론자들이 제시하는 사유화에 대한 논증 사례들은 박준서가 규정한 이른바 하급권(토지의 점유 · 활용 · 매매 · 임대 · 상속)에 해당한 것이고, (국유)토지의 사용대가로 지불되는 조세를 납부하고 있는 이상 토지국유에 근거하는 이른바 상급권이 한 번도 배제된 적이 없는 것으로 해

10) 박준서(1981), pp. 1~16.

석되어야 할 것인바, 완전한 토지사유는 한국의 경우 조선 멸망시까지 존재하지 못한 것으로 보는 것이 합당할 것이다.

5. 요약 및 정책적 함의

본장에서 우리는 국민경제 분석이 결국 경제발전론적 차원에서 논의되어야 한다는 점과, 이에 대한 기존의 경제발전 분석모형들은 개도국의 경제발전이나 사회주의 국가들의 몰락 및 체제전환현상 등을 설명하는 데 적절하지 못하다는 점을 지적한 바 있다.

즉, 전통적 경제발전론은 흔히 경제발전단계론과 그 전통을 잇고 있는 근대적 경제발전단계론, 본서에서 소개하지는 않았지만 경제성장의 양적 측면을 강조한 신고전학파 모형과 이를 보완하는 구조분석모형, 그리고 마르크스의 전통을 계승한 대안적 접근법 등으로 대별해 볼 수 있으나, 각 이론이 갖는 논리적 한계성으로 인해 인류역사 발전단계를 포괄적으로 설명하거나 경제발전의 근본적이고 장기적인 발전방향을 제시하는 데 어려움이 발생한다.

기존 발전단계론들은 경제발전의 동인을 지나치게 단순 · 도식화하였으며, 단선적인 단계별 이행만을 강조할 뿐 단계별 이행에 대한 인과관계적 논리를 제공하지 못하고 있어 인류역사 전반에 걸친 발전과정을 설명하거나 발전의 동인을 제시하는 데에는 실패하고 있다. 이러한 한계점을 근대화 이론이나 후발효과이론 등으로 대표되는 후진국 경제발전모형도 마찬가지로 지니고 있다. 대안적 방법으로서 제기된 신마르크시즘 모형은 여전히 논리적 한계나 실증적 검증을 결여한 수준에 머무르고 있을 뿐만 아니라 사회주의 국가의 몰락 및 시장경제로의 체제전환과 같은 역사적 사실을 설명할 수 없다. 이러한 인식하에 본장에서는 이러한 문제를 완화할 수 있는 별도의 국민경제 분석방법론을 정립 · 제시하였다.

이 모형은 인류복지라는 기준을 통해서 역사발전의 내용을 파악하되, 경제발전의 기본 동인을 중심적 생산요소의 소유방식과 이에 따른 생산방식의 변화에서 찾고 있다. 그러나 이 모형은 마르크스적 논리를 일부 수용하면서도 베버의 분석방법론을 도입함으로써 능동적 성취과정을 강조한 마르크스 모형과 단선적 이행을 필연시한 전통적 발전단계론 등이 갖는 한계성을 탈피하고 있다. 일종의 수정된 발전단계론의 성격을 갖는 이 모형을 통해, 중심적 역할을 담당하는 생산요소의 변화내용과 그 소유방식의 변천과정을 통해 발전단계를 세분화함으로써 동 · 서양의 경제발전단계를 성공적으로 재해석할 수 있었다. 이러한 과정에서 우리는 사회주의 경제체제는 인류역사의 발전방향에 역행하는 그리고 실패할 수밖에 없는 역사적 실험에 불과하였다는 사실을 확인할 수 있었다. 바로 이러한 관점에서 볼 때 한국경제의 동질적 국민경제 구축은 북한 경제체제의 시장경제로의 전환이란 방식으로 이루어질 수밖에 없다는 결론을 도출할 수 있다.

본장에서 우리는 인류역사 변천의 큰 흐름은 인류복지가 개선되는 방향으로 진행되었으며, 이는 생산수단의 소유 및 경영방식에 크게 의존한다는 관점을 정립함과 동시에 이러한 역사적 전개과정을 가능하게 하였던 핵심적 요인은 보다 많은 사람들에 의해 생산수단이 소유됨에 따라 생산성 및 효율성은 물론 형평성이 아울러 제고되는 계기가 마련되었다는 사실을 지적한 바 있다. 이러한 흐름에 역행한 역사적 실험이 바로 토지국유화 정책을 추구한 사회주의 제도인바, 이 제도하에서는 주요 생산수단의 사유화가 부정되었기에 각 개인의 기본적인 복지와 권익이 보장될 수 없을 뿐만 아니라 인센티브 부족에 따른 생산성 하락으로, 결국은 자급자족마저 불가능한 침체 속에 스스로의 몰락을 초래하고 말았던 것이라는 사실을 강조해 둔다.

참고문헌

김홍식 · 이영훈 공역(芝原拓自 著), 『소유와 생산양식의 역사이론』, 비봉출판사, 1990.

유석춘, 『Marx Weber와 동양사회』, 나남, 1992.

박준서, 「집권제의 경제적 기초」, 『한국경제』, 제9집, 1981, pp. 1~16.

이종원, 『한국경제론』, 제2판, 해남, 2004, 제11장.

______, 『경제학』, 해남, 2009, 제26장.

______, 「한국경제의 발전과정에 관한 일논의」, 『경제학연구』, 제41집 제2호, 1993, pp. 335~371.

이종원 외, 『통일경제론』, 해남, 1997.

North, D. C. and R. P. Thomas, *The Rising of Western World-A New Economic Theory*, Cambridge University Press, 1976.

제3편

북한 경제의 어제와 오늘

제3장 북한 경제의 전개과정과 특성

CHAPTER 3

북한 경제의 전개과정과 특성

1. 서론
2. 북한 경제 전개과정
3. 남북한 경제력 비교

3

북한 경제의 전개과정과 특성

1. 서론

그 동안 북한 경제에 접근하는 방안은 대체적으로 단순히 남북한 경제체제 간의 이질성을 강조하거나 남한 경제의 체제적 우수성을 부각하려는 노력의 일환으로, 또는 단순히 남북한 경제의 성과 및 실적 그리고 현황을 비교하는 차원에서 이루어졌다. 따라서 북한 경제는 한국의 일부가 아닌 다른 국가경제에 속할 뿐 아니라 상호 대립관계에 있는 경제라는 인식이 주류를 이루었다. 이는 외세에 의해 비자발적으로 분단된 한민족이 국제적 냉전환경 속에서 서로 반목하고 대립하도록 유도되고 조정되어 오는 과정에서 정착된 정서적 측면이 강하다. 차후 남북한 간의 경제문제는 쌍방이 한민족 공동체의 구성원이라는 인식하에 조속히 그 동질성을 회복할 수 있는 방안을 협력적으로 조성해 나가되 모든 과정을 쌍방이 자주적으로 추진해 나가는 자세와 인식이 필요하다.

또한 본서 제2장에서 제시한 국민경제 분석방법론을 북한 경제의 분석에 있어서도 남한의 경우와 동일한 차원에서 접근할 필요가 있다. 이는 북한이 비록 짧은 기간이나마 이질적인 경제체제를 정착시키고 운영해 온 역사적 사실이 있으나, 기나긴 한민족 경제의 발전과정에서 보면 이는 찰나에 불과한 잠시적 이탈일 뿐 곧 한국민 경제발전의 본류로 귀속될 성격의 것이기 때문이다. 또한 북한이 경험해 온 사회주의적 경제체제는 본서가 제시한 경제발전단계론에 근거하여 그 전망이 설명될 수 있는 시대적 현상이기 때문이다. 그리고 어떤 유형의 생산수단 소유방식과 그에 의거한 생산양식이 한 국민경제를 주도적으로 회복시켜 나갈 수 있는지를 분명히 예시해 줄 수 있기 때문이다.

본장에 이상과 같은 인식을 바탕으로 해방 직후 분단된 북한 지역에서 경제가 어떠한 변천과정을 겪어 왔는지를 국민경제 발전단계론 차원에서 시대적 특징에 따라 분석해 보고, 그 결과 어떠한 경제상황이 초래되었는지를 살펴보고자 한다. 그런 연후에 지금 현재 남북한 경제력은 어느 정도 격차를 보이고 있는지를 비교 분석한 다음, 남북한이 민족공동체적 동질성을 회복하고 진정한 통일이 실현될 수 있기 위해서 남북한은 어떻게 협력해야 하는지, 그리고 어떤 이유로든 일단 체제통합 또는 통일이 실현될 경우 예상되는 주요 문제와 이에 대비할 수 있는 기본 경제정책의 대강은 어떤 내용이 되어야 할지에 대한 견해를 정리해 보고자 한다.

2. 북한 경제 전개과정

북한 경제의 발전 또는 전개과정을 적절히 분석 · 평가하기 위해서는 해방 이전 일제시대의 경제체제를 어떻게 인식할 것인가 하는 문제부터 접근해야 할 것이다. 본서에서는 일단 일제시대를 식민지 자본주의 사회로 규정하여 논의를 진행하고자 한다. 물론 북한에서도 초기에는 이러한 논리와 이른바 식민지 반봉건사회론(식반론) 간에 활발한 논의가 있었고, 전자가 보다 설득력 있는 논리로 자리잡은 적이 있었다. 그러나 김일성의 교시로 이러한 논쟁은 중지되고 식반론이 정설로 자리잡게 되었는데, 이러한 입장 견지는 중국의 경우와 궤를 같이 하고 있다. 이는 제국주의에 의한 식민지화는 진정한 자본주의로의 진입에 실패한 채 종래의 봉건적 경제체제(예컨대, 소작제 관행 등)를 답습하였고, 이에 대항하는 민족운동은 부농의 출현 및 활동으로 외세를 물리치게 되며, 결국은 프롤레타리아 혁명을 통한 사회주의로의 이행을 정착시킨다는 논리에 근거한 것이다.[1] 그러나 일제하 경제체제 및 민족자본의 역할 등에 관한 분석결과 이러한 논리는 저자가 별도 저서에서 논증한 바 있듯이 전혀 설득력이 없다. 북한이 결과적으로 사회주의가 정착되기는 하였으나 이것이 중국의 경우에서처럼 자율적인 민족운동의 결과에서가 아니라 국제정치적 대립과정에서 외세개입에 의해 경제 외적 강제를 통해 이루어진 것이기 때문이다.

이하에서는 이러한 인식하에 북한 경제를 다섯 단계로 구분하여 접근해 보고자 한다.

2.1. 사회주의 체제기반 조성기(생산자원 국유화기): 1945~1950

해방과 더불어 분단된 북한 경제는 소련식 중앙집권적 명령경제하에 대내지향적인 이른바 스탈린식 산업화(Stalinistic industrialization)를 추구하게 된다.

분단 당시 남북한 경제구조는 남농북공(南農北工)의 구조로서 주요 지하자원과 공업시설은(특히, 금속 및 화학)은 북한에, 그리고 농수산 및 약간의 경공업(섬유, 기계, 가공식품, 인쇄, 출판 등) 시설은 남한에 편재되어 있었다. 특

1) 이종원(2004), 제2장 참조.

히, 경제발전의 초기적 조건상 주요한 토대가 되는 전력은 북한이 연간 발전량의 92%를 차지하였고, 화학비료 또한 거의 전량이 북한에서 생산되었다. 그러나 북한 역시 남북분단에 따른 남한 경제로부터의 단절로 인해 원료 및 반제품시장을 상실하였고, 식량 및 소비재의 공급에 어려움을 겪게 되었다. 더구나 공업시설이 북한 지역에 편재되어 있었지만 퇴각하는 일본군이 소련군의 한반도 진출에 앞서 주요 산업시설을 파괴하여 버렸고 일본의 자본 및 기술인력마저 철수해 버려 경제는 도탄에 빠질 수밖에 없었다.[2)]

이러한 상황에서 북한 정권은 사회주의 경제체제의 확립과 이를 기초로 한 경제의 복구 및 발전 도모에 주력하게 되었다. 이를 위해 북한은 토지개혁, 산업국유화 등을 실시하여 사회주의 경제체제와 기본 틀을 도입하여 산업시설 복구에 나섰던 것이다.

2.1.1. 토지개혁과 산업국유화

농지에 한해 유상몰수 유상분배 원칙에 따라 사유화를 시도한 남한과는 달리, 북한에서는 1946년 토지 전반에 걸친 개혁을 시도하여 '훗날 실시될 집단화'(1954~1958) 과정과 더불어 사회주의적 농업을 정착시키게 된다. 이는 1946년 3월 5일 토지개혁 법령이 공포된 후 불과 20여 일 만에 완료될 정도로 전격적이고 전면적으로 실시된 개혁이었다. 그런데 당시 토지개혁은 일본인과 민족반역자 소유토지, 지속적으로 소작을 준 토지 및 5정보 이상 소유한 한국인 지주 및 종교단체가 소유한 토지를 몰수하여 고용농이나 소농 또는 토지가 없는 농민들에게 무상으로 분배한다는 이른바 '무상몰수 무상분배' 원칙에 의거하여 실시되었다. 그러나 분배된 토지는 매매, 저당 또는 임대차

2) 예컨대, 탄광은 64개가 완전 침수되었고 174개가 부분 침수되었으며, 수풍발전소 등 6개 공장은 완전 파괴, 그리고 47개 공장은 부분 파괴되었다(전홍택 · 박진, 1995, p. 698).

가 금지되었고, 그 권한의 행사는 공산당에 귀속시킴으로써 실제로는 무상몰수에 의한 국유화 성격을 띠었다. 이러한 북한 정권의 의도는 후에 집단소유 및 영농제도의 도입으로 완결된다. 따라서 형식상 고농이나 빈농들이 자영농으로 전환되고 토지소유의 불균형이 해소됨으로써 공산정권의 입지는 공고해졌으나 이것이 실질적인 농업생산성 향상으로 연결되지는 못한 것으로 밝혀졌다.[3)]

북한에서의 토지개혁

한편, 해방 초기에 북한에서는 일제유산의 청산과 사회주의 건설을 위한 제도개혁을 단시일 내에 실시하였는바, 그 대표적 정책내용으로 역시 토지개혁을 들 수 있다.

북한에서의 토지개혁은 1945년 가을의 소작료 3 · 7제 운동에서부터 시작하여 신속하고 철저하게 수행되었는데, 본격적인 개혁은 1946년 3월 5일 공표된 「북조선토지개혁에 대한 법령」에 의거 적산과 내국인 소작지를 대상으로 동시에 실시되었다. 동 법령 제5조에서는 몰수한 토지 전부를 농민에게 무상으로 영원한 소유로 양여한다고 선언하였다. 그러나 '무상몰수 무상분배'라는 구호하에 진행된 북한의 토지개혁은 무상분배 작업을 "인민위원회 처리에 위임한다"는 제6조 규정과 "분여된 토지는 매매하지 못하며 소작 주지 못하며 저당하지 못 한다"는 제10조 규정에 의해 실제로는 재산권을 행사할 수 없는 선언적인 무상분배임을 교묘하게 위장하였다. 그리고 제13조와 제14조에 의거 모든 삼림과 관개시설 전부를 역시 북조선 임시인민위원회의 처리에 위임하도록 함으로써 결국은 인민위원회로 표방된 북한의 새로운 정권이 모든 토지를 소유하고 권한을 행사할 수 있도록 조치하였다. 또한 제17조에 의해 토지개혁 실행은 익년인 1947년 3월 말까지 필하도록 하여 불과 1년 만에 토지개혁을 마감할 것을 목표로 하였으나 실제로는 단 20일 만에 완결되었다고 보고된 바 있다.

토지개혁에 의해 몰수된 토지면적은 총경지면적의 53%, 해방 전 소작지

3) 북한 농업은 1949년에 이르러서도 1944년 수준보다 불과 9.8% 증가하는 수준에 머물러 비슷한 기간 중 실현된 남한의 21.4% 증가율에 훨씬 못 미치는 것으로 분석된 바 있다.

면적의 90%에 달하였고, 토지를 분여받은 농민은 전 농가의 70%를 넘었다고 기록되고 있다.

이상에서 살펴본 남북한에서의 토지개혁 내용은 우선 토지에 근거한 구시대적 지배체제의 교체를 시도하였다는 데에서 의의를 공유하고 있으나, 남한이 경자유전원칙에 따른 자작농 창설(그러나 소농적 차지농의 성격이 강함)과 토지사유화에 의한 생산성 향상 및 생산의욕 고취에 주안점을 둔 반면, 북한은 무상분배로 위장한 국유화로 결국 장기적으로는 생산의욕의 저하와 생산성 저하를 초래하고 말았다는 기본적인 차이점이 있다. 한편, 남한의 토지개혁이 불철저하게 이행된 데 반하여 북한의 토지개혁은 단시일 내에 아주 철저하게 그리고 비자발적이었지만 자주적으로 일제유산 청산에 관한 한 남한에 비해 큰 성과를 거두었다.

표 3-1 남북한 농지개혁 내용 및 성과 비교

구분	남	북
잠정조치: 최고 소작률 설정	3 · 1제(1945. 10. 5)	7 · 3제(1945 가을)
실시 시기와 대상	• 적산종지대상 1차 토지개혁은 미군정하(1948. 3. 22)에 전 농지의 13%를 대상으로 실시 • 2차 토지개혁 실시(3정보 이상 경지 대상) (1950. 3. 10)	• 1946. 3~1947. 3 • 적산 포함한 전 경작지의 약 90%를 대상
특징	• 유상몰수 유상분배 원칙 • 전쟁 등으로 비철저(전 대상지의 38.1%에 불과)	• 당초 목표는 1년 이내 완결이었으나 단 20일 만에 완결 • 비자발적이었지만 자주적 개혁이었고 일제 잔재가 상대적으로 철저히 청산됨.
의의	• 토지에 근거한 구시대적 지배체제 교체 • 경자유전원칙에 따른 자작농 창설(그러나 소작농 차지농 성격이 강함) • 토지사유(생산의욕 증진, 생산성 향상)	• 토지에 근거한 구시대적 지배체제 교체 • 무상분배로 위장한 국유화로 결국 장기적으로는 생산의욕의 저하와 생산성 저하 초래

한편, 남한의 경우 적산기업을 불하하여 사유화에 의한 시장경제의 기초를 닦았던 사실과는 달리 북한에서는 주요 산업을 모두 국유화하여 사회주의 경제체제를 확립해 나갔다. 즉, 북한에서는 일본인과 일본인에 협력한 한국인 자본가의 모든 재산을 압수하여 일단은 1945년 10월 창설된 소련 민정의 통제하에 두었다가 1946년 8월 10일 산업, 교통, 운수, 체신, 은행 등의 국유화에 관한 법령의 공포 · 시행을 계기로 북조선인민위원회에 이관시켰다.[4)]

2.1.2. 경제계획과 산업복구

토지개혁과 주요 산업의 국유화로 사회주의 경제체제의 기초를 마련한 후 북한은 일제 지배와 해방에 따른 분단, 그리고 공산화에 따른 혼란 극복 등을 위해 소련식 사회주의 경제계획을 실시함으로써 산업시설의 복구 및 자립경제 기초 건설을 도모하게 된다.

이러한 산업복구 노력은, 특히 소련으로부터의 원조 및 기술지원을 통해 소기의 성과를 거둘 수 있었는데, 1944년에 비해 71.1%나 감소하였던 1946년 공업생산은 3년 후 1949년에는 1946년 수준의 3.37배로 증대되어 1944년 생산수준을 회복하기에 이르렀다. 이 기간 동안 북한은 두 차례에 걸친 1개년 경제계획(1947년과 1948년)과 한 차례에 걸친 2개년 계획(1949~1950)을 추진하였는데, 지극히 혼란스러웠던 경제 · 사회 여건하에서도 그 성과가 이처럼 빨리 그리고 괄목할 만큼 나타날 수 있었던 것은 소련의 원조 및 기술지도, 그리고 풍부한 전력 및 비료공급 등에 연유한다 볼 수 있다. 1946년 1월부터 1949년 말까지 약 4년간 소련이 북한에 제공한 무상원조 및 차관은 5억

4) 이러한 조치에 따라 1946년 말 현재 공업생산에서 사회주의 경제형태가 차지하는 비중은 생산능력의 90%, 생산량의 72.4%에 달한 것으로 추정된 바 있다.

4,699만 달러에 달하는 것으로 추정되고 있다. 또한 산업별로 상당수 소련인 기술고문을 상주시켜 일제가 퇴각시 파괴한 탄광과 제철, 비료 및 발전소는

북한에서의 외국원조

북한에서의 원조는 소련과 중국에 주로 의존하였고 해방 이후 1950년대 말까지 집중적으로 이루어졌다.

공산권에서의 경제원조는 재정원조와 건설지원으로 구분된다. 재정원조는 유·무상의 금융지원을 말하며, 건설지원은 공장 및 기타 산업시설의 복구 또는 건설과 확장에 대한 원조를 말한다.

북한이 공산 제국으로부터 받은 재정원조(건설지원 제외)는 총 30억 달러에 달하고 있으며, 이는 한국의 원조수입총액인 약 44억 달러에 비교해 볼 때 상당히 큰 금액임을 알 수 있다. 재정원조 중 약 67%는 무상원조였고, 무상원조의 대부분(약 80%)은 북한의 전후복구시기(1950~1960)에 제공되었다.

북한에 원조를 제공한 국가 중 소련은 총원조액의 52%, 중국은 약 31%로 재정원조의 대부분을 차지하고 있다. 그러나 북한에 동독과 체코 등 동구 제국이 전체의 약 27%를 차지할 만큼의 규모로 재정원조를 제공한 바 있어 미국에 전적으로 의존하였던 한국의 경우와 대조를 이루고 있다.

이상과 같은 북한에 대한 원조는 몇 가지 점에서 남한과 상이한 특성을 갖고 있다. 첫째, 재정원조에 한정되지 않고 전쟁복구 및 산업기반 확충을 위한 건설지원 원조가 동시에 이루어진 점, 둘째 소련과 중국 위주로 원조가 이루어졌으나 기타 동구권 제국 전부가 한 나라도 빠짐없이 상당한 규모의 원조를 제공하여 공산권 국가 간의 정치적 결속이 강조되었다는 점, 셋째 북한은 일방적으로 원조만을 받은 것으로 끝나지 않고 비록 그 규모가 작지만 대외원조를 부단히 수행하여 왔던 점이다.

이상과 같은 특징을 갖는 북한의 외국원조는 우선 규모면에서도 남한에 비해 절대 뒤지지 않고(건설원조 부분의 정확한 평가가 어려워 직접 비교는 어렵지만), 성격면에서는 오히려 시설재원조 비중이 훨씬 컸다는 차원에서 상대적으로 바람직한 측면이 있었다는 사실을 지적할 수 있다. 그러나 이러한 시설재 중심의 원조는 남한에 비해 오히려 국내산업의 해외의존도를 훨씬 심화시키는 결과를 초래하였고, 이것이 1960년대 이후 북한의 독자적인 경제개발계획 추진에 차질을 빚는 원인 중 하나가 되기도 하였다.

북한에서의 경제계획

북한에서의 경제계획은 주민들의 물질적 생활수준 향상과 사회주의 혁명을 완수하는 물질적 생산기반 구축을 바탕으로 현대적 공업화를 통해 사회주의적 경제·사회를 완성한다는 목표 아래 전면적인 중앙집권적 계획경제체제를 견지해 왔는데, 이러한 북한에서의 경제계획은 남한에서보다 앞서 시작되었고 초창기에는 그 성과도 컸으나 개발 후기에 들어 개발방식의 모순과 한계성으로 인해 지극히 어려운 상황에 처하게 되었다.

그리고 1945년부터 1950년대 말까지는 일제의 잔재(식민지적 파행성과 후진성)를 청산하고 국민경제를 건설하는 동시에 사회주의 경제체제를 확립한 시기로 볼 수 있다. 즉, 정부수립 이전부터 이미 북한은 토지개혁과 적산처리과정을 통해 주요 생산수단과 기간산업 및 사회간접자본을 실질적으로 장악하는 국유화를 단행하였는데 그 주요 과정은 다음과 같다.

1946. 3: 토지개혁 실시(무상몰수 무상분배 표방)
1946. 8. 10: 산업의 국유화(적산소유 자산의 약 90%)
1947. 2: 제1차 1개년 계획(연간 생산예정표 작성수준에 불과)
1948: 제2차 1개년 계획(이것 또한 실질적으로는 연간 생산예정표로 작성하는 계획에 불과함)
1949~1950: 2개년 인민경제계획
사회주의 경제체제의 기초건설을 위한 최초의 본격적인 경제계획으로 1947~1950년간의 공업총생산이 1946년의 3.4배로 성장하는 성과를 얻었다고 하나 실제적으로는 전쟁준비에 주력함.
1951~1953: 3개년 계획(한국전쟁으로 중단됨)
첫 단계에서는 군수품 생산에 치중하였으나 후반에는 전쟁피해 복구에 주력(북한의 전쟁피해액은 약 17억 달러로 추산됨)
1954~1956: 제2차 3개년 계획
전쟁피해를 복구하고 중공업 발전을 통한 사회주의 경제지표를 건설하는 것을 목표로 하였고, 소련과 중국 등의 원조에 힘입어 공업부문에서는 목표를 초과달성하였으나 농수산업부문에서는 목표에 미달함.
1957~1961: 5개년 계획(4년 만에 종결)
3개년 계획의 성과를 기초로 사회주의 경제 강화를 위해 중화학공업 우선 발전 정책을 수행하였는데, 목표를 조기에 초과달성함에 따라 4개년에 완성됨.

물론 철도의 복원에 크게 기여한 것으로 분석되고 있다.

이러한 방식의 원조 및 기술지원 내용은 생필품 위주의 구호품 지원방식의 남한 내 미군정의 원조내용과는 대조를 이루는 것으로 그 결과 해방 초기 산업 및 경제발전 면에 있어 북한이 남한을 크게 앞지르는 계기가 마련되었다. 특히, 북한에 대한 소련의 원조는 주요 산업시설 복구를 위한 시설재 공급 및 이의 활용방안 전수를 위한 기술지도에 큰 비중을 두었다는 점에 유념할 필요가 있다. 그런데 이것이 분명 남한에 비해 산업복구 및 경제자립기반 구축에 조속하고도 긍정적인 효과를 준 것은 사실이지만, 이러한 소련의 원조는 냉전시대하의 공산권 세력 확대 노력의 일환으로 동구권 제국과의 연대 속에(그리고 궁극적으로는 상호 교차원조 형식으로) 이루어졌다는 사실과, 궁극적으로는 3차례에 걸친 경제계획이 결국은 한국전쟁 수행을 위한 준비작업의 성격을 띠고 말았다는 사실에 주목할 필요가 있다.

2.2. 전쟁 피해복구 및 사회주의 공업화 정착기: 1950~1960

3년간에 걸친 한국전쟁은 북한에도 막대한 경제적 손실을 입혔다. 고승효(1993)에 따르면 북한은 8,700개의 공장이나 기업소, 60만 호의 주택, 5,000여 개의 학교와 37만ha의 논밭이 피해를 입는 등 총 4,200억 원 규모의 피해를 본 것으로 추산되는데, 이는 1953년 GNP의 약 4배에 달하는 규모이다. 그 결과 전쟁이 종료된 1953년 GNP는 1949년의 70% 수준으로 떨어졌다. 이와 같은 전쟁으로 인한 피해를 복구하고 사회주의 체제를 정착시키기 위해 북한은 국민경제 복구발전 3개년 계획(1954~1956)과 제1차 5개년 계획(1957~1961)을 실시하게 된다. 전자는 전쟁 이전의 1949년도 산업생산 수준의 회복과 자립경제 토대의 강화를 목표로, 그리고 후자는 사회주의 공업화의 토대구축 및 사회주의 경제의 확립 그리고 인민의 의식주문제 해결을 기본과제로 삼았다. 이렇게 시작된 경제계획의 주요 내용 및 핵심 성과는 다음과 같다.

첫째, 스탈린식 산업화(Stalinistic industrialization)에 의한 사회주의 건설을 위해 중공업 우선정책 및 대내지향적 자력경제 건설을 목표로 하였다. 농업과 경공업의 동시적 발전은 구호에만 그치고 말았는바, 예컨대 공업투자 중 중공업분야의 투자비중이 1954~1956년 기간 중 81%를 상회하였고, 1957~1960년 기간 중에는 82.6%에 달하였던 사실은 이를 잘 입증해 주고 있다.[5)]

둘째, 농업과 개인상공업에 협동화를 통한 사회주의적 개조를 강제하였다. 1954년에 시작된 집단화 및 협동화는 1958년 8월경에 완성되었는데, 이는 모든 기본적인 생산수단을 통합한 다음 그 성과는 노동량에 따라 분배하는 완전한 사회주의 형태의 소유 및 경영방식이라 할 수 있다. 또한 중요한 것은 이와 같은 북한의 협동조합화 과정에서는 소련 및 동구권 국가들이 시행하였던 출자금제도 대신 토지 및 기타 생산수단은 완전한 협동조합 소유로 전환하는 통합방식을 선택하였다는 점이다. 이처럼 강력하고 일사분란한 협동화 과정이 짧은 기간 동안에 성사될 수 있었던 것은 일본인 지주의 철수, 부농 등의 남한으로의 이주, 그리고 전쟁으로 인해 농촌경제 황폐화 등에 기인한다 볼 수 있다.

이때 집단화된 협동농장들은 말단행정단위인 '리'(里)단위로 통합됨으로써 평균규모가 확대되었고, 경제활동 외에 교육, 문화, 보건 및 후생사업도 담당하게 되었다.

5) 이러한 중공업 우선 정책과 관련하여 북한에서도 비판세력이 등장하기도 하였으나 김일성에 의해 정치적으로 제거되고 말았다. 자세한 내용은 전홍택 · 박진(1995), p. 70 참조.

한편, 이러한 협동화 내지 집단화 과정은 이른바 '사회주의 노력경쟁운동'에 의해 인민은 사회주의 인간으로서 개조시키고 작업능률을 향상시키기 위한 집단적 노력경쟁운동에 의해 보완되고 강화되었다. 1954~1956년 기간 중 추진된 '돌격운동'은 1958년 9월에는 '천리마운동'으로 통일되었는데, 이는 중국의 '대약진운동' 을 모방한 것이다.

셋째, 이상과 같은 경제계획 및 사회운동을 통하여 북한은 전쟁으로 인한 피해복구는 물론 사회주의 체제의 정착, 그리고 괄목할 만한 경제발전까지 이룩하기에 이르렀다. 당초 설정하였던 5개년 계획의 목표가 1년이나 일찍 달성되어 4년 만에 종결되었던 사실은 이를 잘 입증해 주고 있다.

북한당국 발표자료에 따르면 농업총생산은 1956년에 이르러 1949년 수준을 상회하였고 1960년에는 2.4배에 달한 것으로 나타났다. 공업생산의 경우는 1954~1960년 기간 중 연평균증가율이 38%를 상회하였는데, 1960년도 생산수준은 1949년도 수준의 6.2배에 달하였다. 그 결과 GNP는 같은 기간 중 약 25%씩 증가하여 1960년도 GNP가 1949년 수준의 3.3배에 이른 것으로 발표되었다.[6)]

이상과 같은 발표자료는 과장된 것이라는 비판이 제기되어 왔고 이러한 비판이 나름대로 타당성도 인정되는 것은 사실이지만, 분명한 것은 이 기간 중 북한의 공업이 빠른 속도로 발전하고 산업구조도 고도화되었으며, 수준 또한 급신장되어 1959년 기준으로 볼 때 북한의 1인당 국민소득은 1940년 수준과 비슷한 121달러 수준으로 추정되고 있다는 사실이다. 이는 같은 시기 남한의 1인당 국민소득수준인 75달러를 크게 상회하는 수준이다.[7)]

넷째, 이상과 같은 성과는 소련 등 사회주의권 국가들로부터 받은 막대

---

6) 전홍택 · 박진(1995), p. 703의 표 12-3.
7) 이러한 통계는 Niwa and Goto(1989) 추정치를 전홍택 · 박진(1995)이 환산한 것이다.

한 원조 및 기술지원, 그리고 경제발전 초기에 생산자원을 핵심 분야에 집중시키는 데 유리한 사회주의식 경제계획 등에 기인한다.[8)]

2.3. 사회주의 공업화 문제점 노출기: 1961~1970

1960년에 들어서면서 북한은 소련의 후루시초프정권의 등장, 그리고 중국의 문화혁명 진행 등으로 핵심 사회주의 국가들과의 국제정치 관계에 시련을 겪게 되었고, 동시에 이들 국가들로부터의 원조가 크게 감소됨으로써 자력갱생의 노력을 더욱 강화할 수밖에 없었다. 자립적 민족경제 건설 및 독자적 국방력 확대를 위해 북한은 '주체사상'이라는 새로운 이데올로기를 제창하였고, '국방, 경제의 병진건설'을 주도노선으로 삼기에 이르렀다. 이에 따라 1960년대 후반부터 군사비 지출이 크게 증가하여 1966년까지 국가예산의 10% 수준을 밑돌던 군사비 지출이 1967~1971년 기간 동안에는 30%를 상회하게 되었다. 남한에서 1970년대에 들어선 유신정권이 미국과의 정치적 갈등을 빚으며 중화학공업을 통한 자주국방을 천명하였던 사실과 1960년대 북한의 정책노선 변화는 일면 유사한 측면이 있었다.

이상과 같은 정책노선하에 북한은 1950년대 말에 도입된 협동화 내지 집단화 작업의 효율성 제고를 위해 경제관리방식에 변화를 시도하였다. 즉, 물질적 유인체계를 가미한 이른바 '청산리방법'이 도입되었는데, 이는 '작업반우대제', '작업반독립체산제', '분조관리제' 등을 통해 기존의 군중노선에 기업적 관리방식을 가미한 것이다. 이와 함께 북한은, 특히 농업생산성 정체를 타개하기 위해 제1차 7개년 계획기간 중 농업 현물세 폐지(1966)와 농산물 수

8) 1953~1960년 기간 중 경제원조총액은 무상 9억 7,700만 달러, 공공차관 4억 5,650만 달러, 합계 14억 3,350만 달러에 달하며 이는 동 기간 중 북한 정부예산의 37%, 그리고 국민총생산의 20%에 해당되는 규모로서 경제성장표에 연평균 8% 포인트 기여한 것으로 평가되고 있다.

매가격 인상, 농기계 작업료와 관개시설 사용료 인하 등의 조치를 취하였다.

이상과 같은 정책노선의 효율적 추진을 위해 북한은 제1차 7개년 경제계획(1961~1970)을 작성하여 수행하였다. 그러나 계획기간 중 실적이 저조하자 1966년 10월에는 계획기간을 3년 연장하기에 이르렀다. 그러나 군비산업 및 군사력 강화에 따른 자원낭비만 심화되고 의도하였던 농업생산성 증대나 경공업 확장은 이루어지지 못하였다. 결국 생산재부문과 소비재부문의 불균형이 심화되고, 생필품 생산의 부진으로 인민의 소비생활수준이 저하되고 말았다. 다각적인 유인제공방식의 도입에도 불구하고 지나친 군비지출과 중공업 중심 공업체제 고수, 그리고 극단적 집단주의로 인해, 결국 경제적 효율성 제고는 물론 균형적 공업발전이나 식량증산 또는 인민의 삶 개선 등 제반 목표에 크게 차질이 초래되고 말았다.

2.4. 사회주의 체제 모순심화 및 수정기(폐쇄경제 이탈기): 1970년대

1960년대 중반 이후부터 악화되기 시작한 북한 경제는 1970년대 들어 더욱 악화되었고, 1970년대 말부터는 식량수급마저 크게 차질을 빚는 단계에 이르렀다. 이에 따라 북한의 공식 통계발표는 점차 사라져 버려 여타 지표를 통해 추측할 수밖에 없을 만큼 북한의 경제상황은 악화일로에 있었다. 소련과 중국으로부터의 경제원조가 급감함에도 불구하고 군비지출 확대나 비효율적인 극단적 사회주의 관리방식을 오히려 강화해 나갔기 때문이었다. 결국 북한에서도 변화가 불가피한 시점이 도래한 것이다.

1970년대는 냉전이 점차 완화되어 미 · 소 및 미 · 중 간 동서관계가 해빙기를 맞게 되면서 동구권 국가들이 서방으로부터 자본을 도입하여 경제활력을 되찾는 현상이 벌어졌다. 이러한 국제정치 관계의 변화에 발맞추어 북한도 결국 어려워진 경제난국 타개를 위해 그 동안 철벽같이 고수해 오던 자력갱생 및 자립경제원칙을 포기하고, 서방권 자본을 도입하여 공업화에 필요한 자본설비를 수입하기 시작하였다. 1971~1980년간에 북한이 일본, 프랑스, 서독 및 영국 등 서방 국가들로부터 도입한 경제협력규모는 12억 9,200만 달러로 같은 기간 중 중 · 소로부터의 경제협력규모 9억 8,200만 달러를 크게 상회하기에 이르렀다.[9] 결과적으로 이 기간에 도입된 외자의 국가별 공급원을 비교해 보면 OECD국의 비중이 56.8%에 달하여 소련과 중국의 비중(각각 30%와 13.2%)을 앞지르고 있었다. 그 결과 연 8.4% 증가에 그쳤던 무역규모는 1970년대에는 16.6% 수준을 기록하게 되었고, 교역대상국도 1960년대 80%를 차지하던 공산권 비중이 1970년대에는 62.6%로 감소하고, 반면 서방권의 비중은 20% 수준에서 35.3%로 증가하는 결과가 초래되었다.[10]

이렇듯 제반 여건이 개선되는 듯 보이던 경제상황은 제1차 국제원유파동기를 거치면서 난관에 봉착하게 된다. 북한의 주요 수출품목인 연, 아연 등 비철금속재 가격이 하락한 반면 원유 및 생산설비 등 주요 수입품목의 가격이 상승함으로써, 결국 1977년 일본에 대한 이자지급을 중지하고 1978년 2월에는 부채상환 연기요청을 하기에 이르렀다. 그 결과 국제적 신용이 크게 실추되고 서방과의 교역도 감소하게 되었다.

그런데 과연 북한 경제의 침체는 대외경제 여건변화에만 기인하는 것일까? 물론 보다 근본적인 요인은 역시 중앙집권적 명령경제체제 및 대내지향적 중공업 우선정책이 갖는 비효율성이라 할 수 있다. 도입된 외자로 수입한 생산설비에서 만든 제품의 대부분이 경쟁력 확보를 도외시한 국내소비용 중

9) 1960년대 북한의 사회주의권으로부터의 경제협력규모가 8억 7,400만 달러에 불과하였던 것을 감안하면 당시 서방으로부터의 경제협력규모의 크기를 쉽게 가늠할 수 있다.

10) 전홍택 · 박진(1995), pp. 712~714.

공업 제품이어서 국제적 수출로 연결되지 못함에 따라 대외채무는 자연자원의 수출대금만으로 충당했어야 하였던 것이다. 북한의 공식 발표상으로는 1970년대 초부터 군사비를 대폭 축소한 것으로 나타나고 있으나, 1970년대 초 40만 명 규모에 불과하였던 병력이 1986년에는 120만 명까지 늘어난 점과 이와 더불어 재래식 병기는 물론 잠수함과 스커드미사일 등을 자체 개발하였던 사실로 미루어 볼 때, 북한의 군사비는 오히려 지속적으로 증대된 것으로 평가된다.

한편, 제1차 7개년 계획의 목표가 미달성됨에 따라 이관된 사업을 완수하고자 추진된 제1차 6개년 계획은 주체사상 자립경제와 자력갱생을 중심으로 해 온 폐쇄경제체제를 이탈하는 실험을 시도하면서 계획 초반기에 긍정적 성과를 거두기도 하였으나, 결국은 외채상환 불능 사태를 유발하는 난국을 초래하고 말았다. 더구나 1970년대 말경에 이르러서는 식량부족사태가 돌출될 만큼 경제여건이 악화되어 그 동안 남한에 비해 우위를 차지하였던 경제력의 주도권을 남한에 넘겨 주게 되었다.[11)]

2.5. 사회주의 체제 한계성 증폭 및 부분적 개방 · 개혁기: 1980~1990년대

1970년대 외채상환 불능 사태로 더 이상 차관도입이 어려워지자 북한은 상환부담이 없는 외국과의 합작투자로 돌파구를 마련하고자 하였다. 즉, 북한은 1984년 9월에 합작투자(joint venture) 형식의 외자도입 유치를 위해 이른바 「합영법」을 제정 · 공포하였다. 주체사상과 자력갱생 그리고 경제자립을

11) 통일원 추정자료에 따르면 1973년까지 북한의 1인당 GNP는 남한보다 높았으나 1974년부터 역전된 것으로 나타났다. 1974년 북한의 1인당 GNP 추정치는 461달러였고 남한의 추정치는 535달러였는데, 이후 격차는 빠른 속도로 확대되었다.

기본 정강으로 삼아 온 북한이 자본주의 국가 기업과의 합작을 허용한 실로 엄청난 변화가 도래하였던 것이다.

한편, 중국의 개혁 · 개방정책 및 경제특구전략의 영향을 받아 대외개방 확대와 무역 제일주의 그리고 농업 제일주의 및 경공업 제일주의 등을 표방하면서 1991년 12월에는 UNDP의 두만강 유역 개발계획과 관련하여 나진 · 선봉 자유경제무역지대를 공표하였다. 뿐만 아니라 제한된 지역에서나마 시장가격의 도입, 국영기업의 소유와 경영의 분리, 국가계획경제부문 축소, 금융 · 조세 · 무역 및 환율개혁 등 제반 제도의 개혁조치를 취하였다. 이 밖에도 효율적 관리 및 전문성 증대를 위한 연합기업소제도의 도입, 협동농장의 기업화, 이중적 독립채산제 등이 실시되어 경제개혁 의지를 표명하기도 하였다.

이상과 같은 북한의 개혁정책은 외형상으로는 큰 변화의 도래를 나타낸 것이기는 하지만 여전히 경제계획의 기본 성격은 기존의 틀 안에서 경제활동화를 도모하려는 부분적 변화에 그친 것이어서, 소련이나 중국에서와 같은 본격적인 개혁이나 개방과는 성격이 사뭇 달랐다. 따라서 북한의 개혁정책은 어디까지나 구조적 침체를 타개하기 위한 일시적 방편의 성격을 띠고 있는 것으로 이해하여야 할 것인바, 이는 북한이 급속한 개방에 따른 체제붕괴 가능성에 대한 우려에 기인하는 바 크다 하겠다.

북한 개혁정책의 이러한 특성은 '자립적 민족경제건설' 노선과 명령경제체제의 기본 틀하의 '우리식 합영'을 계속 고집해 온 북한의 태도에서 여실히 드러나고 있다. 결국 외채상환 불가능에 따른 국제신인도 하락에 우리식 사회주의 경제체제의 고수로 인해 외국인 투자유치는 실패하고 말았다. 도로, 항만, 철도 등 인프라 미비, 에너지 공급 불안정, 소요 원자재 및 중간재 공급 불안정, 통신, 금융제도의 미비 등은 물론 합영사업 관련 법규마저 제대로 정비되지 못하였기 때문이다. 결국 북한의 합영사업은 재일조선인 집단인 조총련과의 합작 정도로 막을 내리게 되었다.[12)]

한편, 개혁 · 개방에 박차를 가해 온 소련이 1991년부터 대북 무역에 있어 경화를 요구하기 시작하였고, 중국의 대북 원유판매가격 적용에 특혜가 배제되면서, 북한의 경제는 더욱 악화될 수밖에 없었다. 1978~1984년간에 실시된 제2차 7개년 계획이나 1987~1993년간에 실시된 제3차 7개년 계획 등이 모두 소기의 목표달성에 실패하고 말았다. 엎친 데 덮친 격으로 1990년대 초반의 연이은 대홍수와 흉년 등이 겹치며 북한 경제는 1990년 이후 연 9년 동안 마이너스 성장이 초래되는 난국에 봉착하고 말았다.

이러한 경제적 위기가 도래함에 따라 북한의 보다 적극적인 개혁노력이 간헐적이나마 지속적으로 이루어졌다. 그 대표적인 예로서 1992년 10월부터 자유경제 무역지대를 중심으로 서방 선진국 자본의 유치를 위한 제반 후속 조치를 취하였는데, 예컨대 「외국인투자법」, 「자유경제무역지대법」, 「토지임대법」 등 외자 관련 법률의 신규 제정 내지 개정을 통해 외국인 투자 관련 법제를 대폭 정비하고 관련 정부조직까지 개편하기에 이르렀다. 그 결과 100% 외국인 단독투자가 허용되고 50년 범위 내의 토지매매, 임대상속 및 증여 그리고 저당을 허용하는가 하면 각종 조세감면 혜택을 구체화하였던 것이다. 그러나 여전히 북한의 기본 입장 및 기본 정책노선에는 큰 변화가 없었고 따라서 경제여건은 지속적으로 악화일로에 있었다. 결국 2000년에 이르러서는 이러한 경제위기 타개를 위한 노력의 일환으로 남북정상회담에 응하며 경제개혁 및 개방에 보다 적극성을 보이게 되었다. 그러나 차후 북한의 개혁 · 개방이 과연 언제부터 어느 정도로 실현될 것인지는 아직도 예측

12) 조총련에 의한 대북 투자건수는 총 67건으로 동 기간 중의 1985~1990년간 북한 합영산업 유치건수(79건)의 대다수를 차지하고 있다.

하기 어렵다.

북한경제가 이토록 난국에 봉착한 것은 그 동안에 국제경제 환경이 급변함에 따라, 즉 공산권의 체제변혁이 도래함에 따라 전통적인 대외경제협력 기반이 붕괴하였다는 사실에 기인하는 바 크다. 그러나 동일한 여건에 처해 있던 대다수 동구권 국가나 중국이 재빨리 시장경제로의 전환을 통해 위기를 기회로 삼아 나간 데 반해, 북한은 사회주의 경제체제의 개혁에서 오는 위험부담을 회피하면서 단지 소극적인 그리고 부분적인 개혁 · 개방정책만으로 경제를 회생시키려 함으로써 소기의 성과를 거두지 못한 것이다.

경제 측면에서만 보더라도 북한은 개혁을 지속적으로 천명하면서도 중공업의 중점적 육성원칙을 고수하였는데, 중공업의 상당 부분이 군수산업과 연계되어 있어 이른바 공업발전과 군비확장을 동시에 목표로 하였던 '병진건설' 기조가 지속되었음을 알 수 있다. 그러나 규모의 경제가 중요한 중공업을 북한이 감당하기에는 어려운 것이고 그나마 무기수출 이외에는 내수용으로 육성함으로써 자원의 낭비만 초래한 채 판로확보에 실패하고만 것이다. 북한의 대다수 중화학공업이 1992년 기준으로 볼 때 생산능력에 대한 생산량 비중이 30% 안밖에 머물렀던 사실은 이를 잘 입증해 주고 있다. 게다가 북한 수출의 대종을 차지하였던 군수품 수출이 냉전체제 소멸로 1984년 35.9% 수준에서 1990년에는 7.8% 수준으로 감소함에 따라 북한 경제에 심대한 타격을 주었던 것이다.[13] 경공업산업은 물론 도로, 항만 등의 기간산업들을 희생시켜 가며 전념하였던 중공업사업의 실패는 북한 경제에 돌이킬 수 없는 패배감을 안겨 주고만 것이다.

이상에서 살펴본 북한 경제의 변천과정에 나타난 경제위기의 도래는 이

13) 전홍택 · 박진(1995), p. 738.

미 소련을 비롯한 동구권 및 기타 공산권에서도 비슷한 양상으로 겪었던 현상으로 이미 이로 인해 소련과 동구권에서는 공산주의가 몰락하고 말았던 것이다. 공산주의를 포기한 소련과 동구 제국의 개혁 및 개방화 정책은 북한과의 전통적 협력 및 우호관계를 변질시켰고, 더구나 남한이 이들 나라와는 물론 중국과도 국교를 수립하기에 이르러 북한은 더 이상 고립적인 외교관계를 유지하기 어려워짐으로써 결국 장기적으로는 개방이 불가피한 것으로 분석된 바 있다. 그 동안 북한 체제가 당면해 온 문제점 및 요인은 다음과 같이 요약될 수 있다.

① 지나친 중앙집권적 경제계획으로 인한 폐해:
 (i) 극심한 관료체제에 따른 비효율성과 경제침체
 (ii) 생산재 생산부문, 즉 중공업부문의 편중지원(스탈린식 산업화 이념)으로 소비재부문과의 심한 불균형 및 국민생활수준 저하를 초래
 (iii) 정치적 통제에 따른 경직성

② 지나친 정치적(사회주의 혁명) 목표 추구로 인한 폐해:
 (i) 주체사상을 표방하고 기술 및 자본도입을 경시하여 기술이 낙후하고 기존 시설은 노후화됨.
 (ii) 국제교역 경시로 동력과 원자재(석유, 가스, 코크스용 석탄)부문 등이 열악해졌고 전력, 항만, 도로 등 사회간접자본 투자가 지극히 낮아짐.
 (iii) 수출 경시로 국제수지 적자와 외화부족 및 외채누적을 초래하였고, 따라서 필요한 외자 및 원자재 그리고 기술도입이 어려워짐.
 (iv) 공산권으로부터의 원조 및 협력 중단(소련과 중국도 1991년 이후에는 세계시장가격에 근거한 태환성 경화로 결재하는 교역을 요구)

결국 자력갱생과 자력 민족경제 건설을 표방한 사회주의 공업화 정책의 대내지향성으로 선진기술 흡수 및 노후시설 교체에 실패하였고, 중공업 우선정책으로 소비재, 경공업, 에너지 및 운송부문 산업이 낙후됨에 따라 무역과 대외협력을 통한 개방을 통해 자본과 기술을 도입해야 하는 진퇴양난 상태에 빠진 것이다.

이러한 문제는 이미 1960년대 말부터 인식되기 시작하여 그 동안 경공업 중심의 지방공업 육성, 소비재부문의 능력별 임금제 실시(1989) 및 독립채산제 실시, 그리고 합영법 제정(1984) 및 외국인투자법 제정(1992) 등에 의해 일단 자기완결적 자급자족 경제체제 원칙을 포기하였다.

그러나 이러한 노력은 우선 수입 측면에서 보면 외화부족으로 원자재 등의 수입이 어렵고, 낙후된 시설과 기술 때문에 수입된 원자재를 효율적으로 활용할 만한 흡수능력(absorption capacity)이 미약하다. 따라서 수출유발효과가 떨어질 수밖에 없는 악순환을 겪고 있다. 특히, 이러한 악순환을 탈피하기 위한 대외교역 확대 촉진방안(「합영법」 및 「합작투자법」 등)으로 외국인 투자와 기술 및 자본을 유치해 왔으나 체제유지가 어렵다는 인식으로 인해 상당히 소극적인 태도로 일관하고 있다.

그런데 북한이 이러한 경제적 난국을 맞게 된 근본적 원인은 결국 두 가지로 귀속될 수 있는데, 그 하나는 바로 토지를 비롯한 생산도구 및 기타 재산의 사유화를 금지함으로써 노동의욕 및 생산성 증대 가능성을 소멸시켰다는 데 근거하는 것이다. 두 번째는 공산당에 의한 독재에 기초하여 철저한 명령경제체제로 경제원칙은 전적으로 무시되었고, 따라서 다양하고 창조적인 생산이나 경쟁을 바탕으로 하는 효율성은 전혀 기대할 수 없었던 점을 들 수 있다.

2.6. 제한적 시장경제 도입 및 개방 확대기: 2000~2008

2.6.1. 4대 경제정책 기본 노선

이상에서 살펴본 북한 경제정책의 기본 노선은 다음과 같은 4가지로 압축할 수 있다.

① 자립적 민족경제 건설노선
② 군사 · 경제 병진노선
③ 선군시대 경제건설노선
④ 실리사회주의 노선

북한의 자립적 민족경제노선은 대내지향적이고 수입대체적 발전전략을 채택하였던 1960년대 제3세계 국가들보다도 대외경제 관계를 최소화함은 물론 북한 경제를 국제분업질서로부터 단절시키는 폐쇄경제형으로 만들었다. 결과적으로 국제비교우위 원칙을 무시한 산업구조를 고착시켜 국제환경 변화에 적절히 대응할 수 없는 경제체질이 배태되었다.

물론 이로 인한 문제점이 증폭되자 1970년대에는 자립적 민족경제노선을 일부 완화하고 서방 자본주의 국가로부터의 차관 및 기술도입, 그리고 1980년대에는 합영법 제정을 통한 외자유치 추진을 도모하였다. 또한 이런 노력은 1990년을 전후하여 사회주의 경제권이 붕괴되면서 보다 적극적으로 시도되었다. 1991년에 설치된 나진 · 선봉 경제특구와 외국자본과의 합작 및 직접투자 유치가 좋은 예이다.

1990년대 중반에 이르러서는 제한적이지만 심지어 남한 자본의 투자도 허용하였다. 그리고 2000년대에 들어서 국제분업 질서를 인정하는 개방형 자력갱생을 모방하여 2002년 7월 1일에는 경제관리개선조치(7.1조치)를 단행하기에 이르렀다. 이어 2002년 9월에는 신의주 행정특구, 10월에는 개성공업지구, 그리고 11월에는 금강산관광특구 등을 지정하며 대외개방을 확대해 나갔다.

그러나 7.1조치 이후에도 제국주의 세력과의 결전을 위해 국방공업의 역량 집중을 강조함으로써 군사 · 경제 병진노선을 고수하고 있다. 이러한 원칙은 군사를 중시하는 선군(先軍)노선에 근거하여 국방공업과 중공업, 경공업 및 농업의 관계를 재설정한다는 원칙으로 이어졌다(선군시대 경제건설노선).

한편, 최대생산보다는 최대수익을 강조하는 실리주의를 천명하면서도 사회주의 원칙을 고수하려는 이른바 실리사회주의 노선이 견지되었다.

2.6.2. 7.1조치의 내용과 특성

2002년 7월 1일 7.1경제관리개선조치는 한 마디로 말해서 계획경제 틀 안에서 시장경제기능을 일부 도입한 북한식 경제개혁 · 개방조치라 할 수 있으며, 경제의 분권화 · 화폐화 · 시장화를 제한적으로 허용한 정책이라 할 수 있다. 따라서 이는 체제유지와 계획경제 모순의 해결, 경제회복의 동시적 달성이라는 선군정치하의 개혁 · 개방노선이라 할 수 있다. 그러나 제한적이나마 7.1조치는 이전까지의 어떤 조치보다는 획기적인 것이었고, 북한 경제에 미친 영향 또한 지대하다 할 수 있다.

우선 경제단위의 분권화와 자율성 확대 그리고 독립채산제를 강화한 점을 들 수 있다. 즉, 7.1조치는 국영기업소와 협동농장을 독점적으로 달리해오던 중앙계획당국의 권한을 경제단위들에게 부분적으로 이양하고, 이윤은 자율사용권을 부여하되 경영에 대해서는 책임을 지게 하는 독립채산제를 일부 도입한 것이다. 그리고 노무관리방식에도 제한적 자율권을 부여하고 유일임금체계를 완화시키는 물질적 인센티브제도를 도입하기도 하였다.

뿐만 아니라 계획가격제를 완화함으로써 가격체계를 현실화하기에 이르렀으며, 2003년 3월 공식적으로 종합시장을 허용하였다. 물론 공급애로가 타개되지 않은 채 시장가격수준의 가격현실화 조치를 취함으로써 인플레이션이 발발하기도 하였다. 예컨대, 쌀값은 7.1조치 후 무려 550배나 폭등하였다. 물론 전력요금이나 지하철요금 등 공공요금과 생산노동자 임금의 인상폭은 10~20배 수준으로 낮게 책정 · 유지되었다. 한편, 대미 환율은 2.12 대 1에서 153 대 1로 약 72배 상승하였다.

한편, 현실적 시장가격의 정착을 위해 결국 시장기능의 도입 및 상업활동을 허용하게 되었다. 동시에 시장이용료라는 명목의 임대료와 수익금의 일부를 국가납부금이라는 명목으로 납부받게 되었다.

뿐만 아니라 보조금제도를 폐지하는 등 재정 · 금융부문의 개혁을 단행하였다. 동시에 교육 · 의료 등 사회보장부문에 대한 무상지원과 배급제를 제외하고는 대부분의 '배급제'가 '구입제'로 전환되었다. 단, 상업은행법을 제정하였으나 아직 상업금융제도가 본격화되지는 못하였다.

또한 7.1조치 신경제특구정책을 추진하게 되었는데, 이에 근거하여 신의주, 개성, 금강산 등의 특구가 추가 설치되는 계기가 마련되기도 하였다. 이는 1970년대 서구 자본의 차관도입, 1980년대의 합영법에 기초한 대외개방, 1990년대의 나진 · 선봉 경제특구 등으로 이어진 대외개방정책이 한층 진전된 것으로 이해할 수 있다.

2.6.3. 7.1조치의 효과 및 과제

7.1조치는 공식 경제부문의 활성화와 노동 및 산업생산성 제고를 가져와 9년여에 걸친 마이너스 성장시대를 마감하고 1999년부터 플러스 성장 추세

를 유도하는 데 기여한 것으로 평가되고 있다.

그러나 7.1조치는 어디까지나 계획경제라는 기본 틀 안에서 일부 시장경제요소를 허용하는 제한적 조치였으며, 따라서 공급부문의 애로를 타개하는 정도의 역할을 담당할 수는 없었다. 더구나 '선군시대 경제건설노선'을 견지함에 따라 애초부터 7.1조치의 효과는 한계를 가질 수밖에 없었다. 결국 2006년부터는 다시 마이너스 성장으로 되돌아가고 말았다.

한편, 7.1조치에 따른 현실적 시장가격 도입 이후 3년간 종합시장 물가가 200~300% 이상 오르는 결과를 초래시키는 등 인플레이션 경제가 구조화되고 있는 추세가 나타났다. 뿐만 아니라 7.1조치로 인해 혜택을 받는 부문과 기타 부문과의 이중성, 대외의존구조의 심화, 거시경제적 불안정요인 확대, 양극화 현상의 심화 등의 문제를 유발하였다.

이러한 부작용이 발생하자 2007년부터는 시장에 대한 통제가 강화되기에 이르렀다. 물론 이러한 조치에도 불구하고 북한은 결코 과거로 회귀하기는 어려울 것으로 예상된다. 국민생활 자체가 이미 국가의존형에서 벗어나 시장의존형으로 정착되어 가고 있기 때문이다.

앞으로 북한의 경제개혁이 의미 있는 성과를 이룩하기 위해서는 선군경제건설노선을 탈피하고 보다 시장지향적 제도 및 조치들을 도입해 나가되 대규모 외자가 유입될 수 있는 환경조성을 통해 공급애로를 타파할 수 있는 기반을 기축함으로써 인플레이션이나 거시적 불안정에 대처해 나가야 할 것으로 분석된다.

2.7. 시장경제 진전 억제 시도기: 2009년 11월 30일 이후

그런데 2010년 사회주의 강성대국 건설을 위한 경제정책에 총력을 기울이고 있는 북한에 7.1조치 이후 나타난 거시경제적 현상들은 북한당국이 의도한 것보다 빠르게 통제되지 않는 시장공간이 확산되는 결과로 귀결되었다. 이는 2012년 사회주의 강성대국 달성은 물론 김정은 후계체제 안착에도 장애가 된다는 인식이 팽배하였다. 이러한 관점하에 이미 2005년 10월 이후부터 점진적으로 개인의 경제활동 및 시장공간 축소 노력을 기울여 왔으나 그 성과가 별무하자, 결국 2009년 11월 30일에는 화폐교환조치를 통한 중앙집중적 계획경제의 전면 복원 및 시장공간 폐쇄를 도모하기에 이르렀다.

2009년 11월 30일 단행된 화폐개혁은 구권과 신권을 100:1로 교환(단, 은행저금은 10:1)하되 가구당 10만 원(두 달치 생활비 수준) 이내로 제한하며 12월 6일까지 완료한다는 내용으로 요약될 수 있다. 또한 외화의 사용을 전면 금지하여 외국인도 북한 화폐로 바꾸어 사용하도록 지시하였다. 많은 북한 전문가들은 북한의 화폐개혁이 주민들이 보유한 현금을 감소시켜 인플레이션을 억제함과 동시에 시장경제가 쌓은 민간부문 자금을 끌어 내어 경제성장의 동력으로 삼으려는 재정역량 강화를 도모하기 위한 측면이 있다고 보았다. 그러나 이보다는 민간자본을 회수하고 모든 거래가 국영유통망을 통해 이루어지도록 하려는, 말하자면 국영시장 복원을 통해 민간시장 경제활동을 억제하기 위한 조치, 즉 시장경제에 대한 통제강화조치로 보는 것이 오히려 적절하다 볼 수 있다.

우선 북한당국이 화폐개혁 이후에도 노동자와 사무원들에게 종전 수준대로 급여를 지급하겠다고 밝힌 바 있는데, 이는 단기적으로는 노동자들의 실제 임금을 100배 인상하는 효과를 초래하는 것으로 볼 수 있다. 그러나 곧 절상된 신권의 가치를 상쇄할 만큼, 다시 말해 신권의 가치가 구권 수준으로 떨어지는 수준까지 물가가 오를 수밖에 없다. 구매력이 높아진 반면 공급량 증대가 불가능한 이상 물가폭등은 예견된 결과일 뿐이기 때문이다.

한국은행 조사에 따르면 불과 1년 만에 신권을 기준으로 한 물가수준은 개혁 이전의 구권기준가격의 52%까지 회복한 것으로 나타났고 북한 원/달러 교환비율도 35에서 2,024로 폭등하였다. 이러한 사실로 미루어 볼 때 물가안정이 목표였다는 주장은 허구일 뿐이며, 결국 시장경제적 요소를 통해 부를 축적해 온 신흥부유층에 타격을 주기 위한 것이라 보는 것이 올바른 인식이라 볼 수 있다. 즉, 금번의 화폐개혁은 지난 15년 동안 관리주의 국가의 경제적 지배체제에 위협적 존재로 성장해 온 시장세력을 약화시키기 위한 조치로 보는 것이 정확하다 할 수 있다. 스탈린식 경제체제를 유지하려는 북한 엘리트계층에게 배급 없이도 자기 힘으로 살 수 있다는 것을 터득한 계층들의 확산처럼 두려운 것이 없기 때문이다.

이러한 화폐개혁조치는 수많은 주민들로부터 반발을 초래하였다. 이에 당황한 북한당국은 가구당 교환한도를 10만 원에서 50만 원으로 늘리는 등 개혁조치 내용을 일부 수정하는 일이 벌어지기도 하였다.

정확한 통계라 할 수는 없지만 탈북주민을 대상으로 실시한 연구분석에 따르면 북한 주민의 90%가 시장에서 생필품을 구매하고 있으며, 가구당 한 명 정도는 장사를 하고 있는 것으로 나타났다. 또한 가구소득의 약 70% 정도가 시장활동을 통해 얻어지며, 결과적으로 공식 부문 노동시간은 유의할 만큼 감소하고 있는 것으로 분석되었다. 결국 북한 주민들의 시장화는 이미 돌이킬 수 없는 수준에 도달해 있다고 평가된다.

이상과 같은 상황전개 내용으로 미루어 볼 때 금번과 같은 강제적 화폐교환조치에도 불구하고 북한 경제는 결코 전통적인 중앙계획 시스템으로 회귀하기는 어려워 보인다. 우선 북한의 공급능력 부족이 해소되지 않는 한 계획경제 시스템 운용의 핵심인 배급제가 정상적으로 작동될 수밖에 없기 때문이다. 또한 1990년대 이후 비공식적인 자기활동에서 시작하여 2000년대 이후 제도화된 시장공간이 이미 폭넓게 자리잡고 있다는 사실을 들 수 있다. 결국 북한당국이 경제적 난국을 해쳐나갈 수 있는 유일한 방법은 시장기능의 점진적 확대를 통한 개방정책의 정착이라는 사실을 강조해 둔다.

3. 남북한 경제력 비교

3.1. 주요 경제지표 대비

3.1.1. GNI 관련 지표

우선 생산성 내지 효율성 비교를 하는 데 있어 대표적 지표로 볼 수 있는 GNI 개념은 산출방식의 차이, 가격 및 환율 적용상의 어려움 등으로 다양한 접근방법이 모색되어 왔는데, 여기서는 편의상 가장 최근 실시된 한국은행 추정자료를 중심으로 작성 대비하고자 한다.

<표 3-2>에 의하면 북한 인구는 남한의 약 1/2이고 1인당 GNI는 1/17.9, 따라서 북한은 남한의 1/37.3에 불과한 경제력을 보유하고 있는 것으로 나타났다. 그리고 북한의 대외교역은 남한의 1/201.4 수준에 머무르고 있는데, 이는 북한이 자기완결적 자립경제 시현을 목표로 하여 온 점과 COMECON 붕괴로 인해 옛 사회주의 국가와의 교류가 급감한 데 연유한다. 한편, 지속적인 무역역조에 따른 외화부족과 외채상환 부담으로 원유를 비롯한 주요 원자재 수입이 크게 위축됨에 따라 전반적인 경기가 침체되었다. 특히, 최근 채탄 여건이 악화되어 석탄생산이 감소함에 따라 에너지 공급이 크게 축소되었고, 따라서 1990년부터 1998년까지 연 9년에 걸쳐 마이너스 성장을 경험

표 3-2 2009년 남북한 주요 경제지표

구분	단위	북한(A)	남한(B)	B/A(배)
1. 인구	천 명	23,380	48,747	2.1
2. 명목GNI	10억 원	28,634.6	1,068,654.1	37.3
3. 1인당 GNI	만 원	122.5	2,192.0	17.9
4. 경제성장률	%	-0.9	0.2	-
5. 대외경제				
무역총액	억 달러	34.1	6,866.2	201.4
(수출)	억 달러	10.6	3,635.3	343.0
(수입)	억 달러	23.5	3,230.8	137.5
대미환율	원/달러	134.2[1)]	1,276.4	-
6. 예산규모[2)]	억 달러	95.7	784.9	8.2
7. 에너지산업				
석탄생산량	만ton	2,550.0	247.5	0.1
발전용량	만kW	693.0	7,347.0	10.6
발전량	억kWh	234.7	4,333.1	18.5
원유도입량	만ton	381.2	83,516.3	219.1
8. 농수산물 생산량				
곡물	만ton	410.8	555.3	1.4
(쌀)	만ton	191.0	491.6	2.6
수산물	만ton	82.8	318.2	3.8
9. 광산물 생산량				
철광석	만ton	495.5	45.5	0.1
비철금속	만ton	9.1	12.7	1.4
10. 주요 공산품 생산량				
자동차	만 대	0.44	351.3	798.4
강철	만ton	125.5	4,893.1	39.0
시멘트	만ton	612.6	5,012.7	8.2
비료	만ton	46.6	255.8	5.5
화섬	만ton	3.0	134.6	44.9
11. 사회간접자본				
철도총연장	km	5,242	3,378	0.6
도로총연장	km	25,854	104,983	4.1
항만 하역능력	만ton	3,700	80,053	21.6
선박보유	만ton	84	1,392	16.6

주: 1) 북한당국이 공시한 공식 환율이며, 북한의 경제성장 추정시에는 남한의 환율(1,276.4원)을 적용함.
2) 북한은 결산기준, 남한은 중앙정부 일반회계예산(추경 포함) 기준임.

북한의 경제성장률

1. 추정방법 개요
- 한국은행은 1991년 이후 매년 관계기관으로부터 북한의 경제활동에 관련된 기초 자료를 제공받아 북한의 경제성장률을 추정하여 왔음.
- 동 작업은 우리나라의 국민소득 추계방법인 UN의 국민계정체계(System of National Accounts: SNA)를 적용하여 이루어짐. 단, 명목통계(산업구조, 1인당 GNI 등)는 북한 가격자료 등 기초 자료의 입수가 곤란하여 남한의 가격, 부가가치율 및 환율 등을 적용함.
- 북한의 경제성장률은 북한 경제 관련 전문기관에서 작성한 기초 자료를 이용하여 추정한 후 국내전문가들의 검증과정을 거쳐서 확정함.

2. 추정치의 활용
- 이상과 같이 북한의 GNI를 추계하는 것은 북한 경제를 우리나라와 동일한 기준으로 평가함으로써 남북 경제통합에 대비한 소요비용을 산출하는데도 유용하기 때문임.
- 물론 추계된 경제성장률, 산업구조, 경제규모(명목GNI), 1인당 GNI 등 국민계정과 관련된 모든 지표는 남한의 가격, 부가가치율 및 환율 등을 적용하여 산출함에 따라 이들 지표의 절대수치를 여타 나라들과 직접 비교하는 것은 바람직하지 않음.

할 정도로 전반적인 산업활동이 위축되었다. 결과적으로 1990년 대비 1998년 GNI는 45.4% 하락한 수준에 머물게 되었다(동 기간 중 GNI는 연평균 -3.8%씩 감소함).

그러나 1999년도 이후 7년간 플러스 성장을 기록하였는데, 이는 1998년 이후 추진된 경제회복정책과 2002년 단행된 7.1조치, 외부로부터의 무상지원 증대, 남북경협(금강산관광과 개성공단사업) 확대, 중국과의 경제교류 및 경제관계 확대 등에 연유한다고 볼 수 있다.

그런데 이러한 요인들은 7.1조치를 제외하고는 대부분 외부의 여건변화에 기인하는 것들이어서, 결국 원천적인 산업생산력 강화를 정착시키는 데는 미흡하였다고 볼 수 있다. 결국 2006년 이후 다시 마이너스 성장이 초래되고 말았다. 더구나 2008년 이명박정부 출범 이후 남북 간 경제교류가 급감하면서 북한 경제는 어려운 국면을 맞게 되었고, 결과적으로 최근 4년 중 3개년에서도 마이너스 성장을 기록하게 되었다.

한편, 1994년 기준으로 볼 때 북한의 정부 예산규모는 대GDP 비율이 아직도 약 90%에 달하고 있고(남한은 14.3%에 불과), 2000년에도 재정부담률이 57%에 머무르고 있어 비대화된 정부 조직의 비효율성을 잘 대변하고 있다. 군사비의 대정부 예산비율 또한 1994년에는 26.7% 수준에 달하고 있었으며(남한의 경우 3.4%), 2000년과 2001년에도 14.3% 수준에 머무르고 있어 국민경제의 어려움을 가중시키고 있음을 잘 알 수 있다.[14)]

사회주의 국가에서 재정은 계획경제 운영에 대한 자원배분기능, 경제주체들에 대한 통제기능, 소득재분배기능 등을 담당하고 있어 GDP에서 차지하는 비중이 일반적으로 높다. 그러나 북한의 경우 그 비중은 월등히 높았다. 1994년에 GDP 비중이 91%에 달하였던 정부 예산규모 추세로 인해 마이너스 성장이 지속되었던 1995~1998년 기간 중에는 재정활동 자체가 마비되기에 이르렀고, 따라서 재정규모 자체가 발표되지도 않았다. 바로 이러한 이유 등으로 인해 2002년 7.1조치에서 재정개혁이 단행된 것이다.

3.1.2. 산업구조

북한의 산업구조는 국방과 경제를 동시에 중시하던 노선을 근간으로 하

14) 통일부 자료에 따르면 2000년과 2001년 북한의 군사비는 약 13.7억 달러와 14.1억 달러로서 세출예산 95.7억 달러 및 98.1억 달러의 14.3%를 차지하고 있는 것으로 추정되고 있다(대미 환율은 1달러당 2.19원 기준). 그러나 2002년 7월 경제조치 이후 북한은 더 이상 예산 및 결산자료를 공표하지 않고 있고, 더구나 가격 및 환율의 현실화 조치에 따라 의미 있는 시계열자료 작성이 매우 어려워졌다. 그렇지만 전년대비 예산증가율과 집행결산기준 증가율을 이용하여 간접적으로 환산해 본 북한 군사비의 정부지출 비중은 2002년에는 14.9%, 그리고 2003년에는 15.7%로 증가세를 보이고 있다.

표 3-3 남북한의 산업구조

(단위: 명목기준, %)

구분	북한			남한	
	2007	2008	2009	2008	2009
농림어업	21.2	21.6	20.9	2.7	2.6
광공업	31.3	34.6	34.8	28.1	28.0
광업	11.4	12.1	12.7	0.3	0.2
제조업	20.0	22.5	22.1	27.9	27.7
(경공업)	(6.5)	(6.7)	(7.0)	(4.7)	(4.7)
(중화학공업)	(13.5)	(15.8)	(15.2)	(23.1)	(23.1)
전기가스수도업	4.6	3.4	4.1	1.3	1.8
건설업	8.8	8.3	8.0	7.0	6.9
서비스업	34.1	32.2	32.1	60.8	60.7
(정 부)	(24.0)	(22.8)	(22.8)	(10.7)	(11.0)
(기 타)	(10.1)	(9.4)	(9.3)	(50.2)	(49.7)
국내총생산	100.0	100.0	100.0	100.0	100.0

되 선군정치를 표방하는 기조를 공고히 함으로써 중공업을 우선시할 수밖에 없고, 따라서 남한에 비해 광업 및 중공업 비중이 상대적으로 높은 반면 (<표 3-3> 참조) 국민생활 관련 분야인 경공업과 건설업 그리고 서비스산업의 비중이 현저히 낮다. 그런데 이와 같은 기형적 불균형 성장방식을 너무 오래 지속해 옴에 따라 산업 간의 유기적 연관성은 무시되었고, 궁극적으로 최근과 같은 경제적 난국을 초래하는 주요인의 하나가 되고 있다.

더구나 북한의 중공업은 경공업에 비해 상대적 비중이 높을 뿐 자동차와 같은 주요 중공업의 생산수준은 남한의 1/798.4 수준에 불과한 열악한 상태임을 지적할 수 있다.

3.2. 남북한 경제교류 실적

이상과 같은 제반 여건의 변화는 결국 북한이 남한과의 교류를 희망할 수밖에 없는 요인이 되었다. 한편, 남한에서는 1990년대 후반 들어 민주화가 본격적으로 진행되면서 정부가 북한 문제를 정치적으로만 이용해 온 악습을 깨고 북한은 물론 공산권과의 교류를 적극적으로 추진하는 북방정책이 정착되었다. 그 결과 1988년에는 대북 경제교류를 허용하는 방침을 발표하였고, 궁극적으로는 통일을 지향하는 북방정책의 대원칙이 수립되었다. 남북 간의 경제교류를 위한 경제회담은 1984년 11월 15일부터 시작되어 합의서 명칭, 물자교류 및 경제협력원칙, 교류대상 품목, 교역량, 가격, 거래방식, 결제통화, 관세 및 조세감면 수송방식 등에 이르는 사항에 대하여 지속적으로 토의해 왔고, 부총리급의 상호 방문과 합작투자에 이르는 구체적 협력방안이 토의되기도 하였다.

토의된 사항 중 주 관심대상이 되어 온 교역대상 품목의 경우 예상하였던 대로 남한은 경제성 위주로 교역희망 품목을 제시한 반면, 북한의 경우에는 남한 제품이 식별 가능한 유형은 대부분 제외시킨 바 있다. 이렇게 진행되던 남북교류는 김대중정부가 들어서면서 더욱 가속화되어 금강산관광이 실현되는가 하면, 2000년 6월 15일에는 꿈에도 생각 못하였던 남북정상회담이 평양에서 열리는 실로 역사적인 관계개선이 이루어졌다.

이어서 경제교류의 확대를 위해 2000년 11월 11일에는 남북경협 4개 부문 합의서가 가서명되기에 이르렀다. 여기서 남북한이 투자보장, 이중과세방지, 청산결제, 상사분쟁 해결절차 등 남북경협 4개 부문 합의서에 가서명한 것은 앞으로 북한에 진출하는 기업들이 제도적으로 보호받을 수 있는 길이 열렸음을 뜻하는 것으로, 북한이 외국기업들을 보호하기 위해 운영해 온 외국인 투자법이나 합영법, 합작법 등을 남한 기업에 적용하게 됨을 의미하는 것이다. 특히, 투자보장과 관련하여 북한에 진출한 남한 기업들의 자산을 북한이 임의로 수용하지 못하도록 한 점은, 남한 기업인들의 불안감을 상당 부분 덜어 주어서 북한 진출을 가속화시킬 수 있는 계기가 마련되었다고 볼 수 있다. 그러나 2007년 10월 4일 발표된 제2차 남북정상회담 및 선언에도 불구하고 2008년 일방적 후원이나 양보 대신 상생의 경제협력 및 선핵폐기 이행을 강조하는 이명박정부가 들어선 이후 남북교류는 크게 위축되기에 이르렀다.

한편, 지금까지 직 · 간접적으로 남북 간에 이루어진 교류실적은 대략 <표 3-4>와 같은데, 아직까지도 구호만 요란하였을 뿐 실제 교류실적은 지극히 저조한 상태에 머물렀다. 이는 앞서도 지적한 바 있듯이 북한이 경제적 필요성에 근거한 전면적 개방 내지 교류보다는 경제구조 개편에 필요한 것만을 그것도 남한 제품의 유입이 북한 내에 미치는 영향이 극소하다고 판정된 품목만을 허용한 데 근거한다. 그나마도 2009년을 기준으로 남북한 간 반입 · 반출 중 위탁가공이 차지하는 비중은 각각 27.2%와 20.9%, 그리고 평균적으로는 24.4%에 달하고 있다.[15] 뿐만 아니라 남한에서 북한에 완제품을 가공하기 위해 원 · 부자재를 반출할 경우보다, 남한에서 북한에 원 · 부자재, 인건비, 가공료를 주고 가공한 완제품을 반입한 비중이 훨씬 높음을 보여 준 것으로 집계되고 있다. 여하튼 남한의 입장에서는 교역관계 정보의 부재, 안정적 거래선 확보 곤란, 품질 및 납기에 대한 불안, 그리고 소규모 교역에 따른 적은 이윤획득으로 인한 교역동기 저하 등의 경제적 요인과 상이한 사

15) 남북한 간의 교류는 수입 · 수출이라는 용어 대신 반입 · 반출이라는 용어를 사용하는데, 이는 양측이 서로 독립된 국가라기보다는 장래에 통일될 한 국가의 서로 다른 두 지역 간의 교역으로 인식하고자 하는 의도에 연유하는 것이다. 단, 위탁가공 비중은 경제협력액을 차감한 일반교역에 대비시킬 경우 약 2.5배 가량 높아진다.

표 3-4 남북교역 추이

(단위: 백만 달러, %)

구분	2003	2004	2005	2006	2007	2008(A)	2009(B)	(B-A)	증감률
반출	435.0	439.0	715.5	830.2	1,032.6	888.1	744.8	-143.3	-16.1
반입	289.3	258.0	340.3	519.5	765.3	932.3	934.3	2.0	0.2
계	724.2	697.0	1,055.8	1,349.7	1,797.9	1,820.4	1,679.1	-141.3	-7.8

주: 남한 기준.
자료: 통일부.

그림 3-1 연도별 남북교역 추이

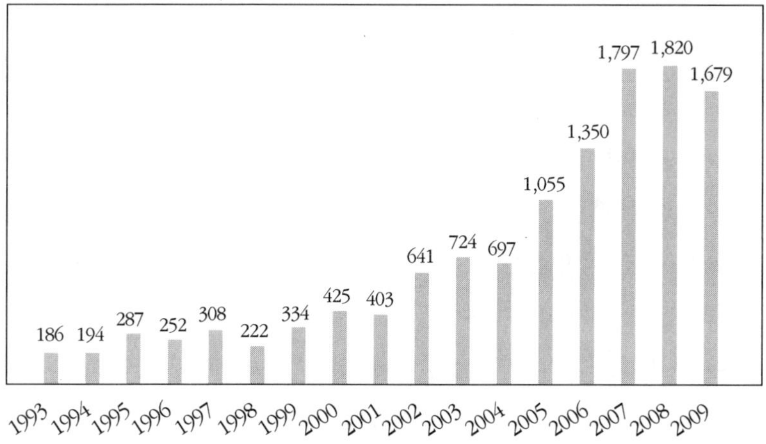

회 · 경제체제로 인해 발생하는 제반 장애요인, 미묘한 정치기류 변화에 따른 영향 등으로 아직까지 활발한 교류를 시현할 수 없었다.

그러나 그 동안의 어려운 정치적 여건에도 불구하고 단순한 남북 간의 교역 차원을 넘어서는 위탁가공무역이 급증하여 온 점, 그리고 김일성 사후 정치판도가 안정적으로 정착되고 남북정상회담 및 기본합의서 작성 및 경

표 3-5 금강산 관광객 현황

(단위: 천 명)

구분	1998	1999	2000	2001	2002	2003	2004	2005	2006	2007	2008	계
해로	106	148	216	58	85	40	0.449	–	–	–	–	555
육로	–	–	–	–	–	34	268	298	234	345	200	1,381
합계	106	148	216	58	85	74	268	298	234	345	200	1,936

표 3-6 평양 및 개성 관광 현황

(단위: 명)

구분	2003	2004	2005	2006	2007	2008	계
개성관광	–	–	1,484(3회)	–	7,427	103,122	112,033
평양관광	1,019(9회)	–	1,280(9회)	–	–	–	2,299

제협력협정 등이 체결된 점, 그리고 주요 기업들을 중심으로 북한이 두만강 유역 개발사업과 관련하여 설치한 선봉 · 나진 자유경제무역지구에로의 직접투자 및 다국 간 국제협력을 통해 진출하려는 투자계획을 구체화해 온 점, 그리고 금강산관광 개시 및 개성공단의 설치 · 운영이 실현되는 등의 사실을 미루어 볼 때, 작금의 교착상태가 해소될 경우 상황에 따라서는 남북 간의 경제교류는 급증할 가능성이 매우 높다.

그러나 남북관계가 경색국면에 들면서 금강산관광은 20만 명 선으로 후퇴하다가 여성 관광객 피살사건 이후 중단되었다. 2008년 10만 명을 상회하였던 개성관광도 중단되고 말았다(<표 3-5>와 <표 3-6> 참조).

한편, 2005년 11개로 시작된 개성공단의 가동기업수는 2009년 117개로 확대되었고, 근로자도 2005년 8,111명에서 2009년에는 4만 2,561명에 달하게 되었다(<표 3-7>과 〈그림 3-2> 참조).

1999년 이후 실현된 대북 지원규모는 2007년까지 꾸준히 증가하는 추세

개성공단

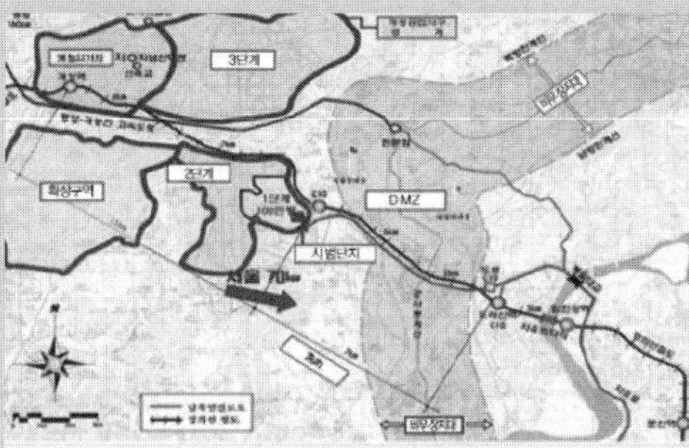

개성공단은 2000년 8월 현대아산과 북한 간에 채택된 공업지구 개발에 관한 합의서에 근거하여 2000년 11월에 북한이 「개성공업지구법」을 제정함으로써(한국은 2007년 5월에 개성공업지구 지원에 관한 법률 제정) 2003년 6월 착공되었고, 현재 100만 평 규모의 제1단계 사업이 완료되고 150만 평 규모의 제2단계 사업이 진행 중이다. 그런데 제1단계 사업은 봉제, 신발, 가방, 의류 등 중소기업들의 활로 개척을 목표로 진행된 일종의 남북경협 기반구축 사업이었다.

한편, 제2단계 사업은 기계, 전기, 전자 등 기술집약적 산업 위주의 기업을 중심으로 하는 세계적 수출기지 육성을 목표로 세우게 되었다. 개성공단 사업이 계획대로 추진될 경우 제3단계에는 약 350만 평 규모의 IT 및 BT 등 첨단산업분야 산업단지를 건설하여 동북아 거점지역으로 육성될 것이다.

또한 황해북도 개성시 일원의 총 2,000만 평 규모(공장지역 800만 평, 생활·관광·상업구역 등 1,200만 평)의 개성공업지구 개발이 완성될 경우 약 30만 명에 달하는 인력을 요하게 될 것인데, 이는 개성 이외로부터 상당 규모의 인구유입이 이루어져야 가능할 정도의 획기적인 사업이 될 것이다.

현재는 판문점을 통과하는 육로(기차 및 자동차)를 이용하여 개성공단 제품이 남한으로 수송되고 있으나, 이러한 운송수단 및 운송망으로는 급증하는 수요를 감당할 수 없게 된다. 개성공단에서 개풍군, 강화도 그리고 영종도로 이어지는 교량 및 운송로를 건설할 계획이 마련되고 있다. 이는 불원간 개성공단과 인천 경제자유지역이 일체화되고 남북경제 간의 동질성이 회복되는 데 지대한 기여를 할 수 있는 계기를 마련해 줄 것으로 기대되며, 궁극적으로는 남북 간 통일을 촉진시키는 기폭제로 작용할 수도 있을 것이라 예상된다.

이러한 측면에서 볼 때 개성공단 제품의 반입·반출을 내국 간 거래를 인정함으로써 외국과의 교역시 개성공단 제품을 한국산으로 인정받을 수 있도록 하는 양자 간 내지 다자 간 협상(예컨대, 한·미 간 FTA)은 매우 중요한 의미를 갖는다.

표 3-7 개성공단 가동기업수 및 근로자 현황

(단위: 개, 명)

구분	2005	2006	2007	2008	2009	계
가동기업수	11	30	65	93	117	316
북측 근로자	7,621	11,189	22,538	38,931	42,561	122,840
남측 근로자	490	791	785	1,055	935	4,056
근로자 합계	8,111	11,951	23,323	39,986	43,496	126,896

그림 3-2 개성공단 생산액 및 북한 근로자 현황

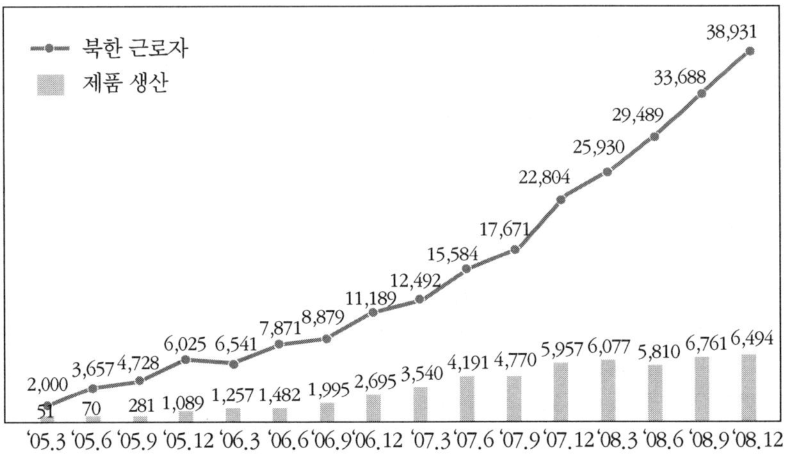

를 보여 주었으나 이것 또한 남북관계 경색으로 급감하고 말았다(<표 3-8> 참조).

표 3-8 대북 지원 금액

연도	정부 차원		민간 차원		합계	
	만 달러	억 원	만 달러	억 원	만 달러	억 원
1999	2,825	399	1,863	223	4,688	562
2000	8,139	987	3,238	387	11,377	1,365
2001	7,522	975	6,017	782	13,539	1,757
2002	8,915	1,140	4,577	576	13,492	1,716
2003	9,377	1,097	6,386	766	15,763	1,863
2004	11,541	1,313	13,250	1,558	24,791	2,871
2005	13,588	1,360	7,666	779	21,254	2,139
2006	22,740	2,273	7,088	709	29,828	2,982
2007	20,893	1,983	9,568	909	30,461	2,892
2008	3,996	438	6,460	725	10,456	1,163
2009	2,420	294	2,858	377	5,278	671

참고문헌

이종원, 『한국경제론』, 제2판, 해남, 2004, 제2장과 제11장.

______, 『경제학』, 2009, 해남, 제26장.

______, 「統一에 對備한 韓國經濟의 進路摸索」, 『한국경제』, 제21권 제1호, 1994, pp. 65~109.

______, 「韓國經濟의 發展過程에 關한 一論議」, 『경제학연구』, 제41집 제2호, 1993, pp. 335~371.

이종원 외, 『통일경제론』, 1997, 해남.

이종원 · 김창권, 「동구권 국유기업의 사유화 정책평가 및 한반도 통일에의 시사점」, 『국제경제연구』, 제2권 제1호, 1996, pp. 103~128.

______, 「통일 실현 시 북한경제의 시장경제로의 전환을 위한 경제제도 개혁 방안」, 『재정논집』, 제11집, 1996, pp. 271~298.

전홍택 · 박진, 「북한경제의 역사적 평가」, 차동세 · 김광석 편, 『한국경제 반세기: 역사적 평가와 21세기 비전』, 한국개발연구원, 1995, 제12장.

제4편

통일에 대비한 남북경제협력 방안

제4장 통일 이전에 우리가 할 수 있는 일

CHAPTER 4

통일 이전에 우리가 할 수 있는 일

1. 기본 목표
2. 단기적 과제
3. 장기적 과제
4. 개성공단사업은 유지되어야
5. 동북아 경제권의 부상과 경제공동체 형성 노력

4

통일 이전에 우리가 할 수 있는 일

1. 기본 목표

우리가 추구하는 궁극적 목표는 물론 통일이다. 통일로 인한 문제가 아무리 심각하더라도 이를 회피하려는 사람은 아마 극히 적을 것이다. 조선 멸망 후 민족적 수난과 분단 이후 동족상잔의 대결로 인해 겪어야 하였던 왜곡

그림 4-1 통일의 기본 목표

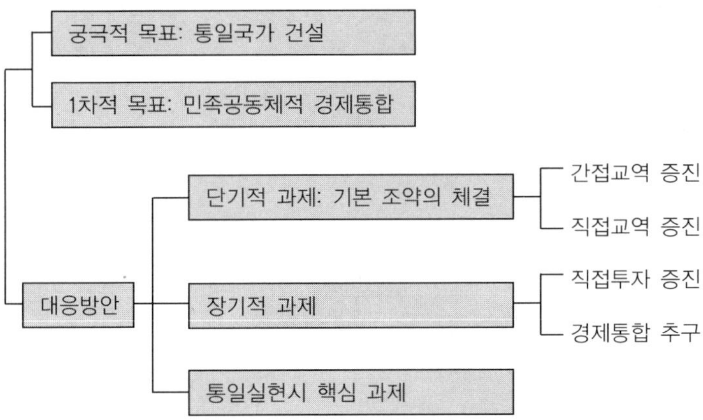

된 정치 · 경제 · 사회적 제도와 깨져 버린 민족적 동질성의 회복은 대다수 국민의 염원이라 생각된다. 그런데 이러한 통일의 보다 순조로운 달성을 위해 민족공동체를 회복하는 데 일차적 목표를 두어야 할 것이란 논리는 지극히 합리적이다. 물론 현존하는 경제체제 및 제도상의 이질성과 왜곡된 경제구조 때문에 단기적으로 큰 효과를 기대하기는 극히 어렵다. 그렇다고 북한이 지금까지의 노선을 성공적으로 유지하며 경제적 난국을 해소해 나갈 전망은 결코 밝지 못하다. 따라서 민족공동체적 경제통합을 위한 대응방안은 장 · 단기적 전략을 동시에 추구해야 할 것이며, 이와 동시에 일단 통일이 실현되는 시기에 필요한 대책을 별도로 강구할 필요가 있다(<그림 4-1> 참조).

2. 단기적 과제

1972년 7.4공동성명에서 시작된 남북 간 대화의 물꼬가 트인 지 16년 만인 1988년 7월 7일에 「민족자존과 통일, 번영에 관한 대통령 특별선언」, 동년 10월 UN총회에서의 기본 입장 천명과 대북한 제의(DMZ 지역에 평화시 건설 등), 그리고 10월 7일에는 경제기획원 장관에 의해 남북교류 허용이 발표되었고, 그 후 경제교류협정 체결을 위한 노력이 다각적으로 경주되어 왔다. 또한 2000년 6월 15일 남북정상회담에 이어 11월 11일에는 남북경협 4개 부문 합의서가 가서명되었으며, 2007년에는 제2차 남북정상회담을 통해 10.4선언이 발표되기도 하였다. 그러나 아직도 인적 · 물적 교류확대에 관한 본격적이고 포괄적인 기본 조약이 체결되지 못하고 있다. 본격적인 경제교류가 시현되기 위해서는 바로 기본 조약의 체결이 가장 시급하다 하겠다.

2.1. 기본 조약 체결

남북 간의 교류는 내국 간의 교류라는 기본 입장 아래 남북 간 경제교류에 관한 협정을 중심으로 비상업적 이전거래, 그리고 우편, 전신, 전화, 교통, 여행에 관한 협정과 문화예술 및 과학기술 그리고 종교 및 스포츠 교류에 관한 협정, 환경보호협력, 언론 및 방송교류 그리고 기후 및 보건위생에 관한 정보교환협정 등이 기본 조약에 포함되어야 할 것이다. 쌍방의 잠재력과 산업구조적 특성에 근거하여 이익이 될 수 있는 상호 보완적 구조조정을 원칙으로 하는 (쌍방의 수용이 용이한 영역부터) 조약을 체결하는 것이 쌍방의 신뢰를 구축하고 또 이해를 증진시킬 수 있는 첩경이라 하겠다.

2.2. 각종 직 · 간접 교류증진 방안

① 북한이 우려하는 개방효과를 최소화할 수 있는 길은 삼각무역 내지 중개무역 등을 통한 간접교류 증대방안인바, 초기 교류단계에서는 이를 최대한 활용하는 정책을 운용하여 왔다. 이러한 정책의 실효성을 제고하기 위해 정부는 필요한 정보를 수집 · 제공하여 교역상의 위험회피를 도와 주고, 안정적이고 원활한 교류에 필요한 각종 지원책, 예컨대 대북 무역보증 및 각종 세제혜택 등을 강구하여 왔다.

② 다음으로는 남북 간 직접교류를 확대하는 방안을 들 수 있는데, 북한의 개발효과를 보다 크게 하기 위해서는 다음과 같은 대응책이 마련될 필요가 있다.

(i) 기본 경제협력협정을 통한 상용통신문 소통, 상설교역 협의창구

지정 및 공동연락사무소 설치 등을 명시한다.

(ii) 교역대금 회수를 보장할 수 있는 결재방법의 모색 및 정착이 필요하다. 그런데 북한이 전통적으로 선호하여 온 유무상통원칙은 쌍방이 교역을 희망하는 품목을 제시한 후 구상무역을 실시하자는 것으로, 이것은 교역의 범위와 규모를 제한하는 효과가 있는바 국제비교우위에 입각한 교류원칙이 우선될 필요가 있다. 또한 국제가격을 기준으로 제3국 지정화폐(현재로서는 미국 달러화와 중국 위안화) 또는 남북한 교환용 신종 통화로 지불하되 쌍방의 중앙은행을 통해 일정 기간 경과 후 교역차액만을 결재하는 쌍무적 청산지불협정을 체결할 수도 있다. 그러나 청산협정 또한 무역거래를 위축시키는 효과가 있으므로 상호 금융협정 체결을 통해 일정 한도 이내에서는 자동대출을 인정하고 무이자를 적용하는 대월제도를 운영하는 것이 보다 효과적임을 독일의 경우에서 확인한 바 있으며, 우리도 이를 참고할 필요가 있다(독일은 swing이란 신용공여제를 도입하여 일정 기간(1986~1989) 동안 일정 한도 내에 이를 적용한 바 있다).

(iii) 무역박람회를 정기적으로 교환 개최한다.

(iv) 민간통상사절단을 정기적으로 교환방문시켜 시장조사 및 상담을 통한 물자교류와 경제협력을 촉진시킨다.

(v) 본격적 교역기반 확대를 위해 금융지원제도를 정립하고 소요자금 확보를 위한 기금을 조성한다(예컨대, 전대자금 지원, 수출보험 지원, 연불수출 지원 및 남북협력기금 운영 등).

③ 단, 직접교역의 경우 남북 간 교역은 내국 간 교역이란 점을 깊이 인식하여 흔히 국가 간에 자유무역(free trade)과 관세동맹(customs union)에 의해

추구되는 역내관세 철폐와 역외공동관세를 적용하는 방안을 강구할 필요가 있다. 이를 위해 북한이 WTO를 위시한 UN 산하 경제기구에 가입하도록 권고 내지 유도 또는 협조해야 하며, 내국 간 교류가 일본 및 대만 등 주변국과의 불필요한 경쟁을 유발하는 요인을 제거할 필요가 있다.

3. 장기적 과제

반드시 많은 시간이 소요되기보다는 경제통합과정상 앞서 제시한 바 있는 기본 조약 체결과 직 · 간접 교류가 성공적으로 원활하게 수행된 연후에 정착될 수 있는 성격을 띠는 방안들을 장기적 과제라 지칭하여 다음과 같이 정리해 보았다.

① 직 · 간접 투자는 북한의 입장을 고려하여 우선은 개방파급효과가 적은 사업, 예컨대 관광이나 공동어로사업 등부터 시작하되 점차 개방효과가 큰 부문으로 유도해 나간다.

② 일단 여건이 성숙되면 합작 및 직접 투자를 본격적으로 수행하되 다음과 같은 사항이 고려되어야 한다.

(i) 상호 보완성을 중시하여 남북 간 분업체계 조정효과를 최대한 도모하고 따라서 중복투자 등이 발생하지 않도록 투자관리가 이루어져야 한다.

(ii) 투자관리 및 조정 그리고 원활화를 위해 정부는 각종 세제지원 및 협력기금 제공을 선별적으로 적용하는 원칙을 세울 필요가 있다.

(iii) 공동이익 추구가 가능한 무연탄, 철광석, 아연광, 공동어로 등의 사업이 우선 실시가 가능하다.

(iv) 저임금노동력 활용 가능한 경공업(신발, 섬유, 수산가공업)에 투자를 집중하여 북한의 애로사항 해소에 협조하는 동시에 남한 기업의 국제경쟁력을 신장한다.

(v) 북한의 역점사업인 시멘트, 비철금속, 농산물 가공 및 첨단과학기술 산업, 철강, 운수 및 에너지사업 등에 우선적으로 투자한다.

(vi) 남포 공동시범공간(추후 가능하면 DMZ 내의 평화시 등도 고려) 등에 일본, 소련, 중국 등과 공동투자 진출하여 투자위험도 분산하고 북한의 경계심을 완화할 수 있는 방안을 강구한다. 대형 사업인 운송수단(자동차, 철도 등), 조선사업 등이 적절하다.

(vii) 두만강 유역 사업 등과 같은 계획에 남북한이 공동참여 진출하는 방안을 적극 모색하고 이를 위해 남한은 북한이 IMF, IBRD, ADB 등에 가입하도록 하고 이들 기구를 통해 간접적으로 재정지원 및 건설지원을 할 수 있는 방안 모색, 특히 재정지원은 북한이 겪고 있는 외채부담의 경감 및 대외채무능력 개선에도 도움이 될 수 있다는 점에 유의할 필요가 있다.

③ 어느 정도 여건이 성숙될 경우 공동시장(common market)이 추구하는 이른바 상품시장의 완전개방과 생산요소의 자유로운 이동을 실천하기 위한 방안을 다각적으로 모색한다.

④ 공동시장의 달성이란 실제로는 많은 조정기간을 요하는 것이므로 우선은 부분적이나마 시장이 개방되거나 생산요소가 이동하는 사업부터 시작할 필요가 있다.

그런데 북한이 1984년 발표하였던 합영법을 1992년 10월 20일 외국인투자법으로 대체함으로써 남북 간의 합작투자의 길이 열린 것은 반가운 사실이라 하겠다. 북한은 이 법에서 100% 외국인 투자를 허용하였고 조세상의 우대조치(소득세율을 합영법의 25%에서 14%로 하향조정하였고, 소득세 유예기간도 최초 3년에서 이윤이 나는 해부터 3년으로 연장함과 동시에 이후 2년간도 소득세를 50% 감면하는 것으로 조정)와 더불어 50년간의 토지사용권(임대, 양도, 상속 포함)을 허용하고 있다. 그리고 재일동포 및 해외동포만을 대상으로 하였던 합영법과는 달리 북한 영외의 모든 조선동포들로 확대하여 남한 기업과 개인의 합작투자 길을 터놓았다.

북한의 보다 적극적인 개방정책은 사회주의 경제권이 붕괴된 1990년대부터 추진된 것으로 볼 수 있다. 예컨대, 북한은 1991년 최초의 경제특구인 나진 · 선봉 경제무역지대를 설치하고 외국자본과의 합작 및 직접투자를 적극 추진한 바 있다. 심지어 1990년대 중반경부터는 우리 측 자본의 제한적 투자도 허용하기 시작하였다. 그리고 2000년대 들어오면서부터는 외형상 자립적 민족경제 건설노선을 표방하면서도, 실제적으로는 국제분업질서를 인정하는 '개방형 자력갱생'으로의 변화도 보였다. 특히, 2002년 7.1조치가 단행된 직후에는 국제분업의 이익을 도모하는 방향으로 자립적 민족경제 건설노선의 일부 전략적 변화를 한때 시도하는 모습까지 보였다. 예컨대, 7.1조치를 발표한 직후인 2002년 9월에 신의주 행정특구, 10월 개성공업지구, 11월 금강산관광지구 지정을 발표하여 대외개방지역 확대를 의도하였던 것이다. 이 중 신의주 행정특구 설치는 중국의 비협조로 성사되지 못하고, 개성 · 금강산특구만 우리 측의 단독자본투자방식으로 추진되었던 사실은 이미 잘 알려진 사실이다.

그러나 아직도 개성공단 운용사례에서 볼 수 있듯이 근로자 직업채용권이 제한되어 있고(노동기관과의 계약만으로 고용: 체제붕괴 위협 극소화 노력 일환), 원가계산 필요경비 인정, 재고자산 평가, 감가상각, 외환 환차손 손익평가 등에 관한 회계처리원칙이 명시되어 있지 않으며, 합영회사의 경영에 이사회의 만장일치를 요구하고 있어 운영의 신축성이 어려운 점 등의 문제가 남아 있어 점진적으로 이를 개선해 나가야 할 것이다.

⑤ 점차 자본과 기술 및 인력까지 이동이 활발해지면 경제동맹(economic union) 단계에 해당하는 통합방안을 강구한다. 즉, 경제정책의 협력체제를 근간으로 남북한 경제구조 및 제도를 재조정하고 균형 있는 사회간접자본 및 기간산업 확충을 도모하며 궁극적인 정책의 일관성 달성 차원에서 통화동맹을 맺는다.

⑥ 경제통합단계로 완전한 민족경제공동체를 달성한다.

⑦ 최종단계로서의 남북한 통일을 완성한다.

4. 개성공단사업은 유지되어야

개성공단사업은 2000년 8월 현대아산과 북한 사이에 「공업지구 개발에 관한 합의서」를 채택한 이후 남북 도로 · 철도 연결사업 및 금강산사업과 더불어 '3대 경협사업'의 핵심 사업으로서, 남북관계의 부침에도 불구하고 중단 없이 추진되고 있는 사업이다.

2003년 6월 착공 이후 100만 평 규모의 제1단계 사업이 완료되고 150만 평 규모의 제2단계 사업이 진행 중이다. 개성공단사업이 계획대로 추진될 경우 제3단계에서는 약 350만 평 규모의 산업단지가 건설될 것이다. 제1단계

사업은 봉제, 신발, 의류 등 중소기업 위주였으나, 제2단계 사업은 기계, 전기, 전자 등 기술집약적 산업 위주로 진행되고 있고, 제3단계에서는 IT, BT 등 첨단산업단지가 건설될 계획이어서 남북한 경제협력의 핵심 사업으로 정착될 것이라 예상할 수 있다.

2004년 12월 첫 제품 생산 이후 약 4년 만인 2008년 11월에는 총생산액 5억 달러를 달성하기에 이르렀다. 2010년 9월 말 현재 개성공단에는 117개 기업이 가동 중이며, 북한 노동자 4만 4,524명이 근무하고 있다. 북한 노동자들의 평균임금은 약 90달러(사회보험료 포함) 수준으로 2010년 북측 근로자에게 지급할 임금총액은 약 5,000만 달러(약 573억 원)에 이른다. 별다른 외화수입원이 없는 북한에게는 절대로 무시할 수 없는 규모라 할 수 있다.

이러한 중요성에도 불구하고 이명박정부 등장 이후 남북관계는 경색국면으로 전환되면서 2008년 7월 11일 금강산 관광객 피격사건, 2008년 11월 24일에는 개성관광 중단 및 남북 간 철도운행 중단, 그리고 2009년 들어서도 키리졸브 훈련에 따른 개성공단 통행제한 및 차단조치가 내려지자 남한도 이에 대응하여 2009년 4월 4일 북한 체류인원을 최소화하는 조치를 발표하였다. 그러자 북한은 4월 21일에 2014년부터 남측이 지불하기로 한 개성공단 사용료를 2010년부터 지불할 것과 개성공단 임대차 기간은 50년에서 25년으로 단축할 것, 그리고 북한 근로자 임금수준을 중국 수준으로 인상함은 물론 근로자들의 숙소문제 등을 즉각적으로 개선할 것을 요청하여 왔다. 더구나 3월 30일 남측 노동자(현대아산 직원) 1명의 억류상황까지 발생하면서 개성공단 입주업체들의 불안이 커지고 있을 뿐만 아니라 개성공단사업의 장래에 대한 우려가 대두된 바 있다.

그러던 중 2010년 천안함 피격 및 연평도 포격도발사건이 발생하면서 이번에는 남측에서 개성공단 존폐문제를 거론하기에 이르렀다. 개성공단이 북한의 개혁 · 개방을 앞당기고 남북경제 통합의 기초를 마련하는 역할을 담당할 것으로 기대하여 왔으나 북한의 도발이 반복되면서 개성공단 체류 국민의 안전과 공장시설의 몰수 가능성에 대한 우려가 커지게 되었기 때문이다.

이러한 상황전개과정에서 나타난 남북한 당국자들의 발표내용을 보면 남북한 모두가 개성공단의 전면 폐쇄를 원하고 있지는 않는 것 같다. 그러나 작금의 사태는, 첫째 북한의 비합리적 요구 및 각종 제한조치로 인해 미래가 불투명해졌고, 어떤 형식으로든 남측 기업 부담의 증가로 이어질 것이라 예상됨에 따라 개성공단 투자 축소 내지 입주포기 가능성을 높아지게 하였고, 둘째 남측 국민들의 북측에 대한 부정적 인식이 증가하고 있어 개성공단 자체의 폐쇄까지 거론할 만큼 강경한 입장이 확산되기에 이르렀다.

물론 개성공단을 폐쇄할 경우 남측도 1조 3,600억 원 상당의 손실을 입을 것이라 추정(국회입법조사처 추산)되고, 입주기업에 대한 보상문제와 남측의 공단 근로자 안전문제는 물론 그 동안 유일한 남북 접촉창구 역할을 담당해 온 채널이 사라진다는 등의 문제가 있다. 개성공단마저 폐쇄될 경우 북측의 도발은 더욱 증대될 것이라는 예상도 이러한 결단을 어렵게 만드는 요인으로 작용하고 있다.

이상과 같은 여건을 감안할 때 개성공단과 관련하여 다음과 같은 대응 노력이 필요할 것으로 사료된다.

궁극적 목표로 설정하였던 황해북도 개성시 일원의 총 2,000만 평 규모(공장지역 800만 평, 생활 · 관광 · 상업구역 등 1,200만 평)의 개성공업지구 개발이 완결될 경우에는 약 30만 명에 달하는 인력이 필요하게 될 것인데, 이는 개성 이외 지역으로부터 상당 규모의 인구유입이 이루어져야 가능할 만큼 획기적인 사업계획이라 할 수 있다.

또한 이러한 사업이 순조롭게 진행될 경우 현재 판문점을 통과하는 육로(기차 및 자동차)로는 급증하는 운송수요를 감당할 수 없게 될 것을 감안하여 개성공단-개풍군-강화도-영종도를 연결하는 새로운 운송로를 건설할 계획이 마련된 바 있다. 이렇게 되면 개성공단과 인천 경제자유지역, 나아가서는 황해남도 해주 지역까지를 포괄하는 경제자유지역이 성립될 수 있을 뿐 아니라, 이를 통해 남북경제의 동질성이 회복되고 남북 간 경제력 격차도 축소시킬 수 있으며 궁극적으로는 남북통일을 촉진시킬 수 있는 가교역할을 담당할 수도 있다는 점에서 볼 때, 개성공단이 남북관계에서 갖는 의의는 실로 크다 할 수 있다.

이러한 인식하에 일단 단기적으로는 입주기업들의 예상되는 피해를 최소화하기 위한 제반 보험제도 등을 보완함과 동시에 우선 개성공단 내 남측 인원의 신변 안전 보장문제를 강화할 수 있는 남북한 협정을 마련할 필요가 있다. 물론 최악의 경우 잠정적으로는 영구히 개성공단이 폐쇄되는 상황에 대한 대책도 마련해 두어야 할 것이다.

반면 중장기적으로는 개성공단의 운영체제를 현재 남한 기업들의 투자에만 의존하는 구조에서 중국 등 외국기업들의 투자를 동시에 유치하는 구조로 전환하여 북한의 독단적인 정책집행 가능성을 낮추는 노력을 경주할 필요가 있다. 특히, 중국 또한 한국처럼 북한의 성공적 개방과 경제발전을 희망하고 있다는 차원에서 볼 때 개성공단의 안전운영에 중국의 투자유입은 매우 중요한 역할을 담당할 수 있을 것이다. 문제는 과연 중국이 개성공단에 투자할 의향이 있는가 하는 점이다. 우선 중국의 대북한 투자에 걸림돌이 되고 있는 문제들을 해소 내지 완화해야 할 필요가 있다. 예컨대, 사회적 인프라 구축의 취약, 대금지불능력 및 시장지식 결여, 그리고 북한 정책의 신뢰성 결여 등을 주요 걸림돌로 지적할 수 있는데, 이들 중 일부는 한국측이 개성공단지역에서라면 해소 가능한(예컨대, 사회 인프라 구축부문 등) 것으로 볼 수 있는바, 한국 정부의 노력 여하에 따라 중국의 투자유치 성사 가능성을 높일 수도 있을 것이다.

이와는 별도로 개성공단 관리시스템 자체를 점차 독립된 입법 · 사법 · 행정권이 보장되는 홍콩식 특수체제로 전환될 수 있도록 노력할 필요가 있다.

물론 현 시점에서 이러한 계획이 실현될 가능성이 높지 않지만 인내심을 가지고 노력할 필요가 있으며, 그 과정에서 예상되는 북한의 예상할 수 없는 파행적 공단운용을 가능한 한 억제할 수 있도록 개성공단 출입과 관련한 남북한 합의서를 지속적으로 보완해 나갈 필요가 있다.

5. 동북아 경제권의 부상과 경제공동체 형성 노력

이상에서 우리는 개성공단 남북경협 활성화를 통한 한반도 경제공동체 형성 또는 남북경제 통합의 기반을 쌓는 데 기여할 수 있다는 점에서 큰 의의가 있음을 확인한 바 있다. 말하자면, 성공적인 개성공단의 유지 및 발전은 한반도 통일의 선도적 과정으로 자리매김할 수 있는 의미를 지닌다.

물론 통일이란 정치 · 경제 · 사회 · 문화 등 전반에 걸친 통합을 의미하며 이들 중 어느 하나도 독자적으로 진행될 수는 없을 만큼 유기적으로 연관되어 있는 사안이라 할 수 있다. 그럼에도 불구하고 경제통합을 분리하여 논의하는 것은 정치 · 군사 등 분야에서의 통합보다 먼저 이루어질 수 있는 특성을 갖고 있기 때문이다. 이와 같은 경제통합이 갖는 선도성으로 인해 통일을 위한 디딤돌로서의 남북경제 협력과 통합을 강조해 온 것이다.

이상과 같은 관점에서 개성공단은 어떤 어려움이 있더라도 존속 내지 확대시켜 나갈 필요가 있는 것이다. 그리고 남북 간 경색이 다소 누그러지면 개성공단지역을 보다 본격적인 자유무역지대로 전환 및 정착시켜 나갈 필요가 있다.

그리고 이를 통해 비교우위 및 국제경쟁력에 근거한 산업구조 개편은 물론 점진적인 산업 선진화를 도모할 수 있을 것이다. 또한 FTA 설치 및 유지를 위해 도로 및 통신망의 연결, 에너지 협력 금융제도 및 서비스 확대 그리고 궁극적으로는 금융통합을 추구해 나갈 필요가 있다.

그런데 이러한 남북 간 경제협력 및 통합노력은 동북아 지역 경제협력과 결부시켜 추진하는 것이 바람직하며 또 성사 가능성도 높여 줄 것으로 평가된다. 동북아 경제협력 활성화는 북한과 전통적으로 우호적 협력관계를 가져온 중국과 러시아와의 관계유지 및 개선은 물론 접경지대를 중심으로 하는 지역개발사업의 활성화 내지 확대로 연결될 수 있을 것이다. 동북아 경제협력과 연계하여 남북경제 통합을 추구할 경우 위험분산은 물론 소요자금의 다각적 조달 가능성이 높아질 수도 있다.

주지하는 바와 같이 북한 경제의 중국 의존도는 급격하게 심화되어 왔는데, 예컨대 북한의 대중 무역의존도는 이미 2000년경에 23.5% 수준에 달하였고 최근에는 40%를 상회하기에 이르렀다. 그리고 이들 교역의 2/3는 동북 3성을 중심으로 이루어지고 있다. 동북아 경제권의 협력이 필요하고 또 실현 가능성도 높다는 것은 이러한 상황에서 간접적으로나마 입증될 수 있다.

중국을 위시한 한국, 일본 및 러시아 등으로 구성되는 동북아 경제권이 급부상하면서 세계경제 중심의 또 한 축을 구축하고 있다. 그러나 근세에 있었던 이들 국가 간의 정치적 앙금이 해소되지 못하여 결국 세계 주요 지역 중 유일하게 FTA와 같은 지역경제 통합이 이루어지지 못하고 있다. 국제경제질서가 WTO시대 진입 및 보다 개방화된 지역협력체제를 구축하여 왔음에도 불구하고 동북아 지역은 FTA의 공백지대로 남겨진 것이다. 북한을 포함하는 지역경제통합은 답보상태에 머물러 있는 동북아 지역 경제통합에 촉매제가 될 것이며, 이 지역에서의 정치 · 군사적 안정 및 남북통일에게 크게 기여할 수 있는 사안이란 사실을 강조해 두고 싶다.

참고문헌

개성공업지구관리위원회, 「남북공동번영을 위한 신 성장 동력: 개성공업지구투자안내」, 2007. 1.

사회과학출판사, 「북한의 경제현황과 개혁 · 개방」, 『경제사전(2)』, 평양, 1985, 제15장.

스콧 스나이더, 「최근 한반도 정세진단과 해법」, 『통일경제』, 제1호, 현대경제연구원, 2011, pp. 72~81.

안드레이 란코프, 「새로운 남북관계 모색을 위한 전략적 접근방안」, 『통일경제』, 겨울호, 현대경제연구원, 2010, pp. 44~60.

안예홍 · 문성민, 「통일이후 남북한 경제통합 방식에 대한 연구」, 한국은행 금융경제연구원, 2007.

양문수, 「위기의 개성공단, 해법은 없는가」, 『KNSI 현안진단』, 제143호, pp. 1~6.

이우영, 「남북사회공동체의 진전 모색」, 『통일경제』, 여름호, 2009, pp. 4~9.

이종원, 『한국경제론』, 제2판, 해남, 2004, 제2장과 제11장.

______, 『경제학』, 해남, 2009, 제26장.

______, 「남북경제 교류실태와 통일에 대비한 협력방안: 민족공동체적 경제통합을 위한 경제협력 및 조정방안」, 『사회과학』, 제32권 제1호, 1993, pp. 97~122.

______, 「韓國經濟의 發展過程에 關한 一論議」, 『경제학연구』, 제41집 제2호, 1993, pp. 335~371.

______, 「統一에 對備한 韓國經濟의 進路摸索」, 『한국경제』, 제21권 제1호,

1994, pp. 65~109.

이종원 외,『통일경제론』, 해남, 1997.

이종원 · 김창권,「동구권 국유기업의 사유화 정책평가 및 한반도 통일에의 시사점」,『국제경제연구』, 제2권 제1호, 1996, pp. 103~128.

______,「통일 실현 시 북한경제의 시장경제로의 전환을 위한 경제제도 개혁방안」,『재정논집』, 제11집, 1996, pp. 271~298.

조명철,「중국의 대 북한 경제협력정책변화와 전망」,『KIEP 오늘의 세계경제』, 2010. 12. 28, pp. 1~9.

조한범,「남북사회문화교류협력 정체와 확대방안」,『통일경제』, 여름호, 2009, pp. 29~35.

최대석,「금강산관광재개와 월드컵 공동응원추진」,『통일경제』, 겨울호, 2010, pp. 33~39.

최용환,「개성공단사업의 현황과 향후전망」,『Policy Brief』, 경기개발연구원, pp. 1~17.

통일연구원,「북한의 경제현황과 전망」,『2009북한개요』, pp. 123~169.

현대경제연구원,「북한경제회상의 핵심과제—베트남발전사례를 중심으로」,『한국경제주평』, 07-37(통권 268호), 2007, pp. 1~25.

______,「북한의 국제금융체제 복귀에 따른 국제원조 재원현황분석」,『한국경제주평』, 07-43(통권 274호), 2007, pp. 1~26.

______,「남북경협20년의 성과와 과제—남북 상생 · 공영을 위한 신 경협전략」, 08-34(통권 312호), 2008, pp. 1~24.

______,「남북한 긴장완화를 위한 방안 모색: 접경지역 종합개발을 통한 지정학적 리스크감축」,『경제주간』, 10-28(통권 408호), 2010. 7. 30.

제5편

통일실현시 핵심 정책과제 및 주요 쟁점사항

제5장 예상되는 문제점과 체제전환 정착을 위한 기본 과제

제6장 체제전환과 시장경제 정착은 사유화 정책부터

제7장 대량 기업도산과 경기침체 그리고 거시적 안정방안

제8장 신용경색 해소를 위한 미시적 안정방안

제9장 대량 실업 및 이주에 대비한 고용 및 노동정책

제10장 통일비용에 대한 오해와 진실

CHAPTER 5

예상되는 문제점과 체제전환 정착을 위한 기본 과제

1. 체제 및 제도정비: 화폐, 금융 및 조세제도
2. 사유화 정책
3. 거시경제 안정화 방안
4. 통일비용 극소화
5. 대량 실업 및 인구이동 대응방안
6. 신용경색 해소를 위한 미시적 · 제도적 대응방안

5

예상되는 문제점과 체제전환 정착을 위한 기본 과제

제4장에서 제시한 각종 대응방안은 통일의 성취 가능성을 높이는 동시에 통일로 인한 충격을 최소화하기 위한 사전적 대책의 성격을 갖는다. 이들은 통일이 이루어지기까지는 상당한 기일이 걸릴 것이라는 암묵적 가정하에 구상해 본 방안들이지만 사실 이러한 대응방안이 궁극적으로는 통일을 보다 빨리 달성할 수 있게 하는 주 동인이 될 것이라 믿는다.

여하튼 앞서 피력한 바 있듯이, 통일은 우리가 원하는 시기에 원하는 방식으로 이루어질 성격의 것은 아니다. 그리고 비단 상당 기간 후에야 통일이 실현되더라도 앞서 제시한 방안들이 여러 가지 요인으로 인해 제대로 추진되지 못하면 결국 갑작스러운(준비가 부족하고 방비책이 마련 안 된 상태) 통일의 성격을 띨 수밖에 없다. 이러한 측면에서 보면 독일의 통일도 예외는 아니고 단지 준비가 상대적으로 견실했을 뿐이다.

일단 통일이 어떤 형태로든 실현이 되면 우리가 예상할 수 있는 대표적 현상으로는 북한 기업의 부실화, 북한 주민의 대량 실업 및 그에 따른 남한으로의 대량 이주 등을 들 수 있다. 이러한 현상 이외에 독일이 겪은 이른바 통일후유증은 잘못된 경제정책 운용에 기인하는 바가 크다는 점을 강조하고 싶다. 즉, 독일 통일의 후유증은 급속히 진전된 통일과정에서 적절한 대응을 제대로 수행하지 못한 데 주로 기인하는 것이다. 즉, 조속한 통일의 실현을 위해 남발한 무책임한 선거공약으로 인해 동서독 간 임금균등화라는 정책기조를 결과적으로 채택함에 따라 고임금 가치가 발휘될 수 있는 첨단 산업분야 사업을 동독 지역에 정착시키는 방식을 선택할 수밖에 없게 되었다. 독일은 상당 기간에 걸쳐 이러한 정책의 성공적 수행을 위해 엄청난 투자를 해야 하며, 그 과정에서 발생하는 인플레와 실업문제 그리고 재정적자를 메우기 위한 조세부담 증가를 감수해야 할 것이다. 물론 이러한 독일의 실패 사례가 우리나라에서 반복되지 않도록 철저한 대비책을 강구해야 할 것이다. 그런데 최근 한국에서 이루어지고 있는 연구 중 많은 부분이 한국이 통일 후 독일과 같이 잘못된 정책을 수행해 나갈 것이라는 암묵적 가정하에 이로 인해 발생하는 어려움을 수습해 나가는 데 필요한 이른바 통일소요비용 산출에 주로 집중되고 있는 점은 납득하기 힘들다. 또 한 가지 지적할 점은 독일의 임금균등화 시책은 서독 사람들이 동독 사람들의 유입을 억제하고자 하는 서양인 특유의 개인주의적 사고방식과도 상관관계가 있다. 그러나 전통적 동양 국가인 한국에서 그것도 1,000만 명에 달하는 이산가족이 있는데 인구이동을 억제한다는 것은 무모한 발상에 불과하다. 일단 인구가 이동하여 남북한 인구가 뒤섞이게 되면 지역 간 소득격차문제는 완화될 수 있으며, 또 현재 도산단계에 있는 수많은 남한의 한계기업들이 저임금노동력의 확보로 적어도 일정 기간에 걸쳐 경쟁력을 회복할 수 있는 길이 열릴 수도 있다. 노동의 기여도에 적합한 임금지불만이 궁극적인 자력갱생과 안정의 길이 된다는 점을 강조해 두고 싶다. 물론 북한 주민들을 산업사회로 순조롭게 적응시키기 위한 적절한 교육 및 훈련기회를 정부의 신속하고도 적극적인 노력으로 선도해 나가야 하는 것은 당연하다. 이상과 같은 독일의 후유증이 갖는 특성을 교훈 삼아 일단 통일이 실현될 경우 고려해야 할 주요 과제를 이하에서 제시하고자 한다.

우선 <그림 5-1>에서 요약 · 제시하였듯이 통일이 실현될 경우 제일 먼저 착수해야 할 일은 시장경제로의 체제전환에 필수적인 경제제도를 조속히 정착시키는 일이라 할 수 있다. 물론 이를 위해 시장경제의 전제조건이라 할 수 있는 사유화가 신속하게 추진되어야 할 것이다. 모든 생산요소가 원칙적으로 국유화된 사회주의로부터 자본주의 시장경제로 체제를 전환하기 위해 필요한 기반산업이기 때문이다.

사유화 대상은 토지 및 농지와 주택 그리고 산업시설로 구분될 수 있는데, 사유화 방식에 따라 이후 실업이나 기업도산 또는 대량 인구이동을 상대

그림 5-1 통일실현시 주요 정책과제

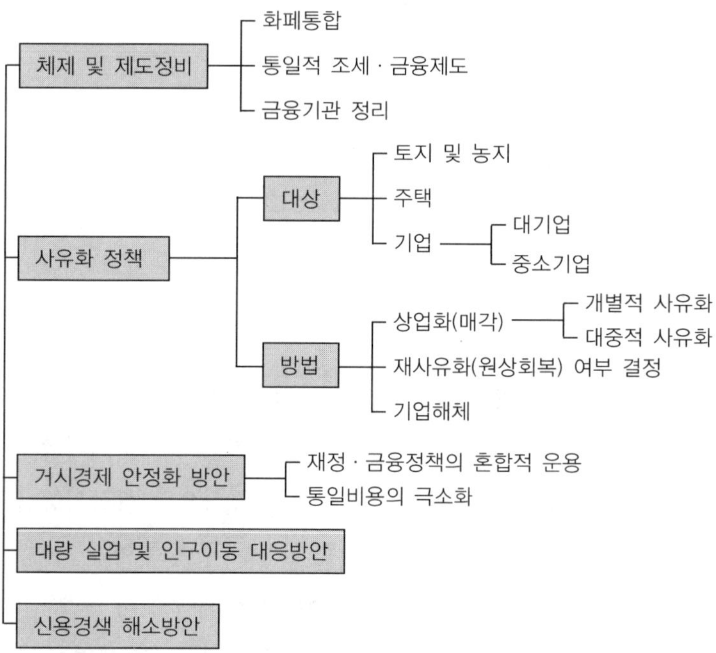

적으로 효율적으로 억제할 수도 있어 세심한 계획이 마련될 필요가 있다.

다음으로는 원칙적으로 공동생산과 분배를 위한 자급자족경제를 추구하였던 경제체제를 시장경제로 전환시키기 위해서는 남한 화폐와의 통합 및 금융기관 개편, 그리고 국가소유 및 배급제도 대신 들어설 사유재산과 자율적 영업 및 근로에 대한 조세제도가 정립되어야 할 것이다.

문제는 이러한 기반조성 및 제도의 정착이 아무리 잘 계획되고 추진되더라도 얼마 동안은 물가불안과 신용경색, 그리고 대량 실업과 기업도산이 큰 사회문제로 대두될 것이다. 따라서 거시경제적 안정화 방안과 더불어 신용경색 및 대규모 기업도산 등에 대처할 미시적 안정화 방안이 동시에 마련되고 추진될 필요가 있을 것이며, 이하에서는 이러한 상황별 핵심적 정책 고려사항을 간략히 살펴보고, 보다 상세한 내용은 제6장부터 제10장에 걸쳐 논의하고자 한다.

1. 체제 및 제도정비: 화폐, 금융 및 조세제도

통일은 결국 북한이 남한의 주도하에 시장경제체제로 이행하는 형태로 될 것으로 보이며, 이때의 이행과정에서 가장 기초적인 사항은 바로 화폐통합과 통일적 조세 · 금융제도 개편, 그리고 금융기관 정리문제라 할 수 있다.

시장경제 운용의 기초가 되는 가격기능을 중심으로 시장기능을 조속히 활성화하려면 우선 북한의 화폐를 남한 통화로 바꾸어 주어야 하며, 이를 효율적으로 수행할 수 있는 금융기관을 신속히 정비해야 한다.

이러한 모든 개혁에 있어 가장 중요한 점은 화폐개혁이며, 남북통화의 현실적 구매력을 바탕으로 하는 합리적 교환비율을 산출하여 활용하는 일이 무엇보다 중요하다. 이러한 원칙이 준수될 경우 북한의 화폐는 서서히 회수되고 남한의 화폐가 남북 전역에서 통용될 수 있도록 하는 것이 바람직하며, 이는 갑작스런 충격을 방지할 수 있을 뿐 아니라 독일에서와 같은 실패를 회피할 수 있기 때문이다.[1)]

그리고 이 과정에서 창출된 유효수요 흡수를 위한 대책(예컨대, 국공채 발행이나 국유지 불하 및 국공기업체 매각)을 세워야 하며 아울러 자본주의적 조세제도의 실시 등 기본적 제도정비를 꾀해야 할 것이다.

2. 사유화 정책

통일실현시 핵심적 경제정책 과제는 통일방식에 따라 상이할 것이지만, 본서에서는 일단 북한 체제의 몰락에 따른 통일실현이라는 명제를 가장 현실적인 가설로 수용하였다.[2)] 따라서 통일 이후의 동질적 민족경제 구축이란 명제는 결국 북한 경제를 자본주의 시장경제체제로 전환하는 작업을 전제로 하는 핵심적 정책과제를 마련하는 내용으로 구성될 것인바, 토지 및 주택 그리고 국영기업 및 공업시설 소유권의 사유화 문제가 중심 과제로 대두될 것이다.[3)] 따라서 본절에서는 남북한 통일시 북한 사회주의 경제를 시장경제체

1) 이에 대한 자세한 논의는 하성근(1997) 참조.
2) 이러한 가설의 채택근거는 이종원(1994) 참조.
3) 인류역사의 변천과정에서 나타나는 기본적인 속성은 지배계층 및 체제의 전환이 이루어질 때마다 생산수단을 중심으로 하는 자산의 소유권 개편문제가 항상 최우선적인 정책과제가 되어 왔음은 주지의 사실이다.

제로 이행시키는 데 필수불가결한 북한 지역의 사유화 제도 확립방안을 모색하는 데 초점을 맞추어야 할 것이다.

한반도에서 통일실현시 북한 지역에서 사유화 제도를 조속히 확립시켜 나가는 일이 최우선적 정책과제가 될 것임에 이론의 여지가 없을 것이다. 즉, 생산성 향상을 통한 물질적 생활수준의 향상 및 민주적 시민사회 구축을 통한 인권신장을 위해 사적 소유권제도의 확립이 필수적 과제가 되는 것이다. 이러한 관점은 이미 동구권 국가의 체제전환과정에서 추진된 핵심적 정책과제가 사유화를 바탕으로 하는 시장경제의 구축이었다는 사실에서 간접적으로나마 입증될 수 있을 것이다.

사유화 방식은 대상에 따라 달라질 수도 있으나 어느 경우를 막론하고 효율성과 형평성이 가장 중요한 기준이 될 것이다. 각종 인센티브 제도의 도입을 통해 효율성을 증대시키든가, 대중적 소유원칙을 채택함으로써 형평성을 제고시키는 것이 보편적 기준이 될 수 있을 것이기 때문이다. 예컨대, 사유화 방식은 그 대상이 농지와 주택 그리고 기업 및 산업시설 중 어느 것인가에 따라 구체적 내용이 다소 상이할 수는 있을 것이지만 궁극적인 성과기준은 결국 효율성과 형평성으로 회귀될 수 있을 것이다.

그런데 사유화 문제 중 핵심적인 쟁점사항은 국유기업 및 산업시설의 사유화 방안이라 할 수 있으며, 이에 관해서는 최근 동구권 체제전환국가에서의 사유화 과정이 훌륭한 참고자료가 될 수 있을 것이다. 사회주의 체제 몰락 이후 시현된 동구권 국가들의 사유화 방법, 특히 국영기업의 사유화는 상업화, 원소유자에게 반환하는 재사유화, 그리고 기업해체로 구분할 수 있다. 그런데 국영기업을 주식회사나 유한회사의 형태로 전환하여 시장경제에 적합한 기업으로 구조를 개혁하고 기업활동에 책임과 자율성을 부여하는 상업화는 사유방식에 근거하는 개별적 사유화와 국민에게 사유화 증서

(voucher)를 배분하여 국영기업의 주식을 취득하게 하는 대중적 사유화로 나누어진다. 이 중 사유를 통한 상업화는 경제적 효율성 제고효과는 크지만 자본력이 부족한 일반국민들의 매수능력 결여로 형평의 문제가 제기될 수 있다. 대중적 사유화는 국민에게 유 · 무상으로 사유화 증서를 배급해 줌으로써 국영기업의 주식을 취득하거나 또는 기존 근로자들을 우대하는 방식으로 주식을 사유하기도 하고, 연 · 기금 또는 금융기관에게 공유주식 지분을 배분하기도 한다. 그런데 대중적 사유화는 형평성 제고효과는 높으나 소유권의 분산으로 기업경영의 책임이 약해질 경우 경제적 효율성이 저해될 수 있는 것으로 분석되고 있으며, 이를 보완한 것이 참여경제적 사유화라 할 수 있다.

참여경제란 노동자들에게 기업의 소유 및 경영과 관련하여 광범위한 참여를 허용하는 기업의 형태로 이루어진 경제를 지칭하는 것으로, 생산의 직접 당사자인 노동자들이 기업의 의사결정 및 이윤의 배분주체로서 등장하는 생산조직의 한 형태라고 할 수 있다. 그런데 본서에서 제시하고 있는 참여모형은 이러한 기본적 속성 외에 소유와 경영을 분리시켜 외부투자가로 하여금 책임경영을 꾀할 수 있도록 하는 한편, 종업원과 일반시민에게 주식을 광범위하게 분산 소유시킴으로써 형평성도 제고할 수 있는 특성을 가미시킨 사유화 제도 모형이다.

동구권 체제전환국가의 경제개혁과정에 관한 분석결과에 따르면,[4] 구동독 지역 및 체코, 헝가리, 폴란드 등 주요 동구권 국가의 사유화 과정에 대한 경제적 효과 분석에서 대중적 소유와 참여경제적 경영을 지향하는 사유화 정책의 성과가 여타 사유화 방식보다 긍정적으로 나타난 바 있다.

4) 동구권 사유화 개혁과정에 대한 평가와 참여경제모형에 관한 주요 문헌을 살펴보기 위해서는 이종원 · 김창권(1996) 참조.

이와 같은 동구권의 사유화 경험은 통일실현시 북한 지역에서의 사유화 방식에 큰 시사점을 던져 주고 있다. 이들의 경험을 토대로 볼 때, 사유화 정책은 민주적 시민사회 구축을 위한 대중적 소유를 바탕으로 소유와 경영의 분리 및 각종 인센티브 제도를 도입한 참여경제적 경영방식에 근거하는 것이 바람직하다는 논리가 도출될 수 있다. 이는 효율성과 형평성을 동시에 제고시켜 줌은 물론 나아가서는 박탈되었던 인권의 회복과 신장을 도모해 줌으로써 복지의 증대를 초래시켜 줄 것이며, 새로운 경제질서 구축 및 발전에 핵심적 역할을 감당할 것으로 평가되기 때문이다.

이상에서 전개된 논리의 핵심을 다시 한 번 요약해 본다면, 첫째 민주적 시민사회 구축을 위한 대중적 소유를 바탕으로 하되, 둘째 소유와 경영의 분리 및 참여경제적 경영방식을 통한 경제적 인센티브 제도를 확립하는 것이라 할 수 있다. 이와 같은 사유화 정책은 효율성과 형평성을 동시에 제고시켜 줌은 물론, 나아가서는 박탈되었던 인권의 회복과 신장을 도모해 줌으로써 복지의 증대를 초래시켜 줄 것이며, 새로운 경제질서 구축 및 발전에 핵심적 역할을 담당할 것이기 때문이다. 따라서 이상과 같은 기본 시각을 바탕으로 통일실현시 북한의 토지, 주택 및 기업에 대한 사유화와 관련하여 통일한국이 수행하여야 할 기본 과제 및 대응방안을 구상해 볼 필요가 있다.[5]

5) 자세한 정책권고 사항은 이종원 · 김창권(1996) 참조.

3. 거시경제 안정화 방안

한반도 통일실현시 핵심적 경제정책 과제는 통일방식에 따라 상이할 것이지만 앞서와 마찬가지로 한 체제의 몰락에 따른 통일실현을 가정할 경우, 통일의 궁극적 경제정책 과제는 시장경제에 기반을 둔 남북한 경제의 동질성 회복으로 모아질 수 있을 것이며, 이때 대량 실업 및 인플레이션 등에 대처할 종합적인 거시경제 안정화 방안의 마련이 시급하게 될 것이다. 이와 관련한 주요 논의를 재정 · 금융정책의 혼합적 운용 차원에서 살펴보기로 한다.

3.1. 금융정책

북한 지역의 경제적 효율성을 증가시켜 중장기적으로 성공적인 체제통합을 이루기 위해서는 민간투자가 활성화되도록 경제적 여건이 형성되어야 한다. 따라서 기업의 금융조달 비용을 경감하게 해 주는 미시적 제도 측면에서의 여건을 조성하면서(예컨대, 대출원활화 장치, 신용경색 제거방안 등), 다소 확대적인 통화정책을 통해 금리를 낮은 수준으로 유지함으로써 민간투자를 증대시켜 사유화된 기업들이 원활한 생산활동을 하도록 해야 한다. 통일 초기에 신용경색에 직면할 경우 물가상승 및 실업, 생산 와해를 가중시켜 통일비용을 증폭시킬 수 있고, 자금력이 독일에 비해 열악한 통일한국의 경우에는 민간투자의 증가 여부가 체제전환의 성패를 가늠하기 때문이다.

통화공급 증가규모를 정부의 예산적자 보전 한도 내로 제한할 경우, 정부의 원리금 부담이 누적되는 국채발행에 의한 정부예산 적자 해소방안보다는 바람직하다는 견해가 동구권 국가들의 체제전환과정에서 타당성이 인정된 바 있다. 물론 인플레이션 압력을 유발할 것이란 우려가 있을 수 있으나 신용경색으로 인한 경기침체 및 대량실업문제가 보다 심각한 사안임을 주지할 필요가 있다. 물론 물가안정에 대한 신뢰성 있는 경제정책 수립 및 집행이 병행되면서 이자율수준의 하향안정화를 도모할 필요가 있다.[6)]

특히, 물가안정을 위한 금융긴축정책의 방법은 이자율을 상승시키고 투자를 위축시켜 경기역진적으로 작용하여 침체를 장기화할 수 있음에 유념해야 할 것이다. 물론 물가상승을 억제하기 위한 일환으로 일정 한도의 통화준칙도 필요한바, 통화발행은 정부의 예산적자를 보전하는 정도가 바람직할 것이다. 한편, 이러한 상황에서는 환율상승이 예상되므로, 안정적인 환율상승을 유지하여 수출을 증가시키고 나아가서 투자를 증대시킬 수 있도록 하여야 한다.[7)]

한편, 체제전환뿐만 아니라 통합을 수행해야 하는 통일한국의 경우 남북한 간의 성공적인 통화통합 역시 제일의 중요 사안이다. 통화통합에 대한 논쟁의 주제는 통합시기와 교환비율로 모아진다. 통화통합을 통일 초기에 할 경우 북한 지역의 경제활동을 수행하는 데 필요한 경화를 제공함으로써 후속적인 투자유치 및 기업활동에 도움을 줄 수 있는 반면에, 단계적인 환율조정과정을 거친 후의 통합은 현실적인 교환비율을 고려할 경우 북한 지역 기업의 경쟁력이 일시에 약화되는 현상을 방지할 수 있다는 측면이 있다. 한

6) 이와 같은 중앙은행의 신용확대를 통한 통화팽창정책의 보전책으로 재정부문에 있어서 저축에 대한 이자소득세 및 자본소득세를 부과할 경우 시점 간(intertemporal) 자원의 잘못된 배분을 교정해 줄 수 있기 때문에 실제로 시점 간을 개선해 줄 수 있다는 연구도 있다. 펠텐슈타인(Feltenstein, 1997) 참조. 아울러 단순한 체제전환 경험국들인 동구권 국가들이 높은 인플레이션을 경험한 반면 체제통합국인 독일의 경우 물가불안문제는 심각하지 않았던 사실에 주목할 필요가 있다.

7) 이 밖에도 북한 금융산업의 개편 및 경쟁력 제고노력도 병행하여야 할 것이다. 금융제도를 개혁하는 것은 경제안정화 및 사유화 등 통일 후 여타 개혁조치들과 긴밀한 관련이 있어 그 어떤 부문보다도 파급효과가 클 뿐 아니라 중앙은행의 통화정책 및 자원배분의 효율성을 증대시키기 위해 필수불가결한 조건이다. 자세한 내용은 전홍택(1997) 참조.

편, 남북한 통화통합시 북한 주민의 소득향상효과를 도모하고 남한으로의 이주를 억제하기 위한 동서독식의 통화교환비율을 고려할 수 있는 반면, 현실적인 교환비율을 고려하여 북한 기업의 경쟁력을 유지하도록 방안을 선택할 수도 있다.

이와 같은 여건을 고려할 때 통화통합은 체제통합 및 전환의 비용을 최소화하고, 북한 주민들에게 체제전환 초기에 기초소득 지급 여부를 염두에 두면서 북한 기업의 경쟁력을 유지할 수 있는 쪽으로 모아지도록 할 필요성이 있다. 우선 통화통합은 초기에 집행하는 것이 혼란을 방지하고 북한 기업의 대외거래 효율성을 제고시킬 수 있다는 데에는 이론의 여지가 없다. 물론 환율대를 설치한 단계적인 통합의 경우나 신속한 통화통합의 경우 모두 환율투기 등의 부작용은 있기 마련이란 사실은 염두에 두어야 할 것이다. 따라서 이에 대한 제도적 대책을 마련하면서 적정 통화교환비율을 산정하여 가급적 신속히 통합을 실시하는 것이 바람직하다.[8] 그런데 이 경우 통화교환비율은 모든 경우에 동일하게 적용할 필요는 없다는 점을 지적해 두고 싶다. 예를 들면, 민간저축은 일정 한도 내에서 적정 비율보다 다소 높은 비율로 그리고 민간의 초과저축 및 기업금융자산 등에는 낮은 비율로 교환하되, 전체적으로는 적정 교환비율 수준이 유지될 수 있는 일종의 가중결합균형(pooling weighted equilibrium)으로의 교환비율을 모색할 필요가 있다. 이러한 차별적 통화교환비율의 적용은 후술할 사유화 방식과 더불어 민간에게 일정 규모의 기초자산을 마련해 주는 효과를 제공할 것이기 때문이다. 또한 이 방식은 차별화된 교환비율 적용으로 금융자산 및 부채규모를 축소조정하는 이른바 몰수개혁(confiscatory reform)의 효과를 도모할 수 있다는 점이 강조될

8) 동서독 통화통합과정에서의 불법행위 등의 사례에 대해서는 이상현 · 박완근(1998) 참조. 또한 본장에서는 적정 통화교환비율의 추정은 생략한다. 이에 대한 자세한 논의는 하성근(1997) 참조.

필요가 있다.[9)]

3.2. 재정정책

통일 이후 막대한 공공이전 지출이 발생할 것은 명약관화하다. 따라서 체제통합 및 전환과정에서 합리적인 자원배분을 위한 효율적인 재정지출을 확립함으로써 재정정책의 생산성을 높여야 한다. 통합 초기에는 불확실한 경제여건으로 인해 민간투자가 지연될 수 있기에 재정지출은 통일 초기 북한 지역에의 경제적 불안정을 해소시켜 후속적인 민간투자가 원활하게 이루어질 수 있도록 총수요 외부성을 극대화하면서 사용될 필요가 있다. 즉, 통일 초기에는 위기관리비용 내지 체제통합 및 전환에 따른 기본 지출이 주로 집행될 것이나 점차로 이를 줄여 나가되, 북한 주민의 소득수준을 높이기 위한 재정지출은 지양하고, 중장기적으로 외부경제효과가 발생할 수 있는 사회간접자본 시설에 대한 투자 등 가능한 한 민간투자를 위축시키지 않는, 즉 구축효과를 최소화할 수 있는 공공투자지출에 초점을 맞춰야 할 것이다.

그런데 재정정책에 있어서는 재정적자 관리문제가 필연적으로 발생한다. 폭증하는 공공이전지출로 재정적자가 심화되고, 이를 위한 국채발행은 다시 이자율을 상승시켜 원리금 부담을 증가시키고, 그 결과 다시 재정적자를 압박하는 악순환이 발생할 가능성을 독일의 경우에서 확인할 수 있었다. 따라서 통일 초기부터 재정적자와 공공부채 상환계획을 세워 재정정책의 재량성을 지속적으로 관리해야 한다.

9) 이 밖에 북한 기업의 부실여신을 정리하기 위한 방법으로 Debt-Bond Swap 및 Debt-Equity Swap 등의 방법을 고려할 수 있으나, 채권시장에의 공급물량 확대로 통일 초기에서의 자금조달에 마이너스의 효과를 가져올 수 있다는 문제점이 지적된다. 로사티(Rosati, 1994) 참조.

재정지출의 조달방법으로는 증세를 우선적으로 고려할 필요가 있다. 통일 초기 기대되는 북한 지역의 특수는 남한 지역의 경기를 상승시킬 수 있고, 이 경우 증세는 상대적으로 부담이 작을 수 있다. 초기에 조세를 인상하여 통일재원을 위한 확고하고 형평성 있는 계획을 마련하고 공공부채의 상환계획을 조기에 수립하여 중장기적으로 재정부담을 분산시킴으로써 재정정책 수단의 지속적 활용 가능성을 확보하여야 한다. 또한 통화부문에서 예상되는 인플레이션을 억제하기 위해서도 세금인상을 통한 총수요관리가 필요하다. 물론 증세는 가처분소득을 감소시켜 소비 및 투자를 위축하여 소득을 하락시키는 효과를 가져오나, 증세를 통한 재정지출 확대는 국민소득 증대에 양(陽)의 효과를 가져올 수 있기에 순효과를 반드시 부정적으로 볼 수는 없다. 특히, 중요한 것은 독일식의 공공이전지출을 통한 남북한 소득의 균등화를 도모하지 않고 재정지출을 오직 경제적 효율성을 제고하는 한도 내에서 사용한다면 궁극적으로 재정적자규모 자체가 축소될 수 있다는 사실이다. 물론 이때 발생한 재정적자는 한은차입 등의 방법으로 보전하는 금융정책과의 연계 운용이 중요하다는 점은 이미 강조한 바 있다.[10]

10) 한편, 효과적인 재정정책을 집행하기 위한 미시적 제도 측면의 보완이 필요한바, 원활한 재정정책을 위해 북한의 행정당국이 필요로 하는 재정지출을 가능하게 하기 위한 조세수입능력을 갖추도록 하며, 연성예산제약하의 지출관습을 탈피하도록 재정집행의 규율을 강화하고, 구체적인 집행과정에서 요구되는 남한의 세출입 구조의 변화를 파악하고 수직적 · 수평적 재정조정능력도 갖추어야 한다. 특히, 주택의 정상화, 사유화를 위한 재정지출규모를 적절하게 할 것이 도모되어야 하나, 국유기업 사유화 과정에 수반되는 투자와 보조금 또한 매각수익 처리관계를 명확하게 할 필요가 있다. 그리고 당분간 가능하면 남북한 산업구조조정 및 남한 사양산업의 북한 이전 등을 통한 수출증대, 북한 지역에 대한 GSP혜택 요청(WTO 등 국제기구에 요청) 및 일정 기간 보호무역 허용 요청 등을 고려함이 바람직하다.

4. 통일비용 극소화

통일과정 및 통일 후 정부가 최우선적으로 고려해야 할 재정정책상의 과제 중 하나로서 이른바 통일비용문제가 주목을 받아 왔다. 원래 통일비용에 관한 논의는 서독이 재통일 당시에 "통일 후 특정 기간 이내에 동독 주민의 1인당 GNP가 서독 주민의 그것과 같아지게 하기 위해 서독 정부가 지출해야 하는 재정소요액"을 '통일비용'이라 정의하여 정책지표로 삼았던 사실에 연유한다. 통일 당시 독일은 통일이 되어 자유주의 시장경제체제를 도입하면 구동독은 쉽게 경제회생의 길로 들어설 것이라고 판단하였다. 즉, 독일은 시장제도 도입에 의한 자생적 조정능력을 과대평가하였을 뿐만 아니라, 통일 당시의 동서독 격차, 동질화에 소요되는 기간, 그리고 재정 및 경제문제를 과소평가하여 동독으로의 막대한 공공재정 이전이 지속되는 난관에 봉착하게 되었다.

그런데 이러한 분석시각은 우선 통일 이후 기본 경제정책 목표가 지극히 정치적 방식으로 설정(동서독 주민의 소득평준화)되는 과정에서 배태된 것이라 할 수 있으며 근본적인 문제들, 즉 소유권문제와 물가안정 및 실업대책, 재정 및 금융제도 정착, 그리고 각종 재교육 및 훈련에 관한 대책들을 상대적으로 경시하였다는 데 문제가 있다. 그럼에도 불구하고 국내 대부분의 통일비용에 관한 연구들은 독일 통일비용 분석모형의 방법론을 그대로 답습함으로써 많은 혼란과 우려를 낳아 왔다. 더욱이 최근의 외환위기를 겪으면서 우리나라의 달러표시 GNP가 급속히 하락한 현실을 감안할 때 어차피 기존 방법론에 근거하여 지금까지 산출된 통일비용 추정치들은 이미 의미를 상실하였다고 보아도 과언이 아니라 할 수 있다.[11)]

통일비용에 관한 기존의 분석방법론들이 갖는 한계성을 극복하기 위해 본서에서는 우선 그 동안의 '통일비용'에 대한 부정적 의미를 분석하기 위해 통일비용을 '적정 통일사업 소요경비'로 인식은 하되, 통일과정에서 동원 가능한 자금한도 내에서 가장 효율적인 자금의 활용과 이에 의거한 경제적 효과를 극대화하여 통일과정에서의 문제점들을 최소화함으로써 통일사업 목표수행에 소요되는 경비를 최소화할 수 있는 방안을 모색하는 데 초점을 맞추었다. 통일실현시의 통일비용은 결국 어떤 사업목표를 설정하고 또 어떤 방식으로 이를 실천하는가에 따라 달라질 것이며, 따라서 물리적인 통일비용 자체의 절대규모를 추정하는 것보다는 필요한 소요자금의 조달방식이 실업과 물가 등에 미치는 영향을 최우선적으로 고려하여 통일로 인한 궁극적 재정부담을 극소화시킬 수 있는 방안 모색에 주안점을 두자는 것이다. 아울러 통일에 따른 경제정책은 경제성장의 외연적 요인을 단순히 증가시키는 데 그치지 않고 내생적 경제성장을 촉진할 수 있는 여건마련에 주력하여야 할 필요가 있다(기술, 교육, 사회간접자본 등). 따라서 정부정책은 경제적 외부성이 큰 부문에 한정하고, 여타 부문은 민간으로 하여금 자생적으로 경제성장을 주도해 나갈 수 있도록 경제정책을 수립하여, 정부가 부담할 통일비용을 최소화할 필요가 있기 때문이다.

결국 통일비용의 단순한 추정치 산출이나 소득격차 해소를 목표로 하는 통일비용 접근방식은 무의미한 것으로 볼 수 있으며, 언제 어떠한 방법으로 통일이 된다고 할지라도 주어진 여건하에서 가용자원의 범위하에서 자원의 효율적인 배분을 통해 통일경제의 거시적 안정은 물론 궁극적으로는 내생적 성장잠재력을 극대화하기 위한 정책의 개발이 중요하다고 할 수 있다. 따

11) 예컨대, 동서독과 남북한의 경제력 규모를 비교할 때 보통 통일 당시 구동독의 1인당 GNP는 구서독의 약 1/4, 북한은 남한의 1/8로 가정하였는바 이에 대한 수정이 요구된다.

라서 민간부문이 통일과정에서 체제전환의 내생적 경제 생산성 제고에 기여할 수 있는 적절한 재원조달 및 효율적인 배분방식에 관한 대안을 마련하되, 일반균형적 시각에서 금융 및 재정정책을 중심으로 한 제반 거시경제정책의 혼합적 운용(policy mix) 측면에서 모색할 필요가 있다.[12)]

즉, 일단 통일이 실현되었을 때 가장 중요한 것은 과연 어떻게 통일로 인한 충격을 최소화시키면서 북한 경제를 남한의 시장경제체제로 전환시켜 안정을 도모하는가 하는 점이 될 것이며, 이러한 과정은 우선 시장경제의 기본이 되는 사유화 정책과 시장가격기능이 정상적으로 가동될 수 있는 메커니즘을 신속히 정착시키는 작업을 필요로 하게 되는데, 이를 위해 근대적 조세제도 및 화폐 · 금융제도가 조속히 정착되어야 할 것이기 때문이다. 따라서 이러한 과정에서 필연적으로 발생하는 기업도산 및 대량 실업으로 이어지는 경기침체문제를 신속히 해결할 수 있는 적절한 경제정책의 모색이 요청된다.[13)]

이상과 같은 관점에서 볼 때 통일비용문제는 우리가 추구할 통일한국경제의 체제 및 기본 경제목표, 그리고 이의 달성을 위한 주요 사업에 근거하는 "통일실현시 예상 소요자금 및 조달방안과 그에 따른 주요 거시경제지표와의 연관된 효과를 고려하는 통일경제정책의 추구"라는 시각에서 접

12) 이러한 목표의 달성을 위해서는 우선 통일 이후 추구할 바람직한 경제체제를 모색한 다음, 이를 중심으로 남북한 경제가 각각 어떻게 조정될 필요가 있을지를 논의해야 할 것이다. 그러나 이에 관한 논의는 본장의 주제를 벗어나는 것인바, 일단 남한의 시장경제체제를 중심으로 북한 경제체제를 전환시킴으로써 통일한국 경제의 동질성을 회복하는 데 일차적인 목표를 설정하기로 한다. 이는 암묵적으로 북한 경제의 몰락으로 인해 남한이 북한을 흡수통일하는 상황을 가정한 것이라 할 수 있다. 이는 통일시기가 그 어느 때가 되든 남북 간의 통일은 북한의 몰락에 따른 남한 중심의 흡수통일 형식이 될 수밖에 없다는 관점에 근거한 과정이며, 따라서 남북한이 경제교류를 확대하여 쌍방의 경제여건 및 체제를 점진적으로 동질화시킨 다음 통일을 도모한다는 논리는 지극히 비현실적인 것으로 보는 견해에 근거한 가정이다.

13) 이러한 과정에서 선택할 경제정책은 시장가격 및 임금 등을 자율적 조절과정을 거쳐 형성되도록 운용하는 점진적 접근방법(gradual approach)과 임금수준 등 제반 경제목표를 인위적으로 책정해 나가는 충격요법(shock approach)으로 구분되는바, 후자를 선택한 독일에서의 실험이 많은 비판을 받고 있음은 주지의 사실이다.

근될 필요가 있음을 재삼 확인할 수 있다.

이상과 같은 사항을 고려할 경우 통일비용을 일단 궁극적으로는 국민경제의 동질성 회복이란 목표달성에 소요되는 경제적 비용으로 인식하되, 그 절대치 자체를 추정하는 데 궁극적 분석목표를 두기보다는 대체적으로 예상되는 소요경비 또는 현실적으로 수용 가능한 남한측 부담규모를 먼저 내정한 다음(마치 국가예산을 먼저 편성하듯이), 그 한도 내에서 통일사업을 추진하되 가능한 한 경제적 부담 내지 비용을 극소화시키는 정책대안을 마련하는 것이 타당할 것이다.

이상과 같은 인식하에 이종원(1999)은 한국 경제의 거시계량모형인 'SUM '98'을 사용하여 구조방정식을 추정한 다음 이 모형의 동태적 안정성 내지 모형 전체의 적합도 판정을 위해 역사적 의태분석을 실시한 바 있다. 동 연구는 경제정책 시뮬레이션으로 정부조세, 화폐발행, 이자율, 임금, 환율 등이 변할 때 GNP, 실업률, 물가상승률, 실질경제성장률 등이 어떻게 변화하는지를 살펴보았다.

정책 의태분석 결과, ① 통일비용 극소화는 통화발행이나 국공채발행보다는 조세수입 증대방안이 효율적이고, ② 조달된 기금 중 적어도 40% 정도 이상의 정부지출은 남한으로 귀속될 필요가 있다는 점, 그리고 ③ 명목임금의 인위적 인상방안은 통일비용문제를 극도로 악화시키지만, ④ 환율의 평가절하정책은 통일부담 완화에 기여할 것이란 결론이 도출되었다.

5. 대량 실업 및 인구이동 대응방안

통일한국에서의 기본 경제목표는 동질적인 민족경제공동체를 형성하는 것이라 할 수 있다. 그러나 이러한 과정은 극심한 혼란과 막대한 통일비용을 초래할 것으로 예상되고 있어 이에 대한 적절한 정책마련이 긴요하다 하겠다.[14)] 왜냐하면, 독일의 경험에서 보듯이 통일은 예컨대 대량 실업과 같은 어려움을 유발시킬 것이기 때문이다. 더구나 한반도 통일시에는 북한 주민의 남한으로의 대량 이주 가능성마저 제기되고 있어 보다 큰 우려를 자아내고 있다. 일부 분석에 따르면 통일 이후 북한 주민의 남한으로의 이주규모는 최소 140만 명에서 최대 600만 명에 이를 것으로 추정되기까지 하였다.[15)] 이러한 추정치의 현실성 여부와 상관없이 이에 대한 적절한 방안을 마련하는 것은 통일 후 가장 시급한 과제의 하나가 될 것임에 틀림없다. 대량 실업 및 이주 가능성은 결국 무조건적 희망사항이었던 통일이 동시에 두려움을 유발하는 사안으로 인식되기에 이르렀다.

독일 통일과정의 대량 실업 등 통합에 따른 문제점과 이에 대한 대응책 마련에 관한 연구들을 살펴보면, 대부분 거시적 금융 및 재정정책에 근거하고 있음을 알 수 있다. 즉, 체제통합과정에서의 경제안정화 및 고용확대를 위한 거시경제정책을 평가 · 분석하고 있다.[16)] 그러나 이러한 전통적인 거시

---

14) 예상되는 통일비용 등에 관해서는 김창권 · 이종원(1999) 및 이종원 · 한기성(1999) 참조.

15) 이와 같이 큰 편차가 나타나고 있는 것은 한반도 통일 이후의 인구이동은 예측하기가 쉽지 않은 변수들에 근거할 수밖에 없다는 점, 그리고 무엇보다도 북한 경제에 대한 정확한 자료의 입수나 상황파악이 어렵다는 사실에 기인한다. 자세한 내용은 조동호(1997) 및 이상준(1997) 참조.

16) Herr *et al.*(1994), Blejer and Skreb(1997) 및 Sinn(2000) 등 참조. 특히, 통일독일의 노동시장에 대한 거시 경제적 분석으로 Franz(1991, 1993), Scherf(1996), Berthold *et al.*(1998), Lindlar(1998), Hallwirth(1998), Paqué(2000) 및 Riphan *et al.*(2001) 등 참조.

경제정책 위주의 안정화 방안에서는 체제전환경제에 따른 제반 문제에 대응할 미시적 · 제도적 정책상의 애로요인들이 제대로 고려되지 못함으로써 그 경제안정효과는 크게 위축될 수밖에 없었다. 예컨대, 시장경제적 제도가 미확립된 상황에서 임금 및 사회보장정책만으로는 노동자들의 새로운 시장경제체제로의 조화로운 적응을 적절히 유도할 수 없어 대량 실업을 방지하는 데 한계를 노정하였던 것이다.[17] 한편, 남북한의 경제통합과정에서의 대량 실업문제에 관한 국내연구의 경우에도 미시적 · 제도적 분석이 상대적으로 미진함을 알 수 있다.[18]

이상과 같은 국내외 연구동향을 감안하되 통일독일의 경제정책이, 특히 미시적 · 제도적 정책마련을 소홀히 함으로써 대량 실업의 장기화를 유발하였던 사실에 주목하여 한반도 통일시 예상되는 대량 실업과 이주에 대한 효과적인 대응책을 마련하는 데 주안점을 두어야 할 것이다. 즉, 미시적 경제원칙이 무시되고 사유화 정책과의 조화로운 연계방안이 경시된 채로 실시된 고임금정책, 그리고 시장경제적 제도개선이 미흡한 상태에서 집행된 노동시장정책을 비판적으로 검토 · 분석함으로써 통일한국에서의 대량 실업 및 이주에 대한 대응방안이 마련될 필요가 있다.

이상과 같은 인식하에 이종원(2000)은 한반도 통일실현시 예상되는 대량

17) Brezinski *et al.*(1998) 및 Spangenberg(1998) 참조.
18) 국내의 연구동향을 간략히 정리하면, 북한의 노동력 실태와 남북경제협력을 통한 북한 노동력 활용방안을 연구한 것(원창희 · 김재원, 1994; 민족통일연구원, 1996), 구동독의 '연대협정' 방안 또는 동구권 국가들의 노동 관련 법, 고용정책, 임금정책 등을 분석하고 북한의 노동시장문제에 대한 정책을 도출한 것(선한승, 1997; 조동호, 1997) 등이 있다. 아울러 통일실현시 극심한 남북한 간의 소득격차 및 북한 지역에서의 대량 실업으로 인해 발생할 것으로 예상되는 북한 주민의 남한으로의 이주문제를 노동시장정책과 연계하여 분석한 것(고일동, 1997; 구성렬, 1997; 이상준, 1997 등)과, 독일의 사례를 이용하여 통일실현시 북한 지역 산업구조 재편과 인력 재배치를 분석한 것(박진, 1997) 등이 있다. 한편, 대량 실업의 문제는 IMF 위기를 겪으면서 남한에서도 첨예한 문제로 대두된 바 있고, 이에 대응하여 마련된 현재 기업의 구조조정 및 실업대책 그리고 제반 노동시장정책 프로그램은 통일 이후 노동시장 통합과정에서 야기될 문제에 대한 대응방안 마련에 좋은 참고자료가 될 것이다(김재원, 1999; 송일호, 1999; 조우현, 1999).

실업 및 이주문제에 대한 대응방안을 마련하기 위해 독일 통일과정에서 발생한 대량 실업의 원인을 규명하고, 이에 대한 대응책을 노동시장을 중심으로 평가한 후 통일한국에의 정책적 시사점을 도출해 보였는데, 주요 결론은 다음과 같다.

첫째, 한반도 통일 초기에는 대량 실업방지와 같은 거시적 경제안정화를 위한 거시경제정책이 중요하나 중장기적으로 거시적 안정화가 지속되기 위해서는 고용 및 노동시장에 관한 미시적 · 제도적 대책이 마련되어야 한다.

둘째, 인위적인 고임금정책의 통일한국에의 적용은 바람직하지 않으며, 근본적으로는 노동생산성에 근거하는 임금정책을 추진하여 기업의 경쟁력 제고에 심혈을 기울여야 한다.

셋째, 생산성에 상응한 임금정책을 추진할 경우 적어도 단기적으로 남한으로의 대량 이주가 예상되는데, 이는 참여경제적 사유화 정책 추진 등을 통하여 북한 주민에게 기초자산을 부여함으로써 완화시킬 수 있을 것으로 판단된다.

넷째, 중장기적으로 북한 노동력의 생산성을 상승시킴으로써 고용을 촉진시키되, 시장경제에 대한 학습과 개인의 창의성 및 자발성을 제고시킬 수 있는 교육 및 훈련을 지속적으로 실시하여야 한다.

다섯째, 노동시장정책은 기본적으로 기업의 생산체계와 관련하여 노동의 인적 자본으로서의 기능을 제고하는 데 기여할 수 있도록 수립되어야 하며, 따라서 질적 보장이 요구되는 직업교육을 제공하되 피훈련자들의 도덕적 해이를 막을 수 있는 제도의 마련 그리고 노동시장정책에 투입되는 공적 자원이 효율적으로 집행될 수 있는 여건이 조성되어야 한다.

6. 신용경색 해소를 위한 미시적 · 제도적 대응방안

통일한국에서의 기본 경제목표는 남북한 동질적인 경제공동체를 형성하는 것이라 할 수 있으며 이러한 목표를 추구하는 과정에서 예상되는 경제적 혼란과 통일비용을 최소화시킬 수 있는 안정화 정책이 모색될 필요가 있다. 구동독을 포함한 동구권 구사회주의 국가들이 통일 또는 체제전환과정에서 경험한 고인플레이션과 대량 실업사태는 이러한 정책의 필요성을 웅변적으로 강조해 주었다.

체제전환 초기의 공통적 현상인 경기침체와 인플레이션의 발생원인에 대해서는 대체로 세 가지 견해가 제시되어 왔다.[19] 첫 번째는 체제전환과정에서 수요 측면의 충격으로 소득과 소비가 위축되어 경기침체가 초래되었다는 견해이다(Ickes and Ryterman, 1992). 그러나 이 견해는 인플레이션 현상을 설명할 수 없다는 한계가 있다. 두 번째는 공급 측면의 충격으로 불황과 인플레이션이 발생하였다는 견해이다(Gomulka, 1991). 그리고 세 번째는 수요 및 공급 측면이 복합적으로 작용하여 경기침체와 인플레이션을 초래하였다는 견해이다(Calvo and Coricelli, 1997). 앞의 두 견해가 거시적 측면을 강조하고 있는 데 반해, 세 번째 견해는 특히 신용경색문제 등 미시적 측면을 중시하고 있다는 특징을 가지고 있다. 그러나 동구권 구사회주의 국가의 체제전환과정에서 나타난 경기침체와 인플레이션 현상은 위의 어느 한 요인에 의해서 설명될 수 있는 것이 아니라 결국 이들 요인이 복합적으로 작용한 결과라는 것이 일반적인 인식이다.

19) 이에 대한 구체적인 논의는 김창권 · 이종원(1999) 참조.

한편, 지금까지 체제전환국에서 경제안정화를 위해 주로 사용되어 온 금융 및 재정정책들은 기본적으로 거시적 총수요관리정책이라 볼 수 있으며, 따라서 공급 측면 내지 미시적 · 제도적 요인에 대한 대응책 마련이 경시되어 왔다는 사실을 시사해 주고 있다. 체제전환국의 기업도산 및 대량 실업 문제는 선진 자본주의 시장경제에서 주로 활용되는 거시경제정책만으로는 효과적인 대응을 할 수 없으며, 따라서 체제전환과정의 생산위축과 대량 실업을 해소하기 위하여서는, 특히 신용경색 해소를 위한 미시경제적 · 제도적 정책대안이 아울러 모색될 필요가 절실하다고 하겠다(Brezinski *et al.*, 1998). 시장경제체제의 미시경제적 · 제도적 접근방안은 체제전환을 원활하게 촉진시키는 효과가 있을 뿐만 아니라 체제전환과정에서 발생할 거시경제적 비용을 극소화할 수 있는 방법과 연계될 수 있다는 측면에서 그 중요성이 지대하다 볼 수 있다.

이상과 같은 인식하에 이종원(2000)은 한반도 통일실현시 체제통합과정에서의 경제안정화 방안을 마련함에 있어 지금까지 소홀하였던 미시경제적 · 제도적 분석에 초점을 맞추되, 특히 통일실현시 예상되는 신용경색현상의 해소를 위한 금융제도 개편방안을 모색해 보았는데, 그 주요 결론은 다음과 같다.

첫째, 북한의 단일은행체제를 이원적 은행체제로 전환하여 금융의 기본기능인 자금의 효율적 동원과 배분기능을 제대로 수행할 수 있도록 여건 조성을 하되, 통합조약에 의거하여 남한의 금융법제도가 북한 지역에서 직접 시행될 수 있도록 해야 한다.

둘째, 북한 금융부문이 시장경제체제에 정착되도록 구조조정을 신속하게 수행하여야 한다. 정부는 금융부문의 체제전환이 원활하도록 하는 지원 책무를 유기해서는 안 되며, 한국은행도 중앙은행으로서의 역할뿐만 아니라 북한 국영은행의 상업은행으로의 전환을 원활하게 하는 기능도 동시에 수행할 필요가 있다.

셋째, 예상되는 막대한 규모의 부실채권을 체제전환 초기에 정리할 필요가 있으며, 내부적 접근방법보다는 외부적 접근방법을 통하여 북한 소재 상업은행을 부실채권 부담에서 벗어날 수 있도록 함으로써 신설기업 및 사유화된 기업에 대한 신용공급에 전념할 수 있도록 유도해야 할 것이다.

넷째, 금융부문 구조조정이 성공적으로 이루어지기 위해서는 기업 등 비금융부문의 구조조정이 동시에 연계되어 추진될 필요가 있다. 이 과정에서 은행 및 기업들의 효율적인 사유화가 금융개혁 성공 여부의 관건임을 강조할 필요가 있다.

다섯째, 경제통합 초기에는 정부가 적어도 은행의 금융중개기능이 어느 정도 정상화될 때까지 자금확보에 어려움이 있는 이들 기업들에게 특별신용공급을 제공할 수 있는 대책을 마련해야 할 것이다.

끝으로 남북한 경제 및 금융통합에 대비하여 건실한 금융하부구조 기반을 사전에 구축할 필요가 있다.

참고문헌

김재원, 「실업해소 및 고용안정을 위한 장단기 대책」, 『실업대책의 평가와 과제』, 한국경제연구학회 학술대회 발표논문, 1999.

고일동 편, 『남북한 경제통합의 새로운 접근방법』, 한국개발연구원, 1997.

구성렬, 「북한주민의 인구이동문제와 고용 및 생활보호대책」, 전홍택 · 이영선 편, 『한반도 통일시의 경제통합전략』, 한국개발연구원, 1997.

민족통일연구원, 『북한의 노동정책과 노동력 평가』, 연구보고서 96-21, 1996.

박 진, 「북한인력 재배치방안」, 전홍택 · 이영선 편, 『한반도 통일시의 경제통합전략』, 한국개발연구원, 1997.

선한승, 「통일독일의 노동시장정책과 시사점」, 『통일경제』, 1997, pp. 121~135.

송일호, 「기업의 구조조정에 따른 정리해고와 실업대책」, 『기업의 구조조정과 실업문제』, 한독경상학회 학술대회 발표논문, 1999.

원창희 · 김재원, 「남북한 인력양성체계와 효율적 인력활용방안」, 한국노동경제학회 추계정책세미나 발표논문집, 1994.

이상현 · 박완근, 『독일의 경제통합정책』, 한국은행 조사연구자료 98-4, 1998.

이상준, 『통일 이후 남북간 인구이동의 안정화 방안 연구』, 국토연 97-53, 국토개발연구원, 1997,

이종원, 『통일 실현 시 경제안정화를 위한 주요정책과제: 대량기업 도산 및 실업 그리고 인구이동문제를 중심으로』, 한국노동연구원 연구보고서, 2003.

______, 『북한 인력의 실태분석과 북한 인력 활용 시 정책적 고려사항』, 한국

노동연구원 연구보고서, 2003.

______, 『한국경제론』, 제2판, 해남, 2004, 제11장.

______, 『경제학』, 해남, 2009, 제26장.

______, 「정부의 역할과 경제윤리: 한국경제의 전개과정을 중심으로」, 『한국경제』, 제19권 제2호, 1993, pp. 31~49.

______, 「韓國經濟의 發展過程에 關한 一論議」, 『경제학연구』, 제41집 제2호, 1993, pp. 335~371.

______, 「남북경제 교류실태와 통일에 대비한 협력방안: 민족공동체적 경제통합을 위한 경제협력 및 조정방안」, 『사회과학』, 제32권 제1호, 1993, pp. 97~122.

______, 「統一에 對備한 韓國經濟의 進路摸索」, 『한국경제』, 제21권 제1호, 1994, pp. 65~109.

______, 「거시 계량 모형 체계에 의한 북한의 GNP추정」, 『동북아경제연구』, 제8호, 1997, pp. 209~232.

이종원 외, 『통일경제론』, 해남, 1997.

______, 『북한 인력에 관한 법제 · 실태와 활용방안』, 한국노동연구원, 2004.

이종원 · 김창권, 「동구권 국유기업의 사유화정책 평가 및 한반도 통일에의 시사점」, 『국제경제연구』, 제2권, 1996a, pp. 103~128.

______, 「통일실현시 북한경제의 시장경제로의 전환을 위한 경제제도 개혁방안: SSM 사유화정책을 중심으로」, 『재정논집』, 제11권, 1996b, pp. 271~298.

______, 「統一韓國에서의 金融 · 財政政策의 混合的 運用方案」, 『재정논집』, 제13권 제2호, 1999, pp. 229~257.

이종원 · 한기성, 「統一費用 極小化를 위한 政策提案」, 『동북아경제연구』, 제

10권 제2호, 1999, pp. 95~137.

이종원 · 함정호 · 김창권, 「통일한국에서의 금융제도 개편방안: 신용경색 해소를 위한 미시적 · 제도적 대응방안을 중심으로」, 『경상논총』, 제22호, 2000, pp.73~98.

이종원 · 함정호 · 김창권, Horst Brezinski, 「통일한국에서의 대량실업 및 인구이동 대응방안: 통일독일의 노동정책에 대한 평가를 중심으로」, 『동북아경제연구』, 제13권 제1호, 2001, pp. 53~90.

전홍택, 「북한 금융제도의 구조개혁」, 전홍택 · 이영선 편, 『한반도 통일시의 경제통합전략』, 한국개발연구원, 1997.

조동호, 『경제체제 전환기의 노동정책: 동구의 경험과 한반도에 대한 시사점』, 한국개발연구원, 1997.

조우현, 「'99 실업대책의 평가와 과제」, 『한국경제연구』, 1999, pp. 175~195.

하성근, 「통화통합과 통화신용정책의 과제」, 전홍택 · 이영선 편, 『한반도 통일시의 경제통합전략』, 한국개발연구원, 1997.

Blejer, M. I. and M. Skreb, *Macroeconomic Stabilization in Transition Economies*, Cambridge University Press, 1997.

Brezinski, H., E. Franck, and M. Fritsch, eds., *The Microeconomics of Transformation and Growth*, Cheltenham, UK and Northampton, MA, USA, 1998.

Feltenstein, A., "Fiscal Policy during the Transition to a Market Economy," *Economic Systems*, 21(4), 1997, pp. 309~326.

Herr, H., S. Tober, and A. Westphal, *Macroeconomic Problem for Transformation: Stabilization Policies and Economic Reconstructuring*, Aldershot, 1994.

Lee, Jong Won, "The Impact of the Korean War on the Korean Economy," *International Journal of Korean Studies*, Vol. 5, No. 1, 2001, pp. 97~118.

Lee, Jong Won, Horst Brezinski, and Chang-kwon Kim, "German Reunification after Ten Years: Lessons from the Monetary Side and the Labor Market for the Unified Korea," 『경상논총』, 2001, pp. 149~173.

Lee, Jong Won and Sang Don Lee, "A Practical Approach to the Estimation of North Korea's GNP," *The Journal of the Korean Economy*, Vol. 2, No. 2, Fall 2001, pp. 333~347.

Rosati, "Endogenous Budget Deficits During Transition: The Mechanism and Policy Response," in Herr *et al.*, *Macroeconomic Problems for Transformation: Stabilization Policies and Economic Reconstructuring*, 1994, pp. 45~76.

Riphan, R. T., D. J. Snower, and K. F. Zimmermann, eds., *Employment Policy in Transition*, Berlin and Heidelberg, 2001.

Sinn, Hans-Werner, "Economic Problems of German Unification: Lessons for Korea," Paper prepared for the Conference on 50 Years of Public Finance in Korea: Retrospective and Perspectives, Seoul, October 1995.

Spangenberg, S., *The Institutionalised Transformation of the East German Economy*, Heidelberg, 1998.

CHAPTER 6

체제전환과 시장경제 정착은 사유화 정책부터

6

체제전환과 시장경제 정착은 사유화 정책부터

1. 서론

20세기 말 동구권과 독일에서는 누구도 쉽게 예상하지 못하였던 역사적 대변혁이 일어났다. 지금은 역사의 뒤안길에서 잊혀져 가고 있는 구동독의 공산당 총서기장인 호네커도 1989년 1월에 있던 유럽안보협력회의에서 "베를린 장벽은 50년 심지어 100년은 더 존속할 것"이라고 장담하였지만, 바로 그 해를 넘기지 못한 11월 베를린 장벽은 무너져 버렸다. 아직도 한반도에는 냉전의 유물인 남북한 분단이 계속되고 있으나 북한이 비효율적 경제체제를 고수하며 지속적으로 정치 · 사회적 안정을 유지할 수 있으리라고 예상하는 사람은 소수에 불과하다. 1990년대 이후 마이너스의 성장을 거듭하고 있는 사실이나 극심한 식량난, 점차 빈번해지는 북한 주민의 탈북현상 등은 이러한 평가의 현실성을 잘 입증해 주고 있으며, 심지어는 가까운 장래에 북한 체제가 와해될 가능성이 점차 높아지고 있다는 견해가 힘을 얻고 있는바, 이에 대한 대응책 마련이 시급할 것으로 생각된다.

동독과 서독은 브란트의 동방정책을 전후로 통일 전까지 20여 년 간 다양한 교류가 있었음에도 불구하고 통일에 대비한 심도 있는 대응계획이 미비하였던 시점에서 동서독 장벽의 와해로 정치통합이 이루어짐에 따라 최근까지 독일 경제는 많은 어려움을 겪고 있다. 현재 남북한 간의 정치 · 경제 · 사회 · 문화 등의 격차 및 이질감은 통독시 동서독 간의 격차보다 훨씬 큰 것으로 분석되고 있다. 그리고 이러한 격차는 점차 확대되어 갈 것이라고 전망되고 있어 어느 날 갑자기 적절한 대비책이 마련되지 못한 상태에서 통일이 시현될 경우 그 후유증은 독일의 경우보다 극심할 것으로 예상되고 있다.[1] 따라서 무조건적 희망사항이던 통일이 이제는 많은 사람들에게 우려를 동시에 자아내고 있다. 독일에서의 통일후유증은 급속히 진전된 통일과정에서 잘못된 경제정책 운용에 기인하는 바가 크다는 사실에 유의할 필요가 있으며, 따라서 통일이 이루어졌을 경우에 대비하여 남북한의 동질적 국민경제를 구축하기 위한 근본적인 경제제도 개편방안을 조속히 마련해 나갈 필요가 있다.[2]

통일실현시 핵심적 경제정책 과제는 통일방식에 따라 상이할 것이지만, 본장에서는 일단 북한 체제의 몰락에 따른 통일실현이라는 명제를 가장 현실적인 가설로 수용하였다.[3] 따라서 통일 이후의 동질적 민족경제 구축이란 명제는 결국 북한 경제를 자본주의 시장경제체제로 전환하는 작업을 전제로 하는 핵심적 정책과제를 마련하는 내용으로 구성될 것인바, 토지 및 주택 그리고 국영기업 및 공업시설 소유권의 사유화 문제가 중심 과제로 대두될 것이다.[4] 따라서 본장에서는 남북한 통일시 북한 사회주의 경제를 시장경제체

1) 예상할 수 있는 대표적인 현상으로는 북한 기업의 파산, 북한 주민의 대량 실업 및 그에 따른 남한으로의 대량 이주 등을 들 수 있다. 더욱이 2009년 현재 북한의 GNI는 남한의 3% 수준에도 못 미치는 매우 취약한 경제력을 보유하는 데 그치고 있고, 1인당 GNP를 기준으로 본 경우에는 남한의 6% 수준에 불과하여 향후 통일실현시 남북한의 심각한 소득격차가 예상된다. 이처럼 북한의 취약한 경제력 및 저소득으로 인해 통일시 남북한 소득 및 경제력 격차를 어떻게 줄여 가야 하는가가 큰 문제로 부각되고 있다. 한국은행(2010) 참조.

2) Sinn(1995) 참조.

3) 이러한 가설의 채택근거는 이종원(1994)을 참조하기 바람.

4) 인류역사의 변천과정에서 나타나는 기본적인 속성은 지배계층 및 체제의 전환이 이루어질 때마다 생산수단을 중심으로 하는 자산의 소유권 개편문제가 항상 최우선적인 정책과제가 되어 왔음은 주지의 사실이다.

제로 이행시키는 데 필수불가결한 북한 지역의 사유화 제도 확립방안을 모색하는 데 초점을 맞추고자 한다.

2. 북한 지역 사유화를 위한 경제발전론적 기준

사유화가 갖는 경제 · 사회적 의의와 사유화 방식에 따른 경제적 효과에 대하여 다양한 시각이 설정될 수 있을 것이나, 본장에서는 사유화가 경제적 효율성 및 형평성 제고, 나아가서는 경제발전의 핵심적 내용을 구성한다는 견지에서 사유화 문제를 접근해 보고자 한다.

앞서 제2장에서 우리는 인류역사 변천의 큰 흐름은 인류복지가 개선되는 방향으로 진행되었으며, 이는 생산수단의 소유 및 경영방식에 크게 의존한다는 관점을 정립함과 동시에 자본주의 시대 이전에 주도적 산업의 근거가 되어 온 토지소유제도의 역사적 이행과정을 살펴볼 경우, 결국 역사발전 과정에 따라 보다 많은 사람에 의해 토지가 사유되는 방식으로 진행되었고 보다 많은 사람의 복지, 즉 신분적 자유와 생활수준 등이 개선되는 방향으로 진행되어 온 것으로 분석한 바 있다.[5] 이러한 역사적 전개과정을 가능하게 하였던 핵심적 요인은 보다 많은 사람들에 의해 토지가 소유됨에 따라 생산성 및 효율성은 물론 형평성이 아울러 제고되는 계기가 마련되었다는 사실을 들 수 있다. 이러한 흐름에 역행한 역사적 실험이 바로 토지국유화 정책을 추구한 사회주의 제도인바, 이 제도하에서는 주요 생산수단의 사유화가

5) 자세한 것은 이종원(1993)을 참조할 것.

부정되었기에 각 개인의 기본적인 복지와 권익이 보장될 수 없을 뿐만 아니라 인센티브 부족에 따른 생산성 하락으로 결국은 자급자족마저 불가능한 침체 속에 스스로의 몰락을 초래하고 말았던 것이다.

이상과 같은 관점에서 볼 때 한반도에서 통일실현시 북한 지역에서 사유화 제도를 조속히 확립시켜 나가는 일이 최우선적 정책과제가 될 것임에 이론의 여지가 없을 것이다. 즉, 생산성 향상을 통한 물질적 생활수준의 향상 및 민주적 시민사회 구축을 통한 인권 신장을 위해 사적 소유권제도의 확립이 필수적 과제가 되는 것이다. 이러한 관점은 이미 동구권 국가의 체제전환과정에서 추구된 핵심적 정책과제가 사유화를 바탕으로 하는 시장경제의 구축이었다는 사실에서 간접적으로나마 입증될 수 있을 것이다.

사유화 방식은 대상에 따라 달라질 수도 있으나 어느 경우를 막론하고 효율성과 형평성이 가장 중요한 기준이 될 것이다. 각종 인센티브제도의 도입을 통해 효율성을 증대시키든가, 대중적 소유 원칙을 채택함으로써 형평성을 제고시키는 것이 보편적 기준이 될 수 있을 것이기 때문이다. 예컨대, 사유화 방식은 그 대상이 농지와 주택 그리고 기업 및 산업시설 중 어느 것인가에 따라 구체적 내용이 다소 상이할 수는 있을 것이지만 궁극적인 성과기준은 결국 효율성과 형평성으로 회귀될 수 있을 것이다.

그런데 사유화 문제 중 핵심적인 사항은 국유기업 및 산업시설의 사유화 방안이라 할 수 있으며, 이에 관해서는 동구권 체제전환국가에서의 사유화 과정이 훌륭한 참고자료가 될 수 있을 것이다. 사회주의 체제 몰락 이후 시현된 동구권 국가들의 사유화 방법, 특히 국영기업의 사유화는 상업화, 원소유자에게 반환하는 재사유화 그리고 기업해체로 구분할 수 있다. 그런데 국영기업을 주식회사나 유한회사의 형태로 전환하여 시장경제에 적합한 기업으로 구조를 개혁하고 기업활동에 책임과 자율성을 부여하는 상업화는

표 6-1 체제전환국 국영기업의 사유화 방식과 평가

구분	상업화			재 사유화	기업 해체
	개별적 사유화	대중적 사유화			
외부적 사유화	• 공공매각, 직접 매각(지주회사, 투자회사, 외국인 기업 대상)☆ • 공공매각(국민 대상)☆	• 기관배분◇ • 바우처증서 무상배분◇	참여 모형☆◇	원소유자 반환	자산매각 자산증여 자산임대
내부적 사유화	• 직접 매각(소규모 기업의 경우 종업원 또는 관리자에게 매각)☆	• 근로자 우대 주식 매각◇			

주: ☆은 효율성, ◇는 형평성이 제고되는 방식으로 평가된 것을 의미함.

매각방식에 근거하는 개별적 사유화와 국민에게 사유화 증서(voucher)를 배분하여 국영기업의 주식을 취득하게 하는 대중적 사유화로 나누어진다. 이 중 매각을 통한 상업화는 경제적 효율성 제고효과는 크지만 자본력이 부족한 일반국민들의 매수능력 결여로 형평의 문제가 제기될 수 있다. 대중적 사유화는 국민에게 유 · 무상으로 사유화 증서를 배급해 줌으로써 국영기업의 주식을 취득하거나 또는 기존 근로자들을 우대하는 방식으로 주식을 매각하기도 하고, 연금기금 또는 금융기관에게 공유주식 지분을 배분하기도 한다. 그런데 대중적 사유화는 형평성 제고효과는 높으나 소유권의 분산으로 기업경영의 책임이 약해질 경우 경제적 효율성이 저해될 수 있는 것으로 분석되고 있으며, 이를 보완한 것이 참여경제(參與經濟)적 사유화라 할 수 있다 (<표 6-1> 참조).

참여경제란 노동자들이 기업의 소유 및 경영과 관련하여 광범위한 참여를 허용하는 기업의 형태로 이루어진 경제를 지칭하는 것으로 생산의 직접

당사자인 노동자들이 기업의 의사결정 및 이윤의 배분주체로서 등장하는 생산조직의 한 형태라고 할 수 있다. 그런데 본장에서 제시하고 있는 참여모형은 이러한 기본적 속성 외에 소유와 경영을 분리시켜 외부투자가로 하여금 책임경영을 꾀할 수 있도록 하는 한편, 종업원과 일반시민에게 주식을 광범위하게 분산소유시킴으로써 형평성도 제고할 수 있는 특성을 가미시킨 사유화 제도 모형이다.

동구권 체제전환국가의 경제개혁과정에 관한 분석결과에 따르면,[6] 즉 구동독 지역 및 체코, 헝가리, 폴란드 등 주요 동구권 국가의 사유화 과정에 대한 경제적 효과분석에서 대중적 소유와 참여경제적 경영을 지향하는 사유화 정책의 성과가 여타 사유화 방식보다 긍정적으로 나타난 바 있다.

<표 6-2>는 이러한 분석결과를 바탕으로 핵심적인 내용을 정리한 것이다. 여기서 구동독 지역을 제외한 동구권 체제전환국가의 사유화 정책은 민주적 시민사회 구축을 위한 시민의 경제적 기반을 확립해 주는 방향으로 나아가고 있음을 알 수 있다. 구체제의 지배관계를 혁파하기 위해 체코를 중심으로 한 동구권 국가들이 주로 대중적 사유화의 방법을 사용하였는바, 이는 사회구성원 간의 형평성을 제고하였을 뿐더러 기득권을 교체하는 새로운 중산층을 형성시키는 데 기여하였다. 또한 사유화 정책은 생산의 효율성을 증대하기 위해 소유와 경영이 분리되는 방향으로 진행되고 있음이 확인되었다. 헝가리에서 초기에 실시된 자발적 사유화, 폴란드 노조의 경영참여를 통한 사유화가 일부 비효율적인 결과를 야기시켰고, 이에 점차 소유와 경영을 분리시켜 소유 측면에서는 종업원들에게 우선권을 주되 일반시민에게도 소유의 기회를 개방적으로 부여하면서 경영 측면에서는 책임경영을 꾀할 수

6) 동구권 사유화 개혁과정에 대한 평가와 참여경제모형에 관한 주요 문헌을 참조하기 위해서는 이종원 · 김창권(1996)을 참조 바람.

표 6-2 구동독 지역 및 주요 동구권 국가의 사유화 개혁

국가	여건	사유화 방식의 특징	성과 및 문제점
구동독	• 흡수통합	• 급진적 사유화 • 신탁청 주도하 직접 매각 • 원상회복 • 대중적 사유화의 미실시	• 매각수입의 저조로 인한 신탁청 재정부담 • 소유권 분쟁으로 인한 투자 저해 • 구매력이 취약한 동독 주민은 생산수단의 획득으로부터 소외당함(신탁청의 매각 중 85%가 서독인, 6%가 동독인, 기타 외국투자가에게 9%의 소유로 양도됨). • 산업생산이 1990년 전반기 대비 40%선, 고용은 1989년 대비 20%선에 머무는 등 통일의 후유증이 지속되나, 통일 후 꾸준한 동서독 간의 소득격차 축소로 최근 경기의 완만한 상승을 보임.
체코	• 초기에 민간 비중이 낮았음.	• 대중적 사유화 – 사유화 증서 배분을 의무화 • 1995년 이후 외국인 직접투자 급증	• 1994년 말 사유화 진척도는 동구권에서 가장 양호하여 65%선의 민간부문 비중을 보임. • 특권층 사유화가 거의 없음. • 플러스의 경제성장, 재정흑자 시현, 물가안정, 3%대의 낮은 실업률, 높은 외환보유고 등 경제적 안정 정착(OECD 회원국으로 확정)
헝가리	• 초기에 이미 자발적 사유화 시행(자주관리제도)	• 자발적 사유화를 효시로 점차 정부 개입의 적극적 사유화로 전환 • 외국투자가 의존 • 원소유자에게 부분적 보상 실시	• 민간부문의 활성화(50%선의 민간부문 비중) • 형평성보다는 효율성에 치중 – 경쟁입찰을 통한 기업매각으로 외국자본 확보 및 선진 경영기술 도입 – 대중적 사유화를 실시하였으나 기업지분의 무상분배는 실시하지 않음. • 플러스의 경제성장, 실업률 및 인플레율은 비교적 안정적이나 해외부문의 적자를 보임.
폴란드	• 노조의 기업내 비중이 큼. • 초기 극심한 인플레	• 상업화, 대중적 사유화 • 종업원 우대 사유화	• 노조의 강력한 영향력 행사로 사유화 추진이 지연되었으나, 국가투자기금을 통한 대중적 사유화로 민간부문 비중이 55%선을 보임. • 최근 GDP 성장률 및 고용수준은 동구권에서 가장 양호

있는 전문경영인을 유치하는 방안들이 모색되었으며, 그 결과로 생산 및 고용이 개선되는 효과가 나타났다. 그리고 효율성과 형평성이 동시에 제고될 수 있는 참여경제적 사유화 정책을 추구한 체코가 각종 경제적 성과지표 측면에서 가장 우수하게 평가되고 있음을 확인할 수 있었다.

이와 같은 동구권의 사유화 경험은 통일실현시 북한 지역에서의 사유화 방식에 큰 시사점을 던져 주고 있다. 이들의 경험을 토대로 볼 때, 사유화 정책은 민주적 시민사회 구축을 위한 대중적 소유를 바탕으로 소유와 경영의 분리 및 각종 인센티브제를 도입한 참여경제적 경영방식에 근거하는 것이 바람직하다는 논리가 도출될 수 있다. 이는 효율성과 형평성을 동시에 제고시켜 줌은 물론, 나아가서는 박탈되었던 인권의 회복과 신장을 도모해 줌으로써 복지의 증대를 초래시켜 줄 것이며, 새로운 경제질서 구축 및 발전에 핵심적 역할을 감당할 것으로 평가되기 때문이다.

3. 북한 지역 사유화 방안

전항에서 전개된 논리의 핵심을 다시 한 번 요약해 본다면, 첫째 민주적 시민사회 구축을 위한 대중적 소유를 바탕으로 하되, 둘째 소유와 경영의 분리 및 참여경제적 경영방식을 통한 경제적 인센티브제도를 확립하는 것이라 할 수 있다. 이와 같은 사유화 정책은 효율성과 형평성을 동시에 제고시켜 줌은 물론, 박탈되었던 인권의 회복과 신장을 도모해 줌으로써 복지의 증대를 초래시켜 줄 것이며, 새로운 경제질서 구축 및 발전에 핵심적 역할을 감당할 것이기 때문이다.

이상과 같은 기본 시각을 바탕으로 통일실현시 북한의 토지, 주택 및 기업에 대한 사유화와 관련하여 통일한국이 수행하여야 할 기본 과제와 대응 방안을 구상해 보면 다음과 같이 정리될 수 있다.

3.1. 토지의 사유화

북한에서의 토지국유화는 해방 초기에 일제 유산의 청산과 사회주의 건설을 위한 제도개혁의 과정에서 제일 먼저 신속하게 치루어졌다. 북한에서의 토지개혁은 1945년 가을의 소작료 7 · 3제 운동에서부터 시작하였지만, 본격적으로는 1946년 3월에 공표된 「북조선 토지개혁에 대한 법령」에 의거 적산과 내국인 소작지를 대상으로 실시되었다. 형식적으로는 무상몰수 및 인민에게의 무상분배를 표방하였지만, 실제로는 재산권 행사를 불허하여 결국 북한의 공산정권이 모든 토지를 소유하고 권한을 행사할 수 있도록 되어 있다. 이의 결과로 이미 1953년부터 개인소유나 분배가 허용되는 '공동경작조합' 형태의 농장은 없어지고 소유권은 개인이나 공동의 사용권을 갖는 '반(半)사회주의적 협동조합'과 공동의 소유와 공동의 사용권, 그리고 노동에 의해서만 분배되는 '사회주의적 협동조합' 형태가 대다수를 형성하다가 1958년부터는 '사회주의적 협동조합'으로 완전히 전환되었다.[7] 남한이 해방 후 농지개혁을 실시하면서 경자유전(耕者有田)의 원칙에 따른 자작농과 토지사유화에 의한 생산성 향상 및 생산의욕 고취에 힘쓴 반면, 북한은 무상분배로 위장한 국유화로 결국 장기적으로는 생산의욕의 저하와 생산성 저하를 초래하고 말았다.[8]

7) 지해명(1993), pp. 11~13 참조. 1962년 조직된 군협동농장 경영위원회를 중심으로 하는 지도체제가 현재까지 유지되고 있으나 최근 관리체계에서 변동이 있어 독립채산제 연합기업소체제가 출현되었다.

8) 1992년 북한의 개정헌법 제20조에서는 "생산수단은 국가와 협동단체만이 소유한다," 제21조에서는 "국

이와 같은 특성을 가진 북한 지역의 토지사유화 방안은 우선 국유 토지를 종합적인 국토건설계획에 의거, 점차 사유화하되, 농경지의 경우 해방 후 남한에서의 토지개혁을 하였던 것처럼 경자유전의 원칙하에 북한의 경작인에게 일정 기간 경작권을 부여하다가 장기저리 분할 상환하는 원칙을 제시하고자 한다. 단, 구체적인 내용에 있어서는 농가 1호당 평균경작면적에 대한 권리가 부여되는 이른바 '표준농지지분증서'(Standard Land Share Certificate: SLS)를 공평하게 부여하고 궁극적으로 농지를 구입(3정보 상한)할 수 있는 권리를 아울러 부여하는 방안이 고려될 수 있다. 이와 같은 북한 토지의 사유화 방안은 다음과 같은 몇가지 정책사항을 고려해서 나온 것이다.[9]

첫째, 구소유주에 대한 원상회복권은 불허함으로써 소유권 분쟁에 대한 일말의 소지를 조기에 불식하여야 한다.[10] 이는 사적 소유권 보장에 대한 헌법적 보장과 상충되는 것이기에 북한 자산에 대한 구소유권 포기를 유도하거나 금전적 보상을 규정하는 정치적 결단이 필요하다. 왜냐하면, 소유권 분쟁 발생시 통일 후의 남북한 간 경제통합 과제 자체를 위험에 빠뜨릴 수 있으며 사회의 안정과 사회 전체의 복지 관점에서 생각해 본다면 이와 같은 결단이 정치적으로 수용될 수 있기 때문이다. 또한 통일실현시 산적되어 있을 문제점을 해결하기 위한 경제정책을 수행하는 데 있어서 토지소유권의 조

가는 나라의 경제발전에서 주도적 역할을 하는 국가소유를 우선적으로 보호하며 장성시킨다"고 명기하여, 나라의 모든 자원에 대한 배타적인 국가소유권을 규정하고 있는 바와 같이 북한에 있어 토지는 국가의 소유에 속해 개인의 생산수단 소유를 배제하고 있다. 북한이 사회주의 경제체제로의 한계가 나타나기 이전까지, 예를 들면 1977년 4월에 채택한 「토지법」에는 토지소유권의 변형 형태를 찾아볼 수 없었으나, 1980년대에 들어서 개방을 통한 경제개혁의 필요성이 증가되면서 1984년의 「합영법」 및 1992년의 「외국인투자법」, 그리고 1993년 10월 북한은 중국의 경제개혁 이후의 국유토지 사용권의 유상양도제도를 모방하여 「토지임대법」을 제정 · 공포하였다. 이는 향후 통일실현시 토지사용권의 재산권 인정문제에 대한 법적 시비가 제기될 수 있으나, 외국투자가 또는 기업에 적용되기 때문에 이로 인한 기득권 인정은 어려울 것으로 보인다.

9) 안두순(1995) 및 이종원(1994) 참조.

10) 원상회복에 대한 논의는 본장의 말미에서 다시 다룬다.

기 확립이 결정적 역할을 하기 때문에 통일이 가시권에 들어오기 이전에 토지문제에 대한 정치적 선언이 내려져야 한다.[11)]

둘째, 토지의 공개념을 적극적으로 활용, 일정한 기간 동안 국유화하에서 국토종합개발계획을 수립하여 환경을 고려하고 산업구조조정을 뒷받침하도록 한다. 실제로 경제개발과 사회간접자본 형성을 위한 공공용 토지를 확보하는 것이 어렵기 때문에 종합계획 수립하에 사유화 대상 토지를 선정한다. 농지, 택지, 공업 및 상업용 토지 등은 사유화의 대상이나 공공용지, 공공수용 대상 토지는 국공유화한다. 북한 지역은 특히 임야의 경우 전체 영토의 77.2%를 차지한다는 사실을 감안하여 일단 국공유화하고 장기개발계획을 수립한 뒤 사적 생산에 투여되는 임야는 점차적으로 사유화할 필요성이 있다.[12)]

셋째, 농경지의 사유화는 특히 한국의 경제발전사의 흐름에 입각하여 이루어져야 한다.[13)] 한국 경제의 이행과정은 원시시대 → 총체적 국가노예제 → 국가적 농노제 → 지주제 유형으로 전개되어 온 것으로 이해할 수 있으며, 단계별 이행과정에서 일반국민의 복지는 향상되는 발전을 성취한 것으로 파악될 수 있었다. 물론 근세에 이르기까지도 명실상부한 토지의 사유화를 중심으로 하는 생산요소의 사유화 현상은 찾아볼 수 없으나 시대 변천에 따라 일반 자영농민층의 독립적 경영도나 신분적 위상이 계속 신장되어 왔으며, 특히 조선 후기에 등장한 지주제하에서는 하급권에 한정된 것이나마 토지의 매매 · 상속 · 임대 등이 가능한 시대로 돌입하였던 것으로 밝혀

11) 실제로 김운근(안두순, 1995, p. 56에서 재인용)의 설문조사에 의하면 설문에 응답한 월남인사 중 94%가 자신들의 구소유권에 대한 북한 토지의 처리를 통일정부에 일임하겠다고 하였다.

12) 현재 북한의 토지 현황을 살펴보면, 북한의 전 영토의 77.2%를 임야가 차지하고 있고, 경지면적은 17.3%, 기타가 5.5%의 비중을 보이고 있어 남한에 비해 임야가 상대적으로 넓게 차지하고 있다.

13) 이종원(1993) 참조.

졌다. 해방 이후 우리나라의 농지개혁은 바로 이러한 경제발전론적 시각에서 인식될 필요가 있다. 즉, 해방 이후의 농지개혁은 농가경제의 자주권을 부여하기 위해 소작제도를 철폐하였고, 경자유전원칙에 따른 자작농 창설로 근대시민사회 및 자본주의 사회건설의 기초를 세웠으며, 토지사유화를 일반화시킴으로써 생산의욕과 생산성 향상효과를 도모할 수 있었던 것이다. 이는 토지에 근거한 구시대적 지배체제의 교체 내지는 전환이란 의미를 가질 뿐 아니라 고율소작료에 따른 경제적 착취 및 신분적 보장이 없었던 체제를 붕괴시키고 안정적인 소농적 차지농(小農的 借地農)을 형성시켰다는 의의를 갖는다.

따라서 북한의 토지사유화도 생산의욕을 바탕으로 하는 생산성 향상과 상대적 다수 국민의 복지가 개선될 수 있는 소토지 사유화 방향으로 설정되어야 한다. 이로 보아 북한의 경우에도 경작자 우선의 3정보를 상한으로 하는 농지의 임대와 궁극적으로 소유를 가능하게 하는 방안을 모색하여야 한다. 동구권의 체제전환국가하에서 농경지의 사유화는 기존의 협동농장으로 운용되던 대규모 경작단위를 소규모로 나누어 경작자 중심으로 공평하게 분배하는 방안이 주로 활용되어 왔는데, 이는 소토지 중심의 자본주의 사회로의 이행이라는 역사발전 논리에도 합당한 조치라 할 수 있다. 이와 같은 방안은 대규모로 경작을 할 때 얻을 수 있는 '규모의 경제효과'를 잃을 수 있으나, 자기 소유하에서의 경작은 개인의 생산의욕을 고취시켜 농업생산을 증진시킬 수 있다. 또한 경작자가 전에 경작하였던 토지의 특성을 인지하고 있어 농산물의 생산을 증대시킬 수 있을 뿐만 아니라 아울러 소토지 규모로의 공평한 배분은 모든 농업종사자에게 체제전환과정에서의 기본적인 생활기반을 보장해 줄 수 있다는 장점도 있다. 이처럼 토지사유화는 노동력의 상품화와 더불어 자본주의 이행기의 대표적 현상이며, 이들은 신분적 예속성을 탈피시키고 재산권을 바탕으로 하는 기본권의 신장, 그리고 자발적인 근로동기를 제공하는 핵심적 기능을 하는 것이다.

넷째, 농민의 안정적 생활보장 및 농업생산성의 제고라는 목표로 점차적으로 농경지 사유화를 시행하되, 농경지 구매권을 보장하는 경작권(SLS)을 일차적으로 제공한다. 북한의 농가인구는 전체 인구의 36.7%를 차지하고 있으나 생산성은 이에 훨씬 못 미치는 수준이기에 통일실현시 농지개혁이 주요한 관심사로 대두될 수밖에 없을 것이다. 즉, 협소한 농작규모로 농업인구의 대량 이탈이 예상되기 때문에[14] 이들에게 경제적 유인을 제공, 효과적으로 이주를 억제하고 생산성이 제고된 영농을 하도록 정책을 펴야 할 것이다. 이러한 관점에서 상기의 경작권은 북한 주민의 생활근거 보장과 재산증식을 위한 방안의 일환으로 자본주의로의 체제전환에 직면하게 될 북한 주민들에게 스톡(stock) 개념의 '기초자산'(seed money)을 지급하는 효과를 준다. 이를 위해 토지(농경지)를 북한 주민에게 유상배분하되 북한 주민이 이를 실제로 구매할 수 있는 제도가 강구되어야 할 것이다.

북한 경제 중 농업이 차지하는 비중은 매우 높다. 그러므로 농업의 주요 생산요소인 토지의 소유권 해결 여부는 높은 비중의 농업노동력의 고용안정과 직결되고 또한 북한 주민의 남한으로의 이주를 억제하는 효과를 발휘할 것이기에 그 의의가 크다. 협동조합 중심의 생산단위로 구성되어 있는 북한 농업에서의 과잉노동력 해결과 통일 후 협동조합에서 이탈하는 조합원들에 대한 처리가 중요한 사안이다. 따라서 해당 집단농장의 구성원과 관련 기관에 소속된 농민들 가운데 농업생산에 지속적으로 종사하려는 사람에게

14) 경지면적 가운데 논이 29.4%, 밭이 70.6%로 남한과는 반대로 밭이 절대적으로 많다. 농가인구가 842만 명으로 추산되어 전체 인구의 36.7%를 차지하고 있어 북한이 여전히 농업 중심의 사회임을 보여 주고 있으나, 농가호당 경지면적은 남한에 비해 약간 낮은 1.04ha로 영세한 실정이다.

경작권을 부여하며, 북한 주민의 북한 토지, 특히 농경지에 대한 소유의 우선권은 일정 기간 내에 남한으로의 이주시 박탈되는 것으로 연계를 시켜야 한다.[15] 농지에 대한 사유화로 북한 주민이 소유권을 갖는다는 것이 북한 주민에 대한 '기초자산'의 기능을 할 것인가, 또는 과연 이로 인해 남한으로의 이주가 억제될 것인가 하는 것은 다른 경제체제 전환을 위한 개혁들과 맞물려 있다. 예를 들어, 동구권 국가의 경우 사유화가 이루어진 농지의 경우 많은 부분이 실제적으로 영농이 이루어지고 있지 않고 있는바, 이는 농업부문의 경쟁력 약화로 농촌인구의 도시공업지역으로의 전출이 빈번하게 되었기 때문이다. 북한의 경우도 농지의 사유화 후 여러 가지 어려운 점이 예상된다. 즉, WTO의 자유무역 확대기조하에서 보호적인 농업정책을 사용하기 어려우며, 또한 영농자금, 운송수단, 유통망 등의 문제로 북한 농업이 심각한 타격을 받을 것이기 때문이다.

다섯째, 농경지 분배의 형평성을 고려하여야 한다. 남북한의 형평성을 고려하여 남한의 저소득층 또는 무주택자들 중 북한을 거주지로 정하여 농업에 종사하고자 할 경우 농지배분에 차선적으로 고려할 필요가 있다. 한편, 유상분배를 고려할 경우 일반 북한 주민의 구매력보다 높은 구매력을 소유한 구공산세력이 새로운 소유계층으로 등장할 수 있는 폐단을 아울러 형평성의 관점에서 경계해야 한다.

마지막으로, 토지투기 방지를 위한 방안이 마련되어야 한다. 남한에서 성행하였던 부동산투기가 북한으로 확산되는 것을 방지하기 위해 일정 기간 동안은 매수자격을 북한 지역에 거주한 자에 한하고 사유화 및 연고권에 의해 매입된 토지는 일정 기간이 지난 후 토지공사를 통해 매각할 수 있는

15) 일정 기간이 지나면 지분을 분배받은 자는 동일농장 내의 농민에게 경작권을 양도하는 것도 고려하여 북한 주민이 유동성(liquidity)을 확보할 수 있는 효과를 갖게 한다.

방안도 고려해 봄직하다. 그렇지 않으면 남북한 주민 간의 경제력 격차가 크기 때문에 축적자산이 부족한 북한 주민보다는 남한의 경제력이 있는 사람들에게 토지가 집중될 위험이 있다. 즉, 상기와 같이 일단 매입권을 전제로 한 경작권 방안이 일종의 지분으로 자유로이 매매되어진다면 남한의 투기꾼에 의한 투기나 소유집중이 초래될 가능성이 있는 반면 이를 불허할 경우에는 북한 주민들의 가동성 및 재산권을 저해할 수도 있다. 따라서 적절한 기준 설정, 예컨대 아파트 분양신청 자격에 준하는 기준이 마련되어야 할 것이다. 그리고 남북한 주민 간의 경제력 격차에 따라 토지구입의 기회가 불균등하여 통일 후 독일이 겪었던 것처럼 북한 지역의 토지가 남한의 주민에게 집중될 위험이 있다. 물론 이에 대해 또한 부동산실명제를 위한 전산화 등기작업이 종료된다면 이와 같은 문제는 경감될 수도 있다.[16)]

3.2. 주택의 사유화

통일실현시 북한 주민에게 확실한 주거환경을 마련해 줄 경우 이는 북한 주민의 남한으로의 이주를 억제하게 하는 경제적 동기를 제공해 주는 것으로, 북한 지역의 주택사유화는 기업 및 토지의 사유화와 함께 적극적으로 고려해야 할 사안이다. 통일실현시 주택문제와 관련하여 고려해야 할 중요 정책과제로 남북한 주택의 양적 · 질적 수준의 불균형 완화, 주택 서비스의 형평 도모를 추진하여야 하며, 이를 위해 북한 주민으로 하여금 주택구입능력을 제고시키면서 남북한 주민의 주택 후생의 격차를 줄여 나가야 할 필요가 있다. 아울러 북한에서 주택의 재고가 절대적으로 부족하며, 북한 체제하

16) 한편, 북한 집단농장의 구성원은 농업노동자로 간주할 수 있으므로, 국영농장의 사유화도 뒷부분에 설명될 기업의 사유화 방안과 유사하게 적용할 수 있다.

에서 불공평하게 주택 서비스가 제공되었기 때문에 이를 시정해야 할 필요성이 제기된다.

따라서 통일실현시 북한의 주택 사유화 방안으로, 초기에는 북한 주민에게 연고권을 중심으로 주택에 대한 임차권을 주며, 주택의 질에 따라 차등적인 임대료를 징수하도록 한다. 단, 지속적 북한 거주자에 한해 표준주택의 1인당 주거면적에 상응하는 주택 소유지분, 이른바 '표준주택 지분인수 보증증서'(Standard Housing Share Certificate: SHS)를 평등하게 나누어 주어 향후 주택을 구입할 때 유리한 조건을 부여하여 장기 · 저리 인수를 통한 사유화를 도모한다. 단, 남한의 무주택자와 청약예금 가입자 중 북한 이주 희망자에 대해 차선적으로 고려한다. 이상과 같은 원칙하에 우선 북한의 주택 소유구조와 문제점을 간략히 살펴본 후 구체적인 주택 사유화 방안을 모색해 보기로 한다.

첫째, 현재 북한의 주택배분은 사회계층에 따라 주거면적 및 시설이 불공평하게 분배되어 있다. 북한은 다른 사회주의 국가들보다 훨씬 더 경직적이고 중앙집권적이어서 주택 거주에 있어 개인의 선호가 반영되지 못하고 있으며, 사회적 계급분화가 심해 차별적인 주거기준을 설정하여 적용하고 있어 사회적 불평등이 심화되어 왔다. 북한에서는 주택도 다른 토지 및 기업 등과 마찬가지로 그 소유권을 국유 또는 협동단체에 귀속하게 하였다(북한의 사회주의 헌법 제20조). 북한은 주택의 소유권과 관리까지 국가가 책임지고 있기 때문에 주민의 희망에 따라서보다는 국가의 관점에서 주택을 생산 · 배분해 왔다. 국가소유의 주택이므로 주택의 입주배정권도 노동당의 권한으로 규정되어 있는바, 북한 주민은 그들의 계급적 성분과 지위 등에 따라 차등된 주택을 임대형식으로 그들이 소속되어 있는 직장 부근에 배분받아 주택의 등급에 따라 사용료를 지불하고 있다.[17] 계층에 따라 주택의 소비여건도 달라 북한 주민의 세대당 평균거주공간과 1인당 거주공간이 각각 22.3m^2, 4.5m^{2}인 반면, 당정의 고위 간부급은 66m^{2}와 13.2m^{2}로서 일반주민보다 약 3배만큼 호화롭게 살고 있다.

둘째, 북한 지역에 있는 기존 주택의 재고가 절대적으로 부족하다는 점이다. 현재 북한의 주택보급률은 65~70%이고 일반노동자의 주택보급률은 57%선에 그치고 있다. 따라서 100만~140만 채의 주택이 부족한 것으로 추정되고 있다.[18] 그리고 1990년 현재 북한 주민의 세대당 평균거주공간을 남한과 비교할 때 각각 31%와 42.5%의 수준에 불과하다. 협소한 주거공간과 불량한 주거시설 수준은 통일 후 북한 주민의 남한 이주를 유발시키는 한편, 남한 주민의 북한 이동 및 대북 투자를 제한하는 요인으로 작용하기 쉽다.

셋째, 북한 주민의 주택구입능력이 거의 없다는 것이다.

기타 고려할 만한 것으로 주택의 매매는 한시적으로 가칭 주택사유화공사를 설립하여 운영하는 것이 효율적일 수 있다. 단, 상기한 바와 같이 북한 주민에 대한 특혜는 '기초자산'으로서의 주택 소유지분만을 평등하게 지급하는 것으로 한정하며 주택금융의 무상 내지 특혜지원은 남북한 간의 이상과 같은 점을 고려해 볼 때 북한 지역의 주택사유화는 통일시점을 기준으로 거주자에 한해 연고자원칙에 근거하여 주택의 임차권을 주되, 궁극적으로 주택을 구입할 필요가 있다.[19] 주택의 처리문제에 있어서 기존의 점유자에

---

17) 주택의 규모 및 시설에 따라 5등급으로 구분되어 있으며, 북한의 지배계층은 전체 주택의 15%를 차지하는 특호주택(대지 300~500평, 건평 200평 정도) 및 4호주택(20~25평)을, 중간계층은 전체의 25%를 차지하는 2호(8~12평) 및 3호주택(12~15평)을, 나머지 낮은 계층에 속해 있는 말단노동자 및 사무원 등이 전체의 60%를 차지하고 있는 1호주택(7평 이하)에 입주한다. 자세한 내용은 박헌주(1995)를 참조할 것.

18) 북한의 총인구를 약 2,300만 명으로 상정하였을 때 4인가족을 기준하여 필요한 주택수를 구하면 575만 채로, 이를 목표로 하여 북한은 수차에 걸쳐 주택건설계획을 수립 · 시행하였으나 실적은 50% 수준을 밑돌고 있는 실정이다.

19) 몇몇 동구권 국가들에서는 구사회주의 체제하에서 이미 부분적으로 주택의 사유화가 진행되거나 이미 주택을 사유하고 있었던 경우도 있었으나, 시장경제로의 개혁과정에서야 비로소 본격적인 주택의 사유화가 추진되었는데, 이를 위해서 주택을 법적으로 소유할 수 있는 방법과 이를 활용 · 임대하는 방안이

게 소유권을 인정하고 장기저리의 융자를 통해서 구매하도록 유상분배하는 방안이 있으나, 1인당 주거면적의 차이, 주택의 노후 정도나 시설의 질적 차이, 입지조건의 차이 그리고 주택시장이 형성되지 않은 상황에서 유상분배를 할 경우 가격책정에 대한 기준이 모호한 점들이 있기 때문에 이 방안의 즉각적 실시는 비현실적이다. 이에 대한 대안으로 일단 거주자에게 임차권에 대한 일차적 권리를 부여하나 차별적인 주거상황을 고려하여 임대료를 차별적으로 징수한다.[20] 그러나 주택에 대한 소유권리는 북한 주민 1인당 평등하게 배분하여, 국가가 정하는 평균적인 표준주택의 1인당 주거면적에 상응하는 주택소유권 지분(SHS)을 배분한다. 말하자면, 좋은 주택에 사는 것은 연고권이 있는 한 자유이나 임대료를 비싸게 물어야 할 것이고, '기초자산'으로서의 주택 소유지분은 평등하게 지급하게 되므로 좋지 못한 주택에 사는 경우는 잉여지분을 이용하여 향후 좋은 주택을 구입할 수 있는 기회를 마련하게 되는 것을 의미한다.

형평성에 고려하여 배분할 필요가 있다. 토지의 사유화와 마찬가지로 주거지를 이탈한 경우는 주택 소유지분에 대한 권리를 박탈하는 정책이 필요할 것이다. 그리고 장기적으로 주택정책당국은 남북한 주택의 양적 · 질적 수준 균형화를 통한 주택 서비스의 형평성을 도모하고 주택의 매매시장 및 임대시장의 형성 등을 통하여 장기적인 활성화 방안을 마련해야 한다.

마련된 바 있다.

20) 현재 북한의 사회주의 헌법 제20조를 보면 "… 주민은 계층과 직위에 따라 정해져 있는 등급의 주택을 임대형식으로 할당받아 이용한다"라고 명시되어 있어 불평등한 주택사용권을 나타내고 있으나, 주택의 사용에 대한 기득권을 차등적인 임대료로 인정한다면 이는 주택의 사유화 과정에서 북한 주민에게 무리 없이 받아들여질 수 있다.

3.3. 기업의 사유화

기업의 사유화에 대한 원칙은 일의적일 수 없고 여러 가지의 방식이 사안에 따라 동시에 융통성 있게 활용될 필요성이 있다. 무엇보다도 잠재적 구매자가 사유화에 참여할 수 있는 기회를 부여하되 단순한 소유이전으로 사유화를 완료하는 것을 지양하고, 경제적 효율을 증진하기 위한 일환으로 사유화하는 것을 목표로 하여 보다 포괄적인 시장경제 조건하의 기업경영 개혁에 주안점을 두는 것이 중요하다. 아울러 기업의 경제활동이 여하한가에 따라 통일비용을 감축하는 것이기에 기업의 사유화는 여러 가지 경제변수의 움직임을 살펴보면서 진행되어야 한다. 예를 들면, 통일 후 북한 경제의 사유화 과정에서 동구권 국가의 사유화 개혁시에서 볼 수 있었던 것처럼 소규모 기업에 대한 수요는 높은 반면, 대규모 기업에 대한 인수는 구매자에게 수익성이 보장되지 않는다면 어려울 것이 예상된다. 따라서 소규모 기업에 대한 사유화는 사회적 형평성을 고려하여 실시해야 하며, 대규모 기업의 경우는 특히 경제적 효율성을 염두에 두고 사유화 방안을 강구해야 할 것이다. 북한의 국유기업 사유화 방안을 설명하기에 앞서 북한의 기업 및 산업의 특징을 간략하게 살펴보기로 한다.[21]

북한은 적산소유 자산의 약 90%를 1946년 8월 「중요산업국유화 법령」에 의거하여 국유화하는 등 적산처리과정을 통해 주요 생산수단과 기간산업 및 사회간접자본을 실질적으로 장악하는 국유화를 단행하여 사회주의의 시작을 위한 제도적 기반을 완수하였고, 곧바로 북한의 경제형태를 사회주의

21) 북한 지역의 성공적 사유화를 도모하기 위해서는 북한의 현 체제에 대한 정확한 분석이 이루어져야 할 것이나 자료획득의 어려움 때문에 이 부분에 관한 심층적 연구가 전개되지 못한 것이 사실이다. 그러나 일단 제한된 자료에 근거하여서나마 북한의 현 경제체제를 살펴볼 필요가 있다.

적 생산관계로 개조하기 위해 농업협동화를 통한 토지소유권을 국유화하는 등 제 조치를 취해 1958년에는 북한 경제의 사회주의화 비율이 공업생산부문, 농업생산부문 및 상업유통부문 모두 100%에 다다랐고, 이와 같은 국유기업의 형태가 지금까지 지속되고 있다.[22)]

그러나 이와 같은 북한의 국유기업 경영에 있어서 두드러진 특징은 사회주의 경제가 다 그러하듯이 정책당국의 통제에 의한 계획경제하에 기업을 운영해 나가야 하므로 비효율적이라는 것이다. 또한 1978년에 제정된「사회주의 노동법」으로 노동의무를 제도적으로 보장하여 일할 의사가 없거나 생산량을 달성하지 못한 근로자들도 기업이 해고하지 못해 근로자의 과잉현상이 일어나고 있고, 국가의 지원으로 한계기업도 유지하려는 경향이 있기에 많은 비생산적 요인이 산재되어 있다. 따라서 통일실현시 북한 지역 기업의 사유화에는 생산성이 낮은 한계기업의 재정비와 과잉노동력의 감축으로 인한 대량 실업의 문제와 함께 풀어야 할 것이다. 이는 북한의 산업규모 및 산업별 고용구조 현황을 보더라도 확인될 수 있다(<표 6-3> 참조).

북한은 중공업을 우선으로 하되 국방과 경제를 동시에 중시하는 정책기조를 견지해 옴에 따라 남한에 비해 광업 및 중공업 비중이 상대적으로 높은 반면, 국민생활 관련 분야인 건설업과 서비스산업의 비중이 낮다. 특히, 후자의 경우 북한의 실물부문 생산활동이 계속 위축되어 전년도에 비해 상대적으로 비중이 높아졌으나 1995년 현재 30.3%에 불과하여 남한의 49.8%에 비하면 현저히 낮다. 이러한 기형적 불균형 성장방식을 너무 오랫동안 지속해 옴에 따라[23)] 산업 간의 유기적 연관성이 취약하게 되었고, 결국에는 최근과

22) 1946년 국가 기간산업의 국유화 조치로 공업부문의 90.7%, 상업부문에서 56.5%의 국유화가 이루어진 후 몇 차례의 국유화 조치를 취하여 1958년에는 거의 100%의 국유화를 단행하였고, 기업규모도 대규모화되었다. 권오윤(1996), p. 351 및 Scalapino and Lee(1972), p. 1212 참조.

23) 북한의 산업구조를 볼 때 경상GDP에서 차지하는 3차산업의 비중이 약간 상승한 반면, 1, 2차산업이 약간 하락한 변화를 보였을 뿐 지난 40여 년 동안 산업구조의 변동이 극히 적었다. 북한 GDP 관련 통계자

표 6-3 북한의 산업구조 및 산업별 고용구조

(단위: %)

구분	산업구조		고용구조	
	1957년[1]	1995년[1]	1963년[1]	1987년[1]
1차산업	28.6	27.6	57.3	25.3
2차산업	37.6	30.5	22.5	57.9
3차산업	33.8	39.3	26.6	16.8

자료: 한국은행(1996), Eberstadt and Banister(1990).

같은 경제적 난국을 초래하는 주요인의 하나가 되고 있다. 그리고 북한의 산업별 고용구조를 볼 때 1960년대의 1차산업 > 3차산업 > 2차산업 순의 고용구조에서, 1980년대 후반에 들어서는 2차산업 > 1차산업 > 3차산업 순의 고용구조를 보이고 있다.

요약하여 북한의 산업규모에 대한 고용비중을 볼 때, 북한은 2차산업에 종사하는 노동력의 비중이 높은 반면 생산규모는 그의 절반 수준에 불과하고, 이와는 반대로 3차산업에 종사하는 노동력의 비중은 낮은 반면 상대적으로 생산규모는 두 배를 웃도는 수준을 보이는바, 통일실현시 북한 지역의 사유화를 추진하는 데 있어서 2차산업인 기업과 공장 등의 사유화 과정에서의 효율성 증대문제가 크게 부각될 것으로 예상된다. 그리고 과잉노동력의 해소방법과 대량 실업에 따른 북한 주민의 불만 및 남한으로의 대량 이주에 대응할 수 있는 방법이 동시에 모색되어야 한다.

이상을 토대로 북한 국유기업의 사유화 방안을 구체적으로 모색하기에 앞서 결론을 미리 제시해 본다면, 대규모 기업의 사유화 일환으로 이른바

료를 위해서는 한국은행(1996)을 참조할 것.

‘노사정(勞使政) 합작투자’에 근거한 대중적 사유화가 경제적 효율성과 형평성을 제고하는 데 바람직하다고 본다. 이는 노동자 · 투자자 · 정부의 공동투자방식에 근거한 사유화를 추진하여 북한 주민에게는 ‘기초자산’의 형성과 경영에의 참여의식을 제고시켜 주는 반면, 투자가에게는 자율적이고 책임감 있는 경영을 보장해 줄 수 있기 때문이다. 단, 이와 같은 대중적 사유화를 위해 국영기업의 구자산가치에서 일정 비율을 이른바 ‘다용도 사유화 지분증서’(Master Privatization Share Certificates: MPS)의 형태로 북한의 노동자에게 공평하게 무상배분하는 방안을 원칙으로 하되 기업의 규모에 따라 다음과 같이 차별적으로 적용하는 것이 바람직하다.

3.3.1. 소규모 기업의 사유화

동구권 국가의 체제전환에서 볼 수 있었던 것처럼 소규모 기업의 사유화는 구매를 희망하는 사람이 많을 것이기에 별로 문제가 되지 않는다. 따라서 형평성을 고려한 개별적 사유화 원칙에 근거하여 자발적 또는 내부적 사유화의 방법을 도입하는 것이 우선 고려되어야 한다. 개별 매각의 경우 대상물의 규모가 작고 또 공급량이 제한적이어서 매각대상물의 가격상승을 초래할 수 있으며, 따라서 사유화 과정에 따른 경비조달이란 측면에서 볼 때 긍정적인 현상으로 볼 수 있다. 또한 수요 또는 매입희망자가 많다는 것은 더 좋은 사유화 및 투자계획을 확보할 수 있다는 장점으로 인식할 수 있다. 한편, 내부적 사유화의 일환으로 대상기업을 일차적으로 종업원이나 종업원 기구에 인수시킬 경우 장기저리의 신용대출로 구매자금을 융자해 주는 방안이 고려되어야 할 것이다. 물론 내부적으로 희망자가 없을 시에는 북한 주민과 남한 주민에게 순차적으로 경매입찰을 통한 사유화를 시행할 수 있다. 동구권 개혁과정에서 보면 경제발전의 견인차 역할을 하는 것이 사유화된 소규모 기업으로, 이는 과거 사회주의 경제에서 불모지였던 서비스산업이 주종을 이루고 있어 이에 대한 효율적 사유화 방안이 모색되어야 한다.

3.3.2. 대규모 기업의 사유화

대규모 기업의 사유화는 공급과 수요 측면이 효율적으로 기능하여야 하는바, 공급 측면에서의 신속한 사유화 대상 국영기업 선정 및 적절한 분할, 수요 측면에서의 충분한 잠재적 수요의 창출방안이 강구되어야 할 것이다. 대규모 기업의 사유화에 대한 원칙을 몇 가지 제시하면 다음과 같다.

첫째, 대중적 사유화를 추진하여 북한 주민의 '기초자산' 형성에 기여하게 한다. 즉, 사회주의 경제에서 시장경제로의 체제전환과정에서 북한 주민이 경제력이 있는 중산적 시민계층을 형성할 수 있도록 기업의 사유화에 있어서도 형평성의 원칙에 입각하여 일정 지분을 배분받아야 한다. 노동자가 이러한 지분을 받는다면 독일에서 많이 사용되었던, 사유화와 함께 병행되어 부과되는 고용유지의 단서조건은 탄력적으로 적용할 수 있게 된다. 독일의 경우 고용유지 및 투자를 약속한 매입자에게 유리한 가격으로 국영기업 등을 매각하였는바, 이는 차후 신축적인 고용수준을 결정하는 경영의 자율성을 억제해 기업경영에 한계를 노출하고 비효율적 기업을 잔존하게 하여 퇴거장벽을 높이는 사례를 초래한 바 있기 때문이다. 더욱이 신탁청의 매입희망자로부터의 고용 및 투자계획에 대한 요구는 불확실한 기업의 전망하에서 신축적으로 기업경영을 수행하는 것을 방해함으로써 궁극적으로 매입을 꺼려하게 되어 매각대상물의 가치를 저하시켰다는 점을 기억하여야 할 것이다.[24)]

24) 게를린데 진 · 한스베르너 진(1994), p. 95 이하 참조.

둘째, 대중적 사유화의 기본 원칙은 효율성과 형평성을 아울러 제고시킬 수 있는 방안의 모색이라는 관점에 맞추어야 할 것이고, 이러한 관점에서 볼 때 투자자와 노동자 그리고 신탁관리청 간의 합작투자 이른바 '노사정 합작투자'를 통한 사유화를 추진하는 것이 바람직하다. 투자희망자는 자본회사로 전환된 국영기업에 자신이 신규 출자한 투자액에 상응한 주식을 소유함과 동시에 경영을 떠맡으며, 신탁관리청은 원래의 자산가치에 상응하는 주식을 일차적으로 보유하였다가 일부는 기업경영에의 참여의식과 생산성을 제고할 목적으로 종업원들에게 일정 한도 내에서 분배(종업원지주제도)하며, 또 다른 일부는 이른바 국민투자기금의 조성을 통해 북한 주민에게 저가로 유상분배하고, 기타의 저축자에게는 공모를 통해 분배시키는 방안이 제시될 수 있다. 여기서 노동자들에게 제공되는 기업의 지분은 이른바 '다용도 사유화 지분증서'(MPS)를 통해 교환되는바, 이는 다음과 같은 식을 통해 산정될 수 있다.

일인당 MPS=(구자산가치총액×대중적 소유배정비율)÷노동자수

다용도 사유화 지분증서는 구자산가치의 총액에서 일정한 대중적 소유배정비율[25]을 곱해 북한의 노동자들에게 공평하게 무상분배하는 사유화 증서를 의미한다. 이 사유화 증서로 소속회사의 주식을 인수시에는 물론 특혜를 줄 수 있으나(소속회사에 가장 효율적인 종업원을 붙들어 두는 효과를 얻기 위해), 소속회사뿐만 아니라 여타 회사 주식을 인수할 수도 있고, 다른 금융자산으

25) 이는 정치적인 요인에 의해 결정되는 것으로 이 비율이 100%라는 것은 북한 기업의 구자산가치 전액이 북한의 노동자에게 돌아간다는 것을 의미한다. 여타 조건, 예를 들면 근무연한에 따라 가중치를 두어 차등을 할 수도 있다.

로 전환할 수도 있으며, 투자신탁의 투자기금에 기탁할 수 있는 다용도로 사용될 수 있다는 데에서 커다란 장점이 있다. 이 방법은 사유화 증서 소유자에게 더 많은 활용방안을 허용해 주어 효용을 더욱 증가시켜 준다는 데에 있어서 Sinn(1995)과는 다른 특색을 지닌다고 할 수 있다. Sinn(1995)이 제시한 참여모형의 경우에는 종업원에 분배된 사유화 증서가 무의결주식의 성격을 갖고 있으며, 종업원들은 이를 자기가 속한 회사의 주식을 인수하는 데에만 한정되어 있다. 그런데 특히 후자의 경쟁력이 낮은 기업에 속한 노동자의 경우에는 비록 회사가 도산하지 않는다 해도 분배받은 증서의 가치는 폭락하게 될 것이며, 또 원래의 근무지 결정이 공산정권하에서 이루어진 것을 고려한다면 이와 같은 불공평을 강요해서는 안 될 것이다.[26] 또한 MPS는 자본시장의 육성 내지 활성화에도 일익을 담당할 수 있을 것이다.

이와 같은 '노사정 합작투자' 모형하의 다용도 사유화 지분증서 활용방안은 투자자가 투자위험의 리스크를 전적으로 떠맡지 않으며 신축적인 고용계획을 수립하여 합리적으로 경영을 이끌어 나갈 수 있다는 점, 기존의 종업원들에 대한 특혜적 주식인수로 효율적 노동력을 확보할 수 있다는 점, 회사의 자구노력 여하에 따라 주식가격의 변화와 그에 동반된 성과수익이 노사 모두에게 효율적 운영의 촉매제가 될 수 있다는 점 등의 장점이 있다.[27] 구동독의 직접매각방식은 이 방식으로 사유화를 하지 않았더라면 적어도

26) 북한의 「사회주의 노동법」 제5조에 직업선택의 자유를 법적으로 보장하였지만 이는 명분에 그쳤으며, 실제적으로는 당이나 국가기관의 조정과 통제에 의하여 부문별 수요에 따라 그리고 각 개인의 성분과 당성에 따라 직업을 결정 · 배분하였다. 실제적으로 1953년부터 모든 국영기업 및 기관근로자, 사무원들이 임의로 직장을 이탈하거나 다른 직장으로 이동하는 것을 금지하였다. 지해명(1993), p. 10 참조.

27) 외부적 투자가 없는 자주관리 형태인 종업원지주제로 종업원이 기업을 소유할 때 경영의 합리화에 지장을 초래할 수 있다. 예를 들어, 임금은 장기적으로 꾸준히 상승하려는 경향이 있고 인원감축 필요시 이를 행사할 수 없으며, 기업의 이윤이 재투자 또는 신투자보다 노동자의 복지개선에 치중될 경향이 있다. 따라서 참여경제적 사유화 방안을 강구하되 소유와 경영을 분리하여 형평성뿐만 아니라 효율성을 제고시켜야 한다.

매각대금만큼 자본시장에서 투자를 위한 자금을 끌어들일 수 있었을 것이나, 직접매각을 사용하였기에 일종의 크라우딩 아웃 효과를 야기시켜 후속 투자를 위축시켰다는 비판이 제기되었다. 이와 달리 노사정 합작 사유화 모형은 투자기업으로 하여금 기업을 매입하게 하지 않기 때문에 구입비용을 필요 없게 하며, 이에 상응한 만큼 투자를 하면 되기에 이중부담이 없게 된다.

또한 설령 해고되는 노동자의 경우 일정 지분의 주식은 그대로 소유하므로 일종의 '기초자산'을 갖게 되는 것이고, 북한 주민으로서 소유하게 될 기타의 '기초자산'(예를 들면, 주택지분)과 남한으로의 이주를 통한 고용으로부터 얻는 수익을 비교할 때 후자가 크다면 당연히 남한으로의 노동력 이동은 막지 못하겠지만, 어느 경우에 있어서도 확실한 것은 노동시장에서의 임금 자동조절적 기능이 보전된다는 점이 중요하다.[28] 즉, 독일에서 통일 후 발생하였던 것처럼 생산성을 상회하는 임금지불로 인한 경쟁력 약화는 발생하지 않을 것이기 때문이다.[29]

북한의 경우 채산성이나 경쟁력이 없는 대기업은 직접매각을 통해서 사유화하기는 어려울 것이다. 대량 실업과 지역경제에 불리한 영향을 억제하

---

28) 통일실현시 일정 기간 동안 휴전선을 봉쇄하여 노동력의 이동에 대한 인위적인 억제를 강구하는 계획은 경제적으로 잘못되었다는 것을 보여 주는 것이며, 북한 노동력의 남한으로의 대량 유입도 경제제도 및 여건을 적절히 마련하여 억제하여야 함이 동질적 민족공동체를 형성하는 데 바람직하다는 것을 뒷받침해 준다.

29) 이 밖에도 구동독의 국유기업의 사유화 방안으로 플러스 벡(1993)은 '준민영화 전략'(as if privatization)을 주장하였다. 내용을 간략히 기술하면 다음과 같다. 기업개편에 적합하다고 판정한 사유화 대상 기업(구동독의 경우 70%에 상당)의 과거 부채를 신탁청이 짊어질 뿐더러 초기에 '정상적인 불입자본금'을 제공하게 한다. 그 이후에는 신탁청은 어떠한 재정적 지원이나 사안별 검토에 참여하지 않고 기업들로 하여금 완전히 재화 및 자본시장의 경쟁압력에 노출시킨다. 즉, 신탁청은 주주의 하나로 소유주로서의 기능은 완전히 발휘해도 좋으나 경영에 관해서는 참여지분의 크기만큼 이사회에서 권익을 대표하도록 하여 해당 기업의 시장가치를 보전하는 데 신경을 쓰면서 기회가 닿을 때마다 지분을 민간인에게 매각한다. 이 방법은 위험에 대처하는 민간자본과 민간의 의지를 발휘시켜 시장조건에의 반응이 신속하다는 장점이 있으나, 민간에게의 지분배분에 있어서 '기초자산'의 기능을 제공하지 못하는 단점이 있다. 또한 이를 수행하기 위해서는 신탁청의 초기 재정적 지원이 막대하며, 재정적 지원을 한 기업이 도산하게 될 경우 신탁청이 적극적으로 개입하여 한계기업에 대한 지속적 재정지원을 하게 될 위험이 내포되어 있다.

기 위해 기업을 도산시키는 것이 어려울 수 있고 그렇기 때문에 심지어 마이너스의 가격, 즉 보조금을 주고 매각하기도 하였음을 구동독의 통일과정에서 보아 왔다. 위에서 언급한 MPS는 이와 같은 경쟁력이 열악한 기업의 가치도 반영한 것이기에 사유화에 대한 부담을 분산하는 효과가 있으며, 이와 관련한 노사정 합작 사유화 모형은 단기적으로 경쟁력이 없는 북한 기업이라고 하더라도 남한 기업과의 수직분업하에서 생산가동의 지속이 바람직하다면 투자할 신규 투자가에게도 투자에 대한 부담을 줄이는 효과를 가져다 준다. 또한 북한 기업의 자산가치를 단기간에 평가하기에는 어려움이 많을 것이다. 따라서 노사정 합작투자는 투자가로 하여금 자신의 경제적 판단하에 투자액을 결정하고 이것이 정부에 의해 승인된다면 단시일 내에 공장을 가동하게 해 주므로 효율적이고, 생산을 해 나가면서 기업의 자산가치를 평가하여 자신들의 투자액에 대한 지분, 즉 주식을 얻을 수 있는 것이다. 이러한 점에서도 대상 국유기업을 개편한 후 사유화를 시행하는 것은 비효율적이고 사유화를 추진하여 민간으로 하여금 기업개편에 전담하게 하는 것이 옳다고도 할 수 있다.

한편, 동구권 국가의 전환과정에서 확인되었듯이 체제전환의 중요한 성공요인으로 꼽을 수 있는 것이 바로 노동자 · 사용자 · 정부 간의 사회적 파트너십이다. 본장에서 제기한 '노사정 합작모형'도 이를 충족해 줄 것이며, 경험적으로도 이 모형의 한 형태로 앞서 언급한 체코 및 폴란드의 사유화에 있어서뿐만 아니라 루마니아에서도 적용되었음이 확인되었다.[30]

30) 동구권 국가와 구동독에서 얻는 교훈은 노사정의 협동만이 슬기롭게 체제전환의 난관을 극복할 수 있음을 알 수 있다. Schmid-Schönbein(1994), p. 227 참조 및 KIEP, 『지역경제』 9월호, 1995, p. 149 참조. 한편, 최근의 북한에서 벌어지고 있는 개방을 통한 경제개혁의 일환으로 소유권과 관련하여 공식적으로는 '사회주의적 소유'를 주장하지만 실질적으로는 각각의 기관과 기업소에 자율성을 대폭 부과하는 형태로 전환될 가능성도 있다. 예를 들면, 현재 북한에서 비교적 규모가 큰 중앙관리기업은 노동당과 국가기관, 군대가 관리하고 있으나 이들도 대외무역을 위해 '독립채산제'에 입각한 무역상사를 운영하고 있다.

셋째, 통신, 에너지 등 전략산업은 재국유화하고 남한의 동종 산업구조와 연계하여 필요시 사유화를 단계적으로 추진하되 독점방지 방안에 유의해야 할 것이다. 이를 위해서는 북한의 전체적인 사유화를 주관하는 신탁관리청과는 별개로 국가지주회사(National Holding Company)를 설립하여 관리하거나 투자기업들이 컨소시엄을 구성하여 합작투자하는 것도 고려할 만하다. 그리고 경쟁력이 있는 대규모 기업의 경우는 사안에 따라 직접매각을 통해 사유화를 추진하되 경우에 따라서는 자발적 사유화도 허용한다.

넷째, 사유화하는 과정에서 파산기업이 발생하는 것은 불가피하다. 이 경우 대량 실업을 최소화하는 방안을 모색해야 하는바, 기업의 경쟁력이 현저히 떨어질 경우 청산절차를 통해 그 수익을 종업원에게 증여하거나 임대할 수도 있고, 또 여타 직종으로의 전환에 필요한 직업훈련 기회를 부여할 수도 있다.

다섯째, 북한 지역 국유기업 사유화 과정에 있어서 가칭 신탁관리청의 설치 · 운영이 필요함을 알 수 있다.[31] 단, 사유화의 효율성과 신속성을 제고하기 위해 중앙의 신탁청 이외에 지방행정단위의 신탁관리사무소를 개설 · 운영함으로써 사유화 대상에 따라 사안별로 사유화를 분권적으로 진행하는 것이 바람직할 것이다. 소규모의 국유재산을 신속하게 사유화할 경우에는 사유화 추진기구를 분권화하거나 다원화할 필요가 있으나, 대규모 기업과

이를 참작하건대 북한의 소유가 각각의 관리기관에 독자성을 부여하면서 자본주의적 소유요소를 가미한 공공기관별 소유형태로 분화될 전망도 있다. 이것이 가시화되고 일정의 기간을 거쳐 통일이 될 경우 기득권 계층의 소유 주장이 있을 것이나 이 경우에도 동구권 체제전환국가에서 보아 왔듯이 본장에서 주장하는 참여경제적 사유화 모형을 통하여 해결할 수 있을 것이다. 권오윤(1996), p. 362 이하 참조.

31) 동구권 국가들과는 달리 구동독 지역은 서독에 흡수통합되었기 때문에 국가 전체적인 행정부서 명칭인 '사유화부'(私有化部) 대신에 신탁청(信託廳)이란 기구명을 부여하여 사유화를 추진하였다는 점이다. 그리고 '사유화청'이란 명칭 대신에 '신탁청'이란 명칭을 설정한 것은 결국 효과면에서 몰락한 동독 정권을 대신하여 서독이 지배력을 행사하고 있다는 사실에 연유한다는 점을 강조해 두고 싶다. 따라서 독일의 경우 구동독 행정조직에 근거하는 분권적 사유화를 시도할 수 없었다는 점은 한국 통일문제에 큰 시사점을 주고 있는 것이라 이해할 수 있다.

관련된 사유화 정책은 경쟁정책 및 질서정책과 연관지어 수행되어야 할 것이다. 즉, 신탁관리청은 대규모 기업의 사유화가 특정 기업의 시장지배력을 강화시킬 가능성이 있는 경우에는 국영기업의 매입을 억제시켜야 할 것이다. 사회주의 계획경제는 생산과 분배의 모든 부문에서 경쟁이 부재하는 독점적 산업조직을 남겨 놓았기에 사유화 과정에서 독점금지정책의 원칙을 견지할 필요가 있는 것이다.

3.4. 원상회복

이상의 논의에서 통일실현시 북한 지역에서의 사유화 정책의 핵심은 전부 제시되었으나 이와 관련하여 제기될 수 있는 이론(異論) 중의 하나로 동독에서 실시된 원상회복(natural restitution)의 문제를 들 수 있다. 그런데 사회주의 경제를 자유시장경제로 전환하는 데에서의 핵심은 생산수단의 사유화이다. 이 과정에서 우선적으로 신속하게 해결해야 할 것은 공산주의로 인해 몰수 · 국유화된 민간의 재산에 대한 처리문제이며, 북한의 경우에는 원상회복권을 인정해 줄 수 없는 실정이다. 구동독 지역에서 원상회복을 통해 구소유주에게 공산주의하에서 몰수된 토지를 반환하였지만 우리나라의 경우는 사정이 다르기 때문이다. 해방 이전에의 소유권으로 원상복귀되어야 한다면, 이른바 일제시대 때의 소유권에 대한 인정 여부의 논란이 될 수 있다. 또한 북한은 구동독과는 달리 재산권이 완전한 국유화 또는 협동단체 소유로 되어 있고 일반생활용품 등 극소수 품목 이외에는 개인의 재산권이 전혀 인정되고 있지 않기 때문에 재산권의 원소유자 반환원칙이 채택될 경우 더욱 많은 문제점과 혼란을 가져올 수 있다.

원상회복이 법적으로 논리적이라는 주장이 있다.[32] 우리 헌법이 사유재산권을 보장하고 있는 이상, 국유화되기 이전 구소유권자의 권리를 어떤 형태로든 보장해 주지 않으면 자본주의 정신에 어긋날 뿐 아니라 위헌 판정을 받게 될 것이라는 것이다. 즉, 월남인들이 소유하고 있었던 재산권은 원상회복되어야 하며, 그렇지 못하면 정당한 절차를 거쳐 보상이 이루어져야 한다는 것이다. 그러나 이에는 인식의 전환이 요구된다. 구소유주는 — 물론 일제시대 이전에서부터 합법적으로 재산을 소유하였을 경우에만 — 토지를 빼앗기고 월남하여 남북한 분단으로 인한 물질적 · 정신적 아픔을 가졌지만, 아울러 고려해야 할 것은 자유를 박탈당한 곳에서 생활한 사람의 아픔이다. 따라서 공산주의가 몰락할 때의 가용자산 잔고에 대해 불이익을 본 모든 사람에게 분배하는 것이 나은 대안일 수 있다.[33] 불이익을 본 사람의 범주에는 북한 사람뿐만 아니라 남한 사람도 포함될 수 있다. 왜냐하면, 한국전쟁은 많은 사람의 생명을 앗아 갔을 뿐만 아니라, 분단기간 동안 물질적(방위비 분담)으로뿐만 아니라 정신적(이산가족)으로도 어려움과 고통을 겪었기 때문이다. 더욱이 통일은 과거 소유권을 박탈당한 지주들의 재산권 회복을 위해 이루어지는 것은 아니며, 공산정권하에서 토지의 소유 가능성을 박탈당했던 북한 주민들의 보호를 우선적으로 고려해야 하며, 또한 역사적으로 북한의 소유권을 명확히 규명할 수도 없다는 문제점을 안고 있기에 원상회복의 주장은 적절하지 못하다.[34]

32) 손희두(1994) 참조. 그러나 현행 헌법 및 민법, 특별법 등을 이용해서 원상회복권을 잠정적으로 보류 또는 박탈할 수 있다. 헌법 제20조 제1항에서 "모든 국민의 재산권은 보장된다"고 규정하여 사유재산권을 제도적으로 보장하고 있으나 제2항에서 "재산권의 행사는 공공복리에 적합하도록 하여야 한다"라고 규정함으로써 공공복리를 위한 사회적 구속의 의무를 천명하고 있음을 주지해야 한다. 민법 제211조에서 "소유자는 법률의 범위 내에서 그 소유물을 사용 · 수익 · 처분할 권리가 있다"고 하였으나 「토지수용법」을 통해 공공사업을 위해 토지소유권의 사용 · 수익 · 처분권 등을 완전히 박탈할 수 있으며, 「농지개혁법」으로 농지에 관한 소유상한제를 둠으로써 처분권을 크게 제약할 수 있고, 「도시계획법」, 「국토이용관리법」 등으로 통일한국을 건설하기 위해 토지의 사용권을 제한할 수 있기 때문이다.

33) 게를린데 진 · 한스베르너 진(1994), p. 102 참조.

34) 안두순(1995) 참조.

원상회복을 통한 반환논쟁보다 중요한 것은 조속한 사적 소유권의 확립을 통한 북한 지역에의 투자유치를 도모하는 것이다. 노벨경제학상을 수상한 Coase(1960)는 시장경제에서 소유권의 확립은 대단히 중요하며, 이것이 확연히 정의되어져 있을 때 사회의 복지를 증가시키는 효과를 일으킨다고 하였다. 그렇다면 원상회복만이 소유권 확립의 명료한 방법은 아니며 또한 소유권을 누가 소유하였는가가 중요한 것이 아니라 보다 조속히 명료한 소유권을 확립하여 투자를 유치하는 것이 중요하다고 해석할 수 있다.

설령 어떠한 이유에서든지 원상회복이 된다고 할지라도 구동독 지역에서처럼 소유권 분쟁으로 인해 투자유치를 지연시켜서는 안 되며, 이를 예방하기 위해서는 꼭 필요한 경우라 할지라도 구소유주에 있어서는 소유권을 주장하는 특정 대상물의 매각 또는 투자와 관계 없이 일정 기간 후에 상환해주는 국채 등을 통한 금전적 보상을 하는 것이 한민족 경제발전적 측면에서 사회복지를 극대화시켜 줄 수 있는 대안이라 사료된다. 그리고 그 보상폭은 제한적일 수밖에 없다. 기업 또는 공업시설의 경우 공산주의하에서 자본형성이 이루어졌다면 그것은 이른바 해당 인민의 노동착취를 통해 형성되었기에 이 착취분까지 원소유주에게 돌려준다는 것은 부당하다. 따라서 일단은 원상회복 청구권이 인정되더라도 당시에 몰수된 가치에 한정해야 할 것이다.

4. 결론: SSM 사유화 정책

본 연구는 한반도에서 통일이 실현되었을 때 북한의 사회주의 경제를 시장경제체제로 이행하는 데에 핵심적인 사유화 정책 방안을 마련하는 데 초점을 맞추었다. 이를 위한 논리적 근거로서는 경제발전론적 관점에서 볼 때 사유화 정책은 민주적 시민사회 구축을 위한 대중적 소유를 바탕으로 소유와 경영의 분리 및 참여경제적 경영방식에 근거한 경제적 인센티브제도를 확립하는 방안을 마련하는 것이 바람직하다는 분석결과를 활용하였으며, 본장에서 최종적으로 정리한 사유화 정책의 내용은 이른바 'SSM 사유화 정책'으로 명명하였다. 이 방안은 사유화 과정에서 효율성과 형평성을 동시에 제고시켜 줌은 물론 나아가서는 박탈되었던 인권의 회복과 신장을 도모해 줌으로써 복지의 증대를 초래시켜 줄 것이며, 동질적 민족경제 구축 및 발전에 핵심적 역할을 감당할 것으로 사료된다.

'SSM 사유화 정책'이란 사유화 대상에 따라 토지의 경우 표준농지지분증서(SLS), 주택은 표준주택지분증서(SHS) 그리고 기업에 대해서는 다용도 사유화 지분증서(MPS)를 형성하여 북한 주민에게 공평하게 지급함으로써 소유의 대중화를 도모한다는 것으로 각 증서의 초기 영문자를 결합하여 'SSM'이라고 명명한 것이다.

'SSM 사유화 정책'은 경제적 효율성을 제고시켜 주는 것으로 분석되었다. 특히, 'SSM정책'의 내용 중 국유기업 사유화 방안의 경우 참여경제적 '노사정 합작투자' 방식이 '노동생산성의 화폐가치=노동임금'을 원칙으로 하는 시장경제의 효율성을 뒷받침해 주는 것으로 분석되었다. 그리고 외부적 투자기회를 허용하고 경영자에게 책임을 갖고 소신 있게 기업을 이끌어 나가도록 해 줄 뿐 아니라 정부에게는 급진적인 국유기업 매각으로 인한 매각수입 감소를 예방시켜 줌과 동시에 북한 지역에 대한 정부투자를 줄여 줌으로써 통일비용 증폭을 억제할 수 있는 것으로 평가되었다.

또한 'SSM정책'은 경제적 형평성을 제고시킬 수 있는 것으로 분석되었다. 즉, 'SSM정책'은 대중적 '기초자산'을 지급함으로써, 북한 주민의 체제전환에 대한 적극적 참여를 유도하게 해 줄 수 있기 때문이다. 결국 'SSM정책'은 체제전환 초기에 북한 주민에게 유동성을 확보해 줌과 동시에 구매력을 창출해 주는 효과를 초래할 것으로 평가할 수 있으며, 독일 통일과정에서 채택된 화폐통합방식이 초래한 문제점들도 회피할 수 있는 장점이 있을 것으로 기대된다.

이상과 같은 분석결과를 토대로 그간 통일실현시 북한의 토지, 주택 및 기업에 대한 사유화와 관련하여 산발적으로 제기되는 논지들을 비교 · 검토해 본 결과 통일한국이 지향해야 할 기본적인 사유화 정책들은 다음과 같이 정리될 수 있다(<표 6-4> 참조).

- 북한의 토지는 일단 재국유화를 통해 종합적인 국토건설계획에 의거하여 점차 사유화하되, 농경지의 경우 해방 후 남한에서의 토지개혁을 하였던 것처럼 경자유전의 원칙하에 북한의 경작인에게 일정 기간 경작권을 부여하다가 장기저리 분할상환계획에 따라 유상분배 또는 임대한다. 이때의 경작권은 '표준농지지분증서'(SLS)를 포함한 것으로 공평하게 배분된 농지를 구입(3정보 상한)할 수 있는 권리를 부여한다. 한편, 남한 주민 중 이주 · 영농 희망자도 농지배분에 차선적으로 고려한다.
- 북한 주민에게 연고권을 중심으로 주택에 대한 임차권을 주며, 주택의 질에 따라 차등적인 임대료를 징수한다. 단, 지속적 북한 거주자에 한해 표준주택의 1인당 주거면적에 상응하는 '표준주택소유지분 인수 보증증서'(SHS)를 평등하게 나누어 주어 향후 주택구입에 유리한 조건을 부여하여 장기 · 저리 인수를 통한 사유화를 꾀한다. 남한의

표 6-4 SSM 사유화 정책

사유화 대상	북한 주민의 기초자산		수여대상	특징
토지(농경지)	S	SLS(표준농지지분증서)	농업종사자	• 일정 기간 매매 불허 • 3정보 상한
주택	S	SHS(표준주택지분증서)	모든 북한 주민	• 일정 기간 매매 불허
기업	M	MPS(다용도 사유화 지분증서)	노동자	• '노사정 합작투자'에 의한 사유화와 병행 실시

무주택자와 청약예금 가입자 중 북한 이주희망자에 대해 차선적으로 고려한다.

- 대규모 기업의 사유화에 있어서 전략산업에 대해서는 일단 재국유화하고 구조조정을 거쳐 점진적 사유화를 꾀한다. 대중적 사유화의 일환으로 노동자 · 투자자 · 정부의 공동투자방식에 근거한 사유화를 추진하여 북한 주민에게는 '기초자산'의 형성과 경영에의 참여의식을 제고시켜 주는 반면, 투자가에게는 자율적이고 책임감 있는 경영을 보장해 줄 수 있는 '노사정 합작투자'에 근거한 사유화를 실시한다. 이와 같은 대중적 사유화를 위해 국영기업의 구자산가치에서 일정 비율을 '다용도 사유화 지분증서'(MPS)로 북한의 노동자에게 공평하게 무상배분한다. 특히, 북한의 사유화 개혁과정의 중요한 성공요인으로 꼽을 수 있는 것이 바로 노동자 · 사용자 · 정부 간의 사회적 파트너십이다. 이것이 성공적으로 실행되기 위해서는 지금부터 남한의 경우에도 이러한 노사정 협동의 분위기를 만들어 놓을 수 있는 제반 여건을 미리 구축하여 통일에 대비해야 한다.

참고문헌

게를린데 진 · 한스베르너 진 저, 박광작 외 2인 역, 『새로운 출발을 위한 전환전략, 독일통일과 경제정책』, 서울프레스, 1994(원명: G. Sinn and H.-W. Sinn, *Kaltstart, Volkswirtschaftliche Aspekte der deutschen Vereinigung*, Tübingen, 1991)..

권오윤, 「북한경제정책의 변화에 관한 연구」, 현대경제사회연구원 편, 『북한경제의 오늘과 내일』, 1996, pp. 343~367.

문준조, 「북한의 토지임대제도 연구」, 현대경제사회연구원 편, 『북한경제의 오늘과 내일』, 1996, pp. 164~194.

박헌주, 「북한의 주택사정과 통일 후 정책과제」, 『통일경제』, 제8호, 1995, pp. 77~88.

손희두, 「통일 후 북한지역 내 재산권 문제 처리방안, 동서독 통일과정과 비교하여」, 『한세정책 제안』, 1994, pp. 51~67.

안두순, 「통일 후 북한토지 소유권의 처리방안」, 『통일경제』, 제6호, 1995, pp. 50~60.

이종원, 「한국경제의 발전과정에 관한 일논의」, 『경제학연구』, 제41집 제2호, 1993, pp. 335~371.

______, 「통일에 대비한 한국경제의 진로 모색」, 『한국경제』, 제21권 제1호, 1994, pp. 65~109.

이종원 · 김창권, 「동구권 국유기업의 사유화 정책 평가 및 한반도 통일에의 시사점」, 『국제경제연구』, 제2권, 1996.

지해명, 『북한의 국영기업 · 협동농장 관리제도와 인센티브 구조』, 한국개발연구원 북한경제연구센터 연구자료 93-01, 1993.

통일원, 『남북한 경제지표』, 1995.

플러스 벡, 「신탁관리청: 장기적 평가의 시도」, 베르너 푸쉬라 · 김원식 편, 『동독의 경제적 평가와 한반도 통일』, 후리드리히-에버트 재단, 대외경제정책연구원, 1993, pp. 81~100.

한국은행, 『2009년 북한 GDP 추정결과』, 2010.

Coase, R., "The Problem of Social Cost," *Journal of Law and Economics*, Vol. 3, 1960, pp. 1~44.

Eberstadt, N. and J. Banister, *North Korea: Population Trends and Prospects*, 1990.

Scalapino, R. A. and C.-S. Lee, *Communism in Korea, Part II: The Society*, Berkeley, 1972.

Sinn, H.-W., "50 Years of Public Finance in Korea: Retrospective and Perspectives," Economic Problems of German Unification: Lessons for Korea, Paper prepaered for the Conference, Seoul, Oct. 20-21, 1995.

CHAPTER 7

대량 기업도산과 경기침체 그리고 거시적 안정방안

1. 서론
2. 체제전환경제 분석모형
3. 구동독 및 주요 동구권 국가의 체제전환경제 평가
4. 통일한국에서 거시경제정책의 혼합적 운용방안: 제안

7

대량 기업도산과 경기침체 그리고 거시적 안정방안

1. 서론

한반도 통일실현시 핵심적 경제정책 과제는 통일방식에 따라 상이할 것이지만 일단 북한 체제의 몰락에 따른 통일실현을 가정할 경우, 통일의 궁극적 경제정책 과제는 시장경제에 기반을 둔 남북한 경제의 동질성 회복으로 모아질 수 있다.[1] 통일 이후의 경제체제 및 구조조정과정에 대한 연구들이 주로 독일의 통일과정에 대한 분석결과를 활용하여 수행되는 것도, 사회주의의 중앙계획경제체제에서 자본주의의 시장경제체제로의 전환뿐만 아니라 이질적인 두 경제를 통합하는 문제가 함께 고려되어야 하기 때문이다. 독일이 통일과정에서 경험한 경제정책적 시행착오는 한반도 통일과정에 중요한 교훈을 줄 수 있을 것이다.

그러나 독일과는 다른 차원에서 체제전환정책을 다양하게 시도하였던 동구권 주요 국가들의 경험도, 특히 정책효과의 비교 · 분석 차원에서 우리에게 많은 시사점을 던져 주고 있으며, 따라서 그 동안의 독일 통일과정과 동구권 구사회주의 국가들의 체제전환과정에서 수행된 경제정책의 특성과

1) 북한 체제의 와해속도와 관계 없이 궁극적으로 북한의 남한으로의 흡수통합 형태를 가정할 경우를 말하며, 이러한 가설의 채택근거는 이종원 외(1997)의 서장을 참조하기 바람.

성과 및 문제점 등을 분석하여 비교의 좌표를 삼을 필요가 있다.

이러한 관점에서 본장에서는 독일 통일 및 동구권 체제전환과정에서의 주요 경제정책 내용과 문제점들을 살펴보고, 이를 토대로 한반도 통일시 효율적이고 바람직한 체제전환정책 운용방안을 마련하는 데 목적을 두고자 한다. 이를 위해서 제2절에서는 체제전환과정에서 나타나는 경제적 현상과 원인, 그리고 기본적 체제전환 경제정책의 특징을 간단한 거시경제모형을 이용하여 설명하기로 하고, 제3절에서는 구동독과 동구권 구사회주의 국가들의 체제전환과정에서 최근까지 실시된 주요 경제정책의 특성과 성과 그리고 문제점들을 각국의 경제 상황과 연관하여 주요 정책별로 평가한 다음, 제4절에서는 통일한국에 있어서의 효율적인 금융 및 재정정책 등 주요 거시경제정책의 혼합적 운용방안을 제시해 보고자 한다.

2. 체제전환경제 분석모형

사회주의 경제가 시장경제로의 체제전환하는 과정에서의 경제 상황과 정책 성과를 분석해 보기 위해 구사회주의 계획경제와 체제전환경제를 비교 · 분석할 수 있는 간단한 모형을 도입해 보기로 한다.[2)]

2.1. 사회주의 계획경제와 체제전환경제의 특성 비교

사회주의 계획경제하에서의 국민경제는 <그림 7-1>과 같은 특성을 갖는

2) Bofinger(1994), Rosati(1994), Laski and Bhaduri(1997) 참조.

다. 우선 공급 측면을 보면, 중앙당국의 계획에 의해 산출량이 (외생적으로) 결정되며 이러한 산출량의 달성은 일반적으로 시장경제적 균형노동량을 초과하는 노동고용에 의해 달성되는 것으로 이해할 수 있다. 이는 실업을 인정할 수 없는 사회주의 이념으로부터의 산물로서 사회주의 몰락을 자초한 근본적인 경제적 비효율성의 원인이기도 하다. 결국 이러한 사회에서는 노동의 공급량 자체가 노동시장의 실현된 고용량을 결정한다. 또한 사회주의 계획경제하에서는 인위적으로 물가수준을 통제해 왔으며, 따라서 고용량이 l_0로 결정될 경우 실질임금은 <그림 7-1> (d)의 $(w/p)_0$ 수준에서 결정된다. 결과적으로 총생산 및 물가수준은 <그림 7-1> (b)의 y^*와 $P=\overline{p}$ 수준으로 고정되므로 결국 총공급곡선 *AS*는 한 개의 점으로 표시되는 특성을 갖는다.

한편, 총수요 측면은 <그림 7-1> (a)에서처럼 수직의 *IS*곡선으로 특징지어지는데, 이는 투자 및 정부지출이 중앙계획에 의해 집행되므로 소비수준에 상응한 유일한 실질소득만 존재함을 의미한다. 또한 이자율이 경직적이므로 *LM*은 수평으로 표시되고, 이들의 교차점으로 표시되는 총수요는 역시 통제된 물가수준 $P=\overline{p}$ 와 교차되는 한 점으로 나타나게 될 것이다. *AD*점이 *AS*점의 우측에 나타난 것은 사회주의 말기의 일반적 현상으로, 통제된 물가수준하에서 만성적인 초과수요가 상존해 있음을 의미한다.[3)]

이상과 같은 특성을 갖는 사회주의 경제체제가 1990년대 이후 체제전환을 겪으면서 급격한 변화를 경험하게 된다. 체제전환경제의 가장 기본적인 특징 중 하나는 가격 및 수입의 자유화라 할 수 있는데, 자유화로 인해 목표산출량제도는 폐지되고 가격변수의 신축성이 도입되었다. 또한 국유기업이

3) 따라서 사회주의 경제의 생산량을 상회하는 배분은 곧 기업부문의 손실을 의미하며, 이는 화폐발행으로 충당한다.

$$\Delta M = M(W \cdot L^S - P \cdot Y). \qquad (1)$$

그림 7-1 사회주의 경제분석모형

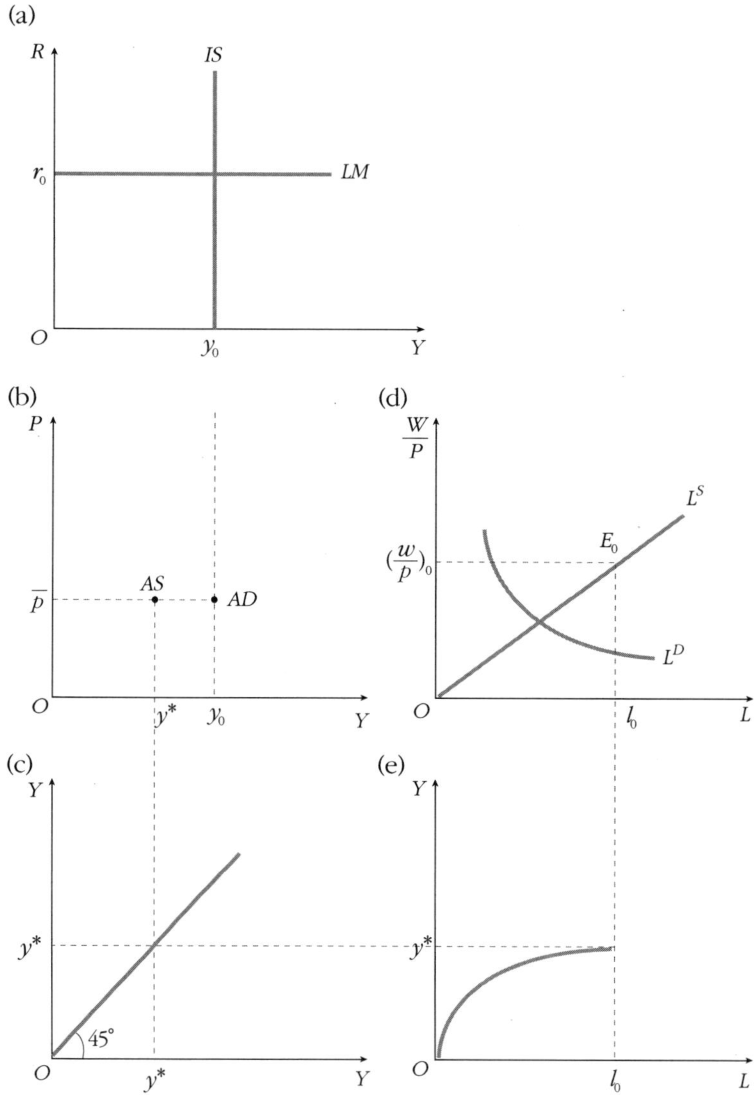

사유화되면서 이윤극대화를 추구하게 되었고, 노동자의 임금은 실질임금협상에 의해 결정되기에 이르렀다. 따라서 노동시장을 청산하는 $L^S=L^D$의 관계로 $(w/p)_1$ 수준의 실질임금에서 l_1만큼의 균형고용량이 결정된다(<그림 7-2> 참조). 이는 사회주의 경제하에서의 고용수준 l_0에 (훨씬) 못 미치고 있어 체제전환에 따른 (대량) 실업이 발생할 수 있음을 보여 준다. 더욱이 가격변수의 신축성과는 달리 체제전환 초기에는 공급 측면의 수량조정에 한계가 있어 AS가 수직으로 나타난 반면, AD곡선은 우하향하여 사회주의 경제하에서의 물가수준($\bar{p}$)보다 훨씬 높은 p_1에서 AS와 교차하게 된다. 더욱이 기업의 실질신용수준을 생산함수의 제한적 투입요소의 하나로 간주할 경우, 예를 들면 총수요 긴축정책은 생산함수를 하향이동시켜 총공급 저하를 초래하고, 이로 인해 불황이 더욱 첨예화되어 균형실질소득이 y_1까지 하락할 수 있다. 따라서 사회주의 시기에 비해 물가는 상승하고 노동고용량이 감소하게 되며, 또한 가격증가분이 명목임금 증가분보다 커서 실질임금이 감소됨을 알 수 있다.

그런데 사실 <그림 7-2> (d)의 E_0에서 E_1으로의 체제전환 조정과정은 시차를 두고 이루어지므로 실업 및 소득하락이 수 년 동안 걸쳐 발생하게 된다. 왜냐하면, 사유화가 이루어졌음에도 불구하고 경영자의 기업지배(corporate governance)가 불완전하여 노동위원회 등의 고용량에 대한 영향력이 쉽게 소멸할 수 없기 때문이다.[4] 따라서 균형고용량은 순수한 시장균형 고용수준을 어느 정도 상회하는 수준에서 결정되고, 경제 전체의 초과수요가 완전히 제거될 수 없어 결국 통화발행을 통해 이를 충당하게 된다.[5] 물론

4) 이와 같은 상황은 다음의 식으로 표현될 수 있다. 즉, 사유화가 정착되어 경영자의 기업지배가 완전하다면 $\alpha=1$로 실현된 노동고용량은 노동수요 측면에 의해 결정됨을 의미한다. 그러나 체제전환과정에서는 기업지배가 불완전하여 $0<\alpha<1$이며, 시간이 지나갈수록 α가 1에 근접한다.

$$L=(1-\alpha)L^S+\alpha L^D, \qquad (2)$$
$$\text{단, } 0\leq\alpha\leq1,\ \alpha=\alpha(t),\ \alpha'(t)>0.$$

5) 식 (2)에서 $\alpha\neq1$이고, 그 결과 식 (1)에서 $W\cdot L>P\cdot Y$이므로 그만큼 통화발행을 하게 됨을 의미한다.

그림 7-2 체제전환경제 분석모형

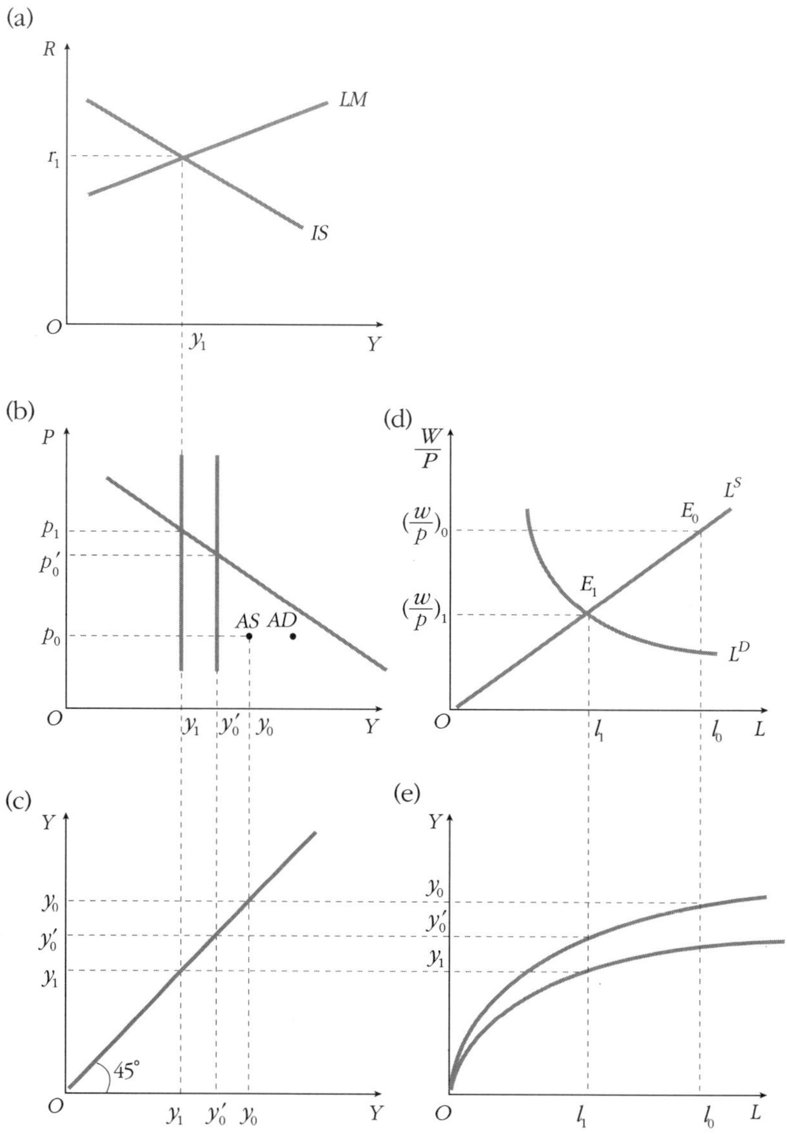

시간이 지날수록 시장균형고용수준으로 접근하게 될 것이다.

그런데 이러한 과정에서 기업 합리화에 따른 대량 실업으로 인해 명목임금의 증가는 일반적으로 물가상승수준에 미치지 못하는 반면, 사유화가 진전되고 기업의 생산활동이 물가에 대응하여 조정되면서 우상향하는 *AS*곡선을 형성하게 될 것이다. 따라서 체제전환과정상의 경제분석은 우상향하는 *AS*곡선과 우하향하는 *AD*곡선을 이용하여 경제정책의 성과를 분석해 보기로 한다.

2.2. 체제전환 초기 불안정과 경제정책

사회주의 국가의 체제전환과정 초기에 사용된 경제정책은 국가별로 규모와 내용에 있어 다소 차이는 있으나, ① 가격 및 국제교역의 자유화 정책과 ② 경기회복과 물가억제를 위한 거시적 경제안정화 정책이라 볼 수 있다. 이는 우선 시장경제 도입에 따라 시장가격의 자율적인 결정방식을 선택하게 된 것 이외에도, 다양한 이유로 인해 경기침체와 물가상승을 초래하게 된데 연유한 대응과정이라 볼 수 있다. 그런데 체제전환 초기에 나타난 공통적 현상이 경기침체와 인플레이션이라는 데에는 이론의 여지가 없으나, 과연 어떠한 이유로 인해 이러한 현상들이 초래되었는가에 대해서는 다양한 견해들이 제기되어 왔다. 그들 중 주요한 것 세 가지를 들어 보면 다음과 같다.

첫째, 총수요 측면의 충격(demand side shock)으로 소득과 소비가 감소됨으로써 경기침체가 초래되었다는 주장이다(Ickes and Ryterman, 1992). 가격자유화로 인한 물가상승은 실질임금의 감소를 가져다 주고, 체제전환과정에서 조성된 미래에 대한 불확실성의 증가는 소비를 위축시켰다는 것이다. 정부지출의 경우 체제전환사업을 위한 지출의 증가로 인한 재정적자의 보전을 위해 통상적인 재정지출을 축소시키려 할 것이기에 전통적인 부문에 대한 정부지출 감소가 불가피하며, 아울러 COMECON의 해체로 수출시장이 와해되어 총수요를 위축시키고 경기침체를 가속시키는 요인이 되었다는 것이다. 또한 체제통합 전환에 따른 불확실성과 혼란으로 인해 이자율이 상승하게 되므로 결국 민간투자가 감소하고 투자수요가 냉각된다고 보고 있으며, 결과적으로 총수요는 여러 측면에서 위축됨으로써 경기침체(recession)를 가져온다는 것이다(<그림 7-3> (a)에서 $AD_0 \rightarrow AD_1$). 따라서 이와 같이 총수요가 위축되는 가운데 체제전환국들이 재정긴축을 추구한다면 (시초는 인플레를 억제할 목적이었으나) 총수요의 급격한 위축을 가져다 주어 저생산과 대량 실업을 더욱 첨예화시킬 수 있다($AD_1 \rightarrow AD_2$). 따라서 이 경우 불황을 탈출하기 위한 선발자로서 총수요 외부성(aggregate demand externality)을 가져다 주는 적절한 재정정책이 요구된다. 그러나 문제는 이러한 논리만으로는 물가상승을 설명할 수 없다는 한계점이 있다는 것이다.

둘째, 총공급 측면의 충격(supply side shock)으로 불황과 인플레이션이 발생하였다는 주장이다(Gomulka, 1991). 즉, 통제되었던 가격이 자유화되고 폐쇄경제에서 개방경제로의 전환에 따라 수출입 자유화가 개시되면서 상대가격체계가 총체적으로 개편되는 혼란과정에서 생산감소가 초래되었다는 것이다. 낮은 생산성에도 불구하고 구공산 계획경제하에서의 과다고용을 떠맡을 수밖에 없는 기업은 경쟁력 하락 및 기업손실을 경험하게 되고 결국은 대량 실업을 유발하는 한편, 동시에 은행의 부실화를 야기시키게 된다. 또한 이처럼 초래된 불황은 자본 및 자산가치의 하락을 가져다 주어 한 차례 더 기업부채를 급증시키게 된다. 그럼에도 불구하고 전통적인 불황에서처럼 물가하락이 발생하는 것이 아니라 오히려 유통체계의 혼란과 공급능력의 감소 등으로 물가가 상승하며, 이것은 다시 임금상승을 유도함으로써 물가상승→임금상승→물가상승으로 이어지는 악성 인플레가 발생하게 되었다는 것이다(<그림 7-3> (b)에서 $AS_0 \rightarrow AS_3$).

셋째, 이상의 총수요 및 총공급 측면의 복합적인 요인으로 신용경색(credit crunch)이 경기침체를 가속화시킨다는 주장이 제기되고 있다.[6] 가격자유화로 가격이 지나치게 상승한다면 실질통화총량은 물론 실질신용규모가 감소하는 결과가 초래되는 것은 불가피하다. 즉, 실질총신용 공급규모가 자동적으로 감축되는 것이다. 이는 공급 측면에서의 기업부채 급증 내지 기업도산에 따른 은행 부실화 현상과 체제전환에 따른 불확실성 증가 등으로 인해 여신제한이 강화되는 현상과 맞물려 신용경색을 더욱 악화시키게 된다는 주장이다(<그림 7-3> (c)에서 $AS_3 \rightarrow AS_4$).[7]

이상에서 우리는 체제전환국가들이 경험하고 있는 경기침체와 인플레이션 현상을 설명하려는 세 가지 논리를 살펴보았다. 그러나 결국 이들 세 가지 논리 중 어느 한 가지만이 정당하다고 볼 수는 없으며, 이들 요인이 서로 복합적으로 영향을 미쳐 왔다고 볼 수 있다. 왜냐하면, 첫째 수요측 요인만으로는 물가상승 현상을 설명할 수 없으며(점 $A \rightarrow B$, 즉 $AD_0 \rightarrow AD_1$은 가격을 $p_0 \rightarrow p_1$으로 하락시킴), 둘째 공급요인이 경기침체와 물가인상을 초래하지만(점 $A \rightarrow C$, 즉 $y_0 \rightarrow y_3$와 $p_0 \rightarrow p_3$) 실제 체제전환국들이 겪고 있는 현상 중 물가보다는 경기침체가 더욱 심각하다는 사실은 결국 총수요요인이 동시에 작용될 경우의 상황을 대변하는 점 $A \rightarrow D$인 $y_0 \rightarrow y_3'$, $p_0 \rightarrow p_3'$로의 변화, 즉 국민소득은 더욱 위축되나 물가상승폭은 p_3 경우보다 다소 완화되는 p_3'가 된다는

6) 총공급 측면의 충격으로 분류할 수 있으나, 총수요관리정책의 결과로 발생할 수 있기에 별도로 분리하였다. Calvo and Coricelli(1992), Bofinger(1994) 및 Laski and Bhaduri(1997) 참조. 한편, 앞서 두 주장이 거시적 측면을 강조한 요인분석이라면 이 주장은 미시적 측면을 강조한 요인분석이라 할 수 있다.

7) 또한 정부지출 조달을 위해 기채의 방법을 이용할 경우 이자율 상승과 구축효과로 신용조달이 어려워지게 되며, 더욱이 효율적인 금융제도가 미정착된 상황에서 전반적으로 신용수급조절 기능을 마비시킬 수 있다는 것이다.

그림 7-3 체제전환과정에서의 경제정책 효과

(a)
(b)
(c)

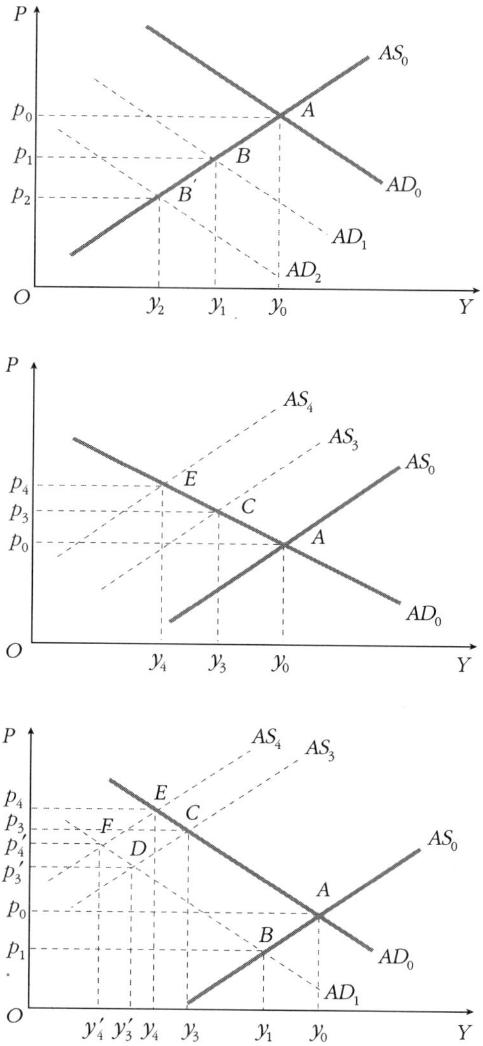

사실을 대변해 주고 있다. 그리고 셋째로는 신용경색이라는 제도적 · 미시적 요인이 국민소득과 물가문제를 한 차례 더 악화시킨다는 것으로 이해할 수 있기 때문이다($p_3' \rightarrow p_4'$, $y_3' \rightarrow y_4'$).[8] 따라서 체제전환에 따른 금융 및 재정정책의 운용은 바로 이러한 요인들을 효율적으로 해소할 수 있는 방향으로 설정되어야 할 것임을 알 수 있다.[9] 단, 금융정책과 재정정책 모두는 기본적으로 총수요관리정책의 성격을 띠고 있으며, 따라서 공급 측면 내지 제도적 측면의 요인에 대한 대응책이 세심하게 배려되어야 할 것이다.

그런데 이상과 같은 체제전환 초기 경제불황현상은 단기간 내에 치유되기가 어렵다는 특징이 있다. 이는 구공산권 체제에서 배태된 행정 및 관리의 무사안일주의, 그리고 중앙집중식 계획 철폐에 따른 관리업무의 공백 및 관리능력의 상실에 기인하는 바 크다. 그러나 그 밖에도 국유기업에 대한 사유화가 지지부진하게 지체되고, 기업경영의 합리화를 추진할 수 있는 전문 경영인의 부재, 그리고 자금순환의 매개체인 은행의 부실화 등으로 인해 쉽사리 경제안정이 이루어지지 못한다는 것이다. 한편, 상대가격 변화에 대한 기업의 자본스톡과 노동시장의 적응이 더딜 수밖에 없다는 사실도 경기침체가 장기화되는 주요 요인으로 지적할 수 있다.

8) 새케인스학파의 논리로는 총수요관리정책이 총공급곡선을 이동시킬 수 있다. 즉, 총수요와 총공급의 상호 의존성이 존재한다는 것인데, 예를 들면 통화공급 감축은 화폐의 유통속도가 거의 불변하다고 가정하더라도 물가뿐만 아니라 산출량을 감축시킬 수 있다는 것이다. 〈그림 7-3〉 (c)에서 통화공급의 감축은 $AD_0 \rightarrow AD_1$으로 AD곡선을 좌측이동시키나, 약간의 시차를 두고 신용경색으로 인해 AS곡선이 $AS_0 \rightarrow AS_1 \rightarrow AS_2$로 좌측이동하여 더욱더 생산을 감축시키고 대량 실업을 가져다 준다는 것이다.

9) 더욱이 앞의 식 (2)에서 ΔM은 연성예산제약하에 여전히 놓여 있는 기업들의 초과지출로 인해 체제전환과정에서 필요한 통화량수준인바, 이에 못 미치는 통화공급은 생산체제의 와해를 가져다 줄 수 있다. 아울러 생산을 위한 최소한의 요소비용(예: 임금)을 지급할 만한 유동성을 기업이 확보하지 못하고, 게다가 이제 막 시작하는 민간부문에서의 소요자금량에 못 미치는 통화가 공급될 경우 총공급의 감소는 더욱 격심해질 수 있다. 따라서 최소한의 통화량(즉, 식 (2)의 통화량+민간자금 소요량)을 제공할 수 있는 통화정책이 필요하다.

3. 구동독 및 주요 동구권 국가의 체제전환경제 평가

1990년을 전후로 동서독의 통일과 동구권 구사회주의 국가의 시장경제로의 체제전환과정을 앞서 제시한 분석모형에 의거하여 평가하면 다음과 같이 정리될 수 있다.10)

3.1. 체제전환 추이

무엇보다도 두드러진 특징은 체제전환국가들의 초기 경제적 여건이 상

표 7-1 동서독 통일과정에서의 주요 경제제표 추이

(단위: %)

구분	1988	1989	1990	1991	1992	1993	1994	1995	1996	1997
경제성장률	–	–	–	–	2.2	–1.2	2.7	1.8	1.4	2.2
• 동독	2.7	1.9	–14.4	–30.3	7.8	5.8	8.5	5.6	2.0	1.6
• 서독	3.7	3.6	5.7	5.0	1.8	–1.7	2.4	1.6	1.4	2.2
실업률(연평균)	–	–	–	7.3	8.5	9.8	10.6	10.4	11.5	12.7
• 동독	–	–	–	10.3	16.1	15.8	16.0	14.9	16.7	19.5
• 서독	7.7	6.8	7.2	6.3	6.6	8.2	9.2	9.3	10.1	11.0
소비자물가 상승률	–	–	–	–	5.1	4.5	2.7	1.8	1.5	1.8
• 동독	–	–	–	21.7	13.5	10.5	3.7	2.1	2.2	2.1
• 서독	1.3	2.8	2.7	3.6	4.0	3.6	2.7	1.7	1.4	1.8
경산수지(10억 DM)	88.0	108.0	75.7	–29.9	–30.2	–23.4	–34.2	–33.8	–20.9	–10.1
–GDP에서의 비중(%)	3.8	4.9	3.1	–1.0	–1.0	–0.7	–1.0	–1.0	–0.6	–

자료: Deutsche Bundesbank(1998. 4), *Monatsbericht*; Institut der Deutschen Wirtschaft Köln(1998).

10) 본장에서 동구권 국가의 범주는 헝가리, 폴란드, 체코(구체코슬로바키아 포함)로만 한정하기로 한다. 한편, 체제전환과정의 추이를 간략히 살펴보기 위해 주요 경제지표 추이를 동서독과 동구권 국가로 2대별하여 〈표 7-1〉 및 〈표 7-2〉에 정리하였다.

이하고 이에 대응한 경제정책도 다양하였으나 모든 국가에서 국민소득과 산업생산이 대폭 하락하고 실업이 폭증하며, 인플레의 양상을 보였다는 점에서는 큰 차이가 없었다(<표 7-1> 및 <표 7-2> 참조). 이는 <그림 7-1>에서 <그림 7-2>의 과정으로 이행되면서, 사회주의하에서의 중앙계획에 의거한 목표산출량제도가 폐지되고 시장기능에 의해 수요 및 공급이 조정되는 과정에

표 7-2 동구권 국가 체제전환과정에서의 주요 경제지표 추이

(단위: %)

구분		1989	1990	1991	1992	1993	1994	1995	1996	1997
체코	경제성장률(실질)	1.4	−0.4	−11.5	−3.3	0.6	3.2	6.4	3.9	1.0
	실업률(연말)	0.0	0.8	4.1	2.6	3.5	3.2	2.9	3.5	5.2
	소비자물가 상승률	2.3	10.8	56.6	11.1	20.8	10.0	9.1	8.8	8.5
	경상수지(10억 달러)	0.5	−0.3	1.1	−0.3	0.5	−0.7	−1.4	−4.3	−3.2
	−GDP에서의 비중	1.5	−1.1	4.7	−1.1	1.5	−1.8	−2.8	−7.6	−6.1
슬로바키아	경제성장률(실질)	1.4	−0.4	−14.5	−6.5	−3.9	5.0	7.3	6.6	6.5
	실업률(연말)	0.0	1.5	11.8	10.4	14.4	14.8	13.1	12.8	12.5
	소비자물가 상승률	2.3	10.8	61.2	10.0	23.2	13.4	9.9	5.8	6.1
	경상수지(10억 달러)	−0.1	−0.6	−0.8	0.2	−0.6	0.7	0.4	−2.1	−1.3
	−GDP에서의 비중	−0.6	−4.3	−7.9	1.6	−5.0	5.1	2.3	−11.2	−6.7
헝가리	경제성장률(실질)	−0.2	−4.0	−11.9	−3.1	−0.6	2.9	1.5	1.3	4.4
	실업률(연말)	0.4	1.9	7.8	13.2	13.3	11.4	11.1	10.7	10.4
	소비자물가 상승률	17.0	28.9	35.0	23.0	22.5	18.8	28.2	23.6	18.3
	경상수지(10억 달러)	−1.4	0.1	0.3	0.3	−3.5	−3.9	−2.5	−1.7	−1.0
	−GDP에서의 비중	−4.9	0.4	0.9	0.9	−9.1	−9.4	−5.6	−3.7	−2.2
폴란드	경제성장률(실질)	0.2	−11.6	−7.0	2.6	3.8	5.2	7.0	6.1	6.9
	실업률(연말)	0.1	6.3	11.8	13.6	16.4	16.0	14.9	13.2	10.5
	소비자물가 상승률	251.1	585.8	70.3	43.0	35.3	32.2	27.8	19.9	14.9
	경상수지(10억 달러)	−1.8	0.7	−1.4	−0.3	−2.3	−0.9	5.5	−1.4	−4.3
	−GDP에서의 비중	−2.2	1.2	−1.8	−0.3	−2.7	−1.0	4.6	−1.0	−3.1

자료: WIIW, EBRD, Rosati(1998).

서 나타나는 특징적인 현상임을 알 수 있다.

그러나 구체적으로 살펴보면, 국가에 따라 상이한 체제전환 진행과정을 보여 주고 있다. 국민생산의 축소와 실업의 증가는 구동독의 경우가 동구권 국가들에 비해 심하였고 국민생산의 하락이 초기에 집중되어 있으나, 동구권의 경우에는 수 년에 걸쳐 국민생산이 하락하였다.

실업률은 동구권의 경우 꾸준한 경제성장에 힘입어 대체로 하향안정적인 경향을 보이나, 체코의 경우를 제외하고는 아직도 두 자리수를 나타내고 있는바, 이는 기업재정비 과정에서 과잉노동력을 감축시키는 구조적 조정이 계속해서 일어나고 있는 한편, 아직은 경제성장의 폭이 미미해 신규 고용창출이 지연되고 있음을 의미한다. 그러나 구동독의 경우에는 실업률이 지속적으로 상승하고 있다.

인플레는 체제전환 초기에 공통적으로 발생하였으나 그 정도면에서 국가마다 차이를 보이고 있다. 폴란드의 경우 여타 국가에 비해 체제전환 초기에 초인플레를 경험하였으나 다른 국가들과 마찬가지로 점차 물가안정 추세를 보였고, 특히 구동독 및 체코, 슬로바키아의 경우 한 자리수의 물가상승률을 보이는 등 성공적으로 물가안정 목표를 달성하였다.

대외거래의 경우 체제전환국가 모두 경상수지 적자를 보여 주고 있다. 이는 대외경쟁력 강화 및 대외개방 촉진정책을 수행하는 과정에서 소요되는 많은 시설재 등의 수입이 지속되었기 때문이다.

이상과 같은 체제전환 추이는 체제전환과정에서 사용된 제반 경제정책과 밀접한 관계를 갖고 있다. 특히, 금융 및 재정정책이 체제전환 초기에 안정화를 위해 중요한 역할을 감당하는바, 체제전환국가들의 금융 및 재정정책 그리고 소득정책과 사유화 정책 등의 특성 및 효과를 분석해 볼 필요가 있다. 한편, 구동독 및 동구권 국가들의 체제전환 직전의 여건과 체제전환에

표 7-3 체제전환국가들의 개혁 전 여건 및 경제정책

국가	체제전환 전 여건	체제전환 주요 경제정책				
		금융정책	환율정책	재정정책	소득정책	사유화
구동독	• 중앙통제 • 서독으로의 흡수통합	• 통화통합 • 긴축	서독 환율 유지	확대→긴축	고임금정책	• 원상회복 • 직접 매각
체코	• 중앙통제 • 소비에트씩 개혁	• 긴축	고정환율	긴축	통제	• 대중적 사유화 • 철저함
슬로바키아	• 중앙통제 • 소비에트식 개혁	• 긴축	관리변동 환율	완화된 긴축 (1993년)	통제	• 사유화된 기업의 간접 통제
헝가리	• 이미 일부 개방 및 점진적 자유화	• 완화된 긴축	준고정환율	단계적 긴축	통제	• 외국인 직접 투자 • 점진적임
폴란드	• 민간부문 발전 (자유노조) • 외채위기(1991년)	• 철저한 긴축	고정→준고정환율	긴축	점차 통제	• 노사정 성격이 강함 • 종업원 우대

따른 정책의 주요 내용 및 특징 등을 간략히 요약해 보면 <표 7-3>과 같다.

3.2. 금융정책

구동독 및 체제전환국가는 가격자유화의 과정에서 발생한 인플레이션에 대처하기 위해 긴축적인 금융정책을 실시한 것이 공통적 특징이라 할 수 있다. 구동독의 경우 동독 경제의 잠재적 성장력을 초과하여 고평가된 통화통합으로 통화량이 확대되고 통일로 인한 재정지출의 확대와 더불어 인플레를 촉발할 우려가 높았기에 긴축통화정책을 사용하였다. 즉, 통일 초기 M3 상승률이 목표치를 상회하여 인플레가 우려되었는바, 이에 통화량 목표관리방식을 유지하고 몇 차례 재할인율을 인상하였다(<표 7-4> 참조). 동구권

표 7-4 통일 독일의 통화량 및 금리 추이

(단위: %)

구분		1989	1990	1991	1992	1993	1994	1995	1996	1997
통화량	M2	11.6	27.2	9.8	10.3	10.3	-2.8	-1.9	4.6	1.1
	M3	4.7	5.6	5.2	9.4	7.5	5.7	2.1	8.1	4.8
	M3목표	5	4-6	3-5	3.5-5.5	4.5-6.5	4-6	4-6	4-7	3.5-6.5
이자율	단기	7.1	8.4	9.2	9.5	7.2	5.3	4.5	3.3	3.3
	장기	7.1	8.9	8.7	8.1	6.4	6.7	6.5	5.6	5.1

주: 1989년은 서독. 통화량은 전년 동기 대비 연평균, 이자율은 연평균.
자료: Institut der Deutschen Wirtschaft Köln(1998).

의 경우도 체제전환과정에서 나타난 초과수요로 인한 인플레를 억제하기 위해 긴축통화정책과 고이자율을 유지하였다(<표 7-5> 참조). 그러나 체제전환의 여건에 따라 긴축의 강도에는 차이가 존재하는바, 초인플레를 경험한 폴란드의 경우, 체제전환 이전에 부분적인 개방과 자유화가 시작된 헝가리의 경우나 인플레의 정도가 심하지 않은 체코 및 슬로바키아보다 철저한 긴축정책을 실시하여 물가안정에 보다 유념하였음을 확인할 수 있다.

그러나 이와 같은 긴축통화정책은 수요 측면뿐만 아니라 공급 측면에도 영향을 주었는바, 통화긴축은 신용경색을 가져다 주었고, 이와 같은 금융부문의 왜곡은 체제전환국가의 생산체계를 와해시켜 <그림 7-3> (c)에서처럼 *AS*를 좌측으로 이동시켰다.[11] 즉, 구사회주의 중앙계획경제하에서의 비효율적 경제운영의 결과 체코슬로바키아 기업의 80%(1991년), 폴란드 기업의 50%

11) 〈그림 7-3〉에서처럼 체제전환과정이 이행되면서 경제가 물가수준에 대응한 수량조정능력이 있는, 즉 *AS*가 우상향할 경우에는 위와 같은 총수요 긴축으로 물가가 안정되고 동시에 체제전환과정에서 실제로 두드러지게 나타난 국민생산이 하락하는 현상을 설명할 수 있지만, *AS*가 수직인 체제전환 초기에서는 *AD*가 좌측으로 이동하면서 물가가 안정이 되나 국민생산은 불변이어야 하므로 설명에 한계가 있다. 따라서 *AD*의 좌측이동은 신용경색을 야기시켰고, 더욱이 생산의 제한적 요소로 간주할 수 있는 유동성에 제약을 가져다 주어 *AS*의 좌측이동을 유발시켰다고 할 수 있다.

표 7-5 동구권 체제전환국가의 금융지표 추이

(단위: %, 환율은 해당국 화폐단위)

구분		1990	1991	1992	1993	1994	1995	1996	1997
체코	M2증가율(실질)	n.a.	(90-91)	-27.0	-1.0	9.9	9.7	0.4	1.6
	재할인율	3.1	7.6	7.4	8.0	8.5	9.5	10.5	13.0
	환율(CZK/USD)	17.95	29.48	28.26	29.15	28.78	26.55	27.15	31.71
슬로바키아	M2증가율(실질)	n.a.	(90-91)	-27.0	-4.7	5.2	9.2	10.8	3.0
	재할인율	3.1	n.a.	n.a.	12.0	12.0	9.8	8.8	8.8
	환율(SKK/USD)	17.98	29.49	28.29	30.79	32.04	29.74	30.65	33.62
헝가리	M2증가율(실질)	n.a.	(90-92)	-10.0	-5.7	-5.4	-0.7	-2.1	-4.3
	재할인율	28.1	30.8	28.9	22.2	29.0	27.5	21.8	19.5
	환율(HUF/USD)	63.20	74.81	79.00	92.04	105.13	125.69	152.57	186.75
폴란드	M2증가율(실질)	n.a.	(90-92)	-64.0	0.7	6.1	7.1	9.1	7.3
	재할인율	85.0	44.1	31.9	29.0	28.0	25.0	22.0	24.5
	환율(PLN/USD)	0.950	1.058	1.363	1.815	2.273	2.424	2.697	3.281

주: 통화량 및 이자율은 연말기준, 환율은 연평균. 1990~1992년 M2 실질증가율은 누적 개념임.
자료: Bofinger(1994), Rosati(1998), Osteuropa-Institut München(1998).

가 지불불능의 상태(1992년 초기)에 처해 있었으며, 이와 같은 부실채권을 떠안은 은행들은 기술적 파산에 이르게 되었다. 최종대부자(lender of last resort)로서의 중앙은행은 과도한 통화긴축에 따른 은행파산의 위험을 감안할 수밖에 없으며, 따라서 통화정책의 폭이 제한될 수밖에 없었다. 또한 상업은행들의 경우 기업들의 채무변제 만기를 연장해 줄 수밖에 없으며, 더욱이 기업간 복잡하게 얽힌 대출의 확대로 통화정책은 효과적일 수 없었다. 한편, 체제불안정으로 은행들은 단기성 자금운용에 집착하였고, 투자성 대출에는 고이자율을 부과하였다. 그리고 재정적으로 어려운 기업들의 자금수요가 오히려 이자율에 매우 비탄력적이어서, 금융부문에서의 역선택(adverse selection) 현상이 나타났다. 따라서 이와 같은 금융부문의 왜곡은 긴축통화정책의 총수요 억제를 통한 수요견인형 인플레 진정효과를 미진하게 하였으며, 오히려 *AS*를 좌측으로 이동시켜 비용인상형 인플레를 야기시켰고, 더욱이 인플레 진정의 대가로 생산 및 고용축소 부담을 가중시켰다.[12)]

한편, 동구권 국가와 달리 독일의 금융정책을 분석하는 데 있어서 통화통합의 특성과 효과를 살펴볼 필요가 있다. 동독 화폐가 고평가된 독일의 통화통합은 체제전환에 직면한 동독 주민에게 기초소득(seed money)을 제공해 준다는 효과 외에 독일 통일이 반전되지 않도록 하고, 서독 마르크를 동독 경제에 통용시킴으로써 서독 경제의 성가(聲價)를 이용한 동독 경제의 경쟁력을 확보하며, 동독 지역에 신규 투자를 촉진하고 적절한 유동성을 공급하기 위함이었다. 그러나 통화교환비율과 통합시기 그리고 경제정책적 수단인 통화통합을 이주방지 등의 사회정책 수단으로 사용한 것에 대해서는 문제가 있다. 교환비율의 적정성에 관해 동독 주민의 금융자산 가치가 감소하는 것을 막은 것은 대체로 받아들일 만하다고 한 견해도 있으나,[13)] 당시 시장가치를 훨씬 상회한 동독 화폐의 교환비율은 가격-임금의 순환고리를 통해 임금상승에 직·간접적인 영향과 동독 화폐의 평가절상효과를 유발시켜 동독 기업의 경쟁력을 약화시켰다. 결과적으로 기업채무가 증가됨에 따라 기업도산이 야기되면서 사유화 과정에 커다란 장애물이 되었고, 결국 동독 산업기반의 해체와 대량 실업을 초래하게 되었다. 따라서 이주억제 수단의 하나로

12) 사회주의 계획경제에서 자본주의 시장경제로의 체제전환과정에서 이른바 과잉통화(monetary overhang)가 존재한다고 하나, 이는 경제여건에 따라 달라질 수 있으며, 실제로 유동성 과잉이 가격자유화의 인플레이션에 큰 영향을 준 경우가 많지 않음을 볼 때, 이로 인한 소비증대효과는 미미하다고 할 수 있다. 전홍택·이영선(1997)의 전홍택 논문 참조. 단, 동독 주민들의 경우 통일 이후 상당한 초기 유동성을 확보할 수 있었고 따라서 통일 초기에 소비가 증가할 수도 있으나, 이는 막대한 서독의 자금력을 통한 이전지출이 가능하였기 때문이었음에 유의할 필요가 있다. 이로 볼 때 동독의 경우 통화통합으로 인한 유동성 증대로 수요견인형 인플레가 유발된 반면, 서독의 공급능력 존재로 비용인상형 인플레는 미약하였다고 할 수 있다. 그러나 동구권의 경우 체제전환 초기 공급능력의 와해로 인한 비용인상형 인플레의 비중이 상대적으로 컸다.

13) Milbradt(1997), p. 573 참조.

사용된 통화통합은 오히려 대량 실업만을 가속시켰고 동시에 새로운 이주를 유발함으로써 이로 인한 동독에의 막대한 이전지출을 초래하였다.[14)]

그러나 동구권의 체제전환국가와 달리 체제통합을 수행해야만 하는 독일로서는 조기에 통화를 통합하는 것을 피할 수 없었다.[15)] 다만 동독의 생산성 및 경제력에 상응한 적절한 통화교환비율과 여러 가지 다른 정책들을 조화롭게 연관시킬 필요가 있었다.

한편, 안정적인 자국통화의 대외가치는 성공적인 체제전환의 필수요건 중의 하나이다. 구동독의 경우 통화통합으로 서독의 마르크화를 도입하였지만, 동구권 국가들의 경우 대외개방을 함에 따라 외환과 교환하기 위한 안정적인 자국통화가치를 확보할 필요가 대두되었다. 이를 위해 체제전환 초기에 고이자율을 유지할 수밖에 없었고, 또한 체제전환의 불안정성, 예를 들면 인플레 예상 등으로 외화예금이자를 상승시킬 수밖에 없었는바, 이는 재차 대출이자율을 상승시키고 채무과중된 기업들을 압박함으로써 다시 불확실성을 증가시키는 악순환을 초래할 수밖에 없었다.

환율의 안정은 물가안정과 밀접한 관계를 갖는다. 비교적 물가안정이 이루어진 체코슬로바키아(양국으로 분리하기 이전)의 경우에는 1990년에 자국화폐를 3배 평가절하하고 독일 마르크를 기준으로 한 고정환율(nominal exchange rate anchor)을 실시하여 안정적인 환율을 유지할 수 있었다. 반면에 폴란드는 극심한 물가상승으로 인해 고정환율제를 통한 환율안정에 실패하였고, 이후 준고정환율제를 사용하여 실질환율의 추이를 보면서 평가절하를 단행하는 방법을 사용하였다.[16)] 헝가리는 재량적 준고정환율제(일종의

---

14) Bryson(1992), p. 139 참조.

15) Kantzenbach(1992) 참조. 급속한 통화통합보다 동독 화폐의 환율을 동독 경제의 생산성에 맞추어 일종의 완충역할을 하게 하며, 동서독 경제체제를 분리한 채로 자유무역을 시행하면서 환율을 시시각각으로 조정하게 하는 대안(Hoffmann, 1993) 등이 있으나 정책에 그다지 영향을 끼치지 못하였다.

crawling-peg system)를 이용하여 점차 자국화폐의 안정적인 대외가치를 확보하려고 하였으나, 평가절하의 빈도수가 증가하는 등 화폐가치의 안정을 도모하는 데 어려움을 겪었다.

요약하건대, 독일의 경우 통화통합이 구동독 화폐의 고평가를 가져다주어 일련의 통화정책 운용에 어려움이 있었으나 서독 마르크화의 도입으로 체제전환정책의 신뢰성을 보장할 수 있었던 반면, 동구권 체제전환국가들은 통화통합에 대한 부담은 부재하나 자국화폐가치의 안정성을 확보하기 위한 (준)고정환율로 통화정책 운용폭에 제한이 있을 수밖에 없었다. 또한 체제전환 초기에 인플레를 억제하기 위한 통화긴축은 독일 및 동구권 국가의 공통적 현상으로 확인되는데, 이는 동구권 국가의 경우 총수요 위축뿐만 아니라 신용경색으로 인한 총공급 위축도 가져와 예상 밖의 마이너스 성장의 대가를 치렀다(즉, *AD*의 좌측이동 및 *AS*의 좌측이동). 독일은 서독의 선진 금융체제와 관리능력과 더불어 경성예산제약하의 금융활동이 이루어져 신용경색으로 인한 총공급 위축현상은 미미하나 후술할 노동시장에서의 지나친 실질임금의 상승과 노동수요량에 의한 고용결정($L^{*}=L^{D}$), 그리고 통화긴축으로 인한 독일 마르크화의 평가절상으로 구동독 기업의 경쟁력이 저하되어 극심한 생산와해와 대량 실업을 초래하게 되었다.

16) 폴란드는 체제전환 초기 초인플레하에서 고정환율을 고수하여 2년 남짓한 기간에 실질환율이 140% 절상됨으로써 경상수지의 급속한 악화를 가져왔을 뿐만 아니라 화폐의 신뢰도에도 타격을 입혔다. 한편, 체제전환 초기 각국의 평가절하를 통한 환율조정은 다음과 같다(환율=미국 달러에 대한 자국화폐 표시). 체코슬로바키아는 1990년 9월~1991년 1월에 15.71에서 28.0으로 78.2%를, 헝가리는 1991년 1월 60.95에서 68.59로 12.5%를, 폴란드는 1989년 8월~1990년 1월에 980.0에서 9,500.0으로 861.5%를 각각 평가절하하였다. Rosati(1994), p. 64 참조.

3.3. 재정정책

구동독과 동구권 국가의 재정정책은 체제전환과정에서 발생하는 사회보장과 하부구조 등에 지출되었다는 점에서는 공통적이었으나 양자 간에 차이가 있음을 발견할 수 있다. 독일의 재정지출이 공공이전지출로서의 성격을 갖는 반면 동구권 국가들의 경우 재정지출은 제한적이나마 경제적 안정을 위한 수단으로 사용되었던 것이다. 그러나 가격자유화가 이루어지면서 경기침체가 도래하였고, 이에 대한 대안으로 공공지출을 증가시켰으나 이로 인한 이자율과 물가상승, 국제수지 적자 등으로 곧바로 긴축을 시행할 수밖에 없어 경기침체는 지속될 수밖에 없었다.

더욱이 재정지출 그 자체가 심각한 재정적자로 이어질 경우 체제전환으로 문제점은 악화됨을 확인할 수 있다.[17] <표 7-6>에서 보듯이 체제전환 초기에는 가격자유화로 인한 가격상승효과와 재고 및 외화예금의 평가절상효과로 기업들이 고이윤을 시현하였고, 이에 따른 이윤세를 중심으로 한 조세

표 7-6 독일 및 동구권 국가의 GDP에 대한 재정수지 비중

(단위: %)

국가	1989	1990	1991	1992	1993	1994	1995	1996	1997
독일	0.1	-2.1	-3.3	-2.8	-3.5	-2.6	-3.6	-3.5	-3.4
체코	-2.4	0.1	-2.0	-3.3	0.2	0.9	0.3	-0.7	-1.3
슬로바키아	-2.4	0.1	-2.0	-3.3	-5.8	-5.0	-0.9	-4.0	-5.7
헝가리	-1.3	0.4	-4.6	-8.3	-5.4	-9.6	-6.2	-3.3	-4.6
폴란드	-7.4	3.5	-6.2	-7.0	-2.8	-2.7	-2.6	-2.5	-2.8

주: 독일의 1989년 및 1990년의 경우 서독만의 수치임.
자료: Deutsche Bundesbank(1998.4), Osteuropa-Institut München(1998).

17) Herr *et al.*(1994) p. 18 이하 및 Rosati(1994), 그리고 Oblath(1995) 등을 참조할 것.

수입의 증대로 일시적이나마 재정흑자를 기록하였으나, 곧바로 시장경제에서의 조세체계 및 관리가 미비하고 체제전환과정에서의 대폭적인 소득 축소로 세수도 대폭 줄어들었으며, 또한 방만한 사회보장지출의 지속으로 인해 예산위기를 초래하였다.

지속적인 재정적자는 정부의 공공부채를 급속하게 증가시켜 상품시장에서의 초과수요가 존재하지 않음에도 불구하고 인플레를 야기시킬 수 있다. 이는 재차 정부정책에 대한 불신을 일으키고 경상수지 적자와 함께 이른바 쌍둥이 적자를 유발시킴으로써 통화가치를 불안하게 하므로 중앙은행이 외화유치를 위한 고이자율정책을 실시하지 않으면 안 되었고, 그 결과 구축효과(crowding out effect)가 발생하는 악순환이 일어났다. 따라서 미해결된 구채무의 부담과 조세제도 개혁의 지연 때문만 아니라 위와 같은 재정적자를 해소하기 위해 시행된 재정긴축은 더욱더 국민생산을 위축시키는 결과를 초래한 것이다(<그림 7-3> (a) 참조). 더욱이 막대한 공공부채로 인한 정부의 자금수요 증가는 이자율 상승을 통해 원리금 상환부담을 가중시키게 되고 이를 충당하기 위한 통화팽창은 인플레를 조장하게 되어, 정부정책에 대한 신뢰를 하락시킴으로써 장기적 인플레와 저성장을 초래할 가능성을 유발하게 되었다.

동구권 체제전환국가와 달리 독일의 경우 동서독 소득격차 축소를 목표로 하는 재정정책은 통일비용을 증폭시키는 결과를 초래하였다. 즉, 독일 통일과정의 통화통합에서 발생한 구동독의 은행수지 불균형을 보정하고 인민기업의 채무부담을 재정지출로 떠안게 되었으며, 대량 실업에 따른 막대한 사회보장성 이전지출이 수행되었다.

통일 이후 1991년에서 1998년까지의 8년 동안 대략적으로 구동독 지역으로 이전된 재정지원액은 1조 3,700억DM에 달한다. 이에 따라 GDP 대비 40%

선이었던 통일 전 1980년대 독일(서독)의 공공부채는 통일 이후 1990년에서 1994년까지는 평균 50%로 지속적으로 누증되면서 최근에는 60%선으로 폭증하고 있어 거시경제적 안정화 정책에 가장 큰 불안요소로 자리잡고 있다.

이와 같은 과도한 공공이전지출의 축소조정이 시도되었으나 절반 이상을 차지하는 법률적 의무지출로 인해 제한된 범위 내에서만 공공이전지출액 축소가 가능하였을 뿐이다.[18] 또한 독일 통일에 소요되는 재원은 주로 차입을 통해 이루어졌기에 견실한 공공부채 상환계획을 세우지 않으면 이자부담 등으로 인해 채무위기에 직면할 가능성도 있다. 누적된 공공부채와 재정적자의 확대는 이자율을 상승시켰고, 나아가서는 경제성장을 위축시킴으로써 세수수입의 감소와 이를 보전하기 위한 재차입을 통해 다시 공공채무를 증가시키는 악순환이 지속되었다.[19]

이 밖에도 독일의 재정정책은 경기변동에 역진적이었음을 지적할 수 있다. 즉, 경기침체기에 조세인상정책을 도입하고, 금융긴축정책을 추진하였다. 통일 초기 서독에서의 통일 특수로 호황상태에 있을 때 조세인상을 단행하면서 서독민들이 추가적인 조세부담을 기꺼이 받아들일 수 있는 사회적 분위기를 조성했어야 한다.

요약하건대, 체제전환국가들의 재정정책은 안정화 정책의 기능을 수행하는 데 있어서는 한계가 있었다. 왜냐하면, 실업에 따른 사회보장성 지출의 증가와 공공부채의 누적으로 운용의 폭이 제한받을 수밖에 없었기 때문이다. 또한 이와 같은 소비성 공공지출은 외부효과를 발휘하는 데에는 비효율적이었다. 더욱이 체제전환 초기부터 공공부채 상환계획을 수립 · 집행하면

18) Schaden and Schreiber(1997), p. 156.
19) 이자부담으로 인한 공공부채 누적의 현상을 구체적으로 살펴보기 위해서는 Deutsche Bundesbank(1997. 3), Monatsbericht, 특히 pp. 23~25를 참조할 것.

서 차입보다는 증세를 통하여 경제 자체의 자기 보정적 능력을 제고시키면서 경기순응적으로 재정지출을 수행할 필요가 있었다.

3.4. 소득정책

체제전환과정에서의 가장 큰 걸림돌의 하나로 작용하고 있는 대량 실업에 대한 원인은 구동독과 동구권 국가의 경우 상이한 점이 있다.

구동독의 경우 동서독 삶의 수준의 균등화라는 통일의 기본 목표가 독일의 임금 및 소득정책에도 영향을 미쳐 동독 지역의 임금을 지속적으로 인상하였다.[20] 그러나 통일 초기 신속한 임금상승은 동독 기업의 경쟁력을 약화시켰고,[21] 국유기업의 사유화 과정에서 결정적인 장애물로 작용함으로써 결국 동독 기업의 도산 및 대량 실업을 야기하였다.[22] 이에 대한 재정정책적 보조로 인해 재정부담이 폭증하게 되어 공공투자지출에 대하여서는 더 이상의 재정정책의 여력이 없을 정도가 되어 버렸다.

동구권 국가들의 경우 체제전환 초기에는 오히려 물가상승이 임금상승을 주도하는 양상을 띠었으며, 그 결과 인플레를 억제하기 위한 일환으로서 임금상승률을 통제하는 소득정책이 취해졌다.[23]

---

20) 이와 같이 임금상승을 허용한 배경에는 통일 당시 임금교섭방식이 동독의 기업가를 대변하는 집단이 부재하여 서독의 노조 지휘에 의한 단체교섭의 일괄적 타결로 이루어진 점도 있으나, 동독 주민에게 안정적인 소득확보에 대한 기대를 심어 줌으로써 서독으로의 이주를 억제하려고 하였던 점, 그리고 고임금의 인센티브를 통한 생산성 제고와 첨단기술전략산업의 육성을 도모하려고 하였던 점 등이 있다.

21) 1991년에서 1997년까지 피고용자 1인당 총소득상승률은 92.1%이나 피고용자 1인당 창출 실질가치 상승률은 70.4%에 불과하고, 1997년 기준 명목가치 단위당 구동독 임금비용은 서독의 123%에 달한다. Deutsche Bundesbank(1998. 4) 참조.

22) 구동독의 경우 동구권과는 달리 사유화 전후로 신탁관리청이나 서독의 경영지배에 의한 기업 내 경성예산제약이 곧바로 작동되었다. 즉, 시차 없이 식 (2)에서 α가 1에 가까워 〈그림 7-1〉(d)에서 $(w/p)_0$의 임금수준에서 균형노동량이 노동수요에 근접하여 결정되었기에 그만큼 대량 실업을 야기시켰다.

23) 체코의 경우 초과임금 상승분에 대한 세금을 책정하였고 3단계 임금협상제도를 실시하였는바, 1992년 완화하다가 1993년 재차 소득정책을 강화하였다. 헝가리의 경우에도 임금상승률의 상한을 정하고 초과

표 7-7 동서독의 임금상승률 및 생산성 상승률 비교

(단위: %)

구분		1989	1990	1991	1992	1993	1994	1995	1996	1997
서독	임금	4.2	7.2	7.1	5.2	4.3	3.2	5.0	2.5	1.5
	생산성	3.4	5.6	3.7	0.1	0.7	3.4	3.5	2.6	3.3
동독	임금	–	–	–	19.9	13.7	9.5	8.9	4.7	3.7
	생산성				8.0	10.5	9.8	6.3	4.8	6.0

주: 노동단위시간당 임금 및 생산성 기준.
자료: Institut der Deutschen Wirtschaft Köln(1998).

표 7-8 동구권 국가의 노동생산성 및 실질임금 변화 추이

(단위: %)

연도	체코		헝가리		폴란드		슬로바키아	
	생산성	실질임금	생산성	실질임금	생산성	실질임금	생산성	실질임금
1991	−14.4	−26.3	−6.3	−1.2	−3.0	0.2	−14.3	−27.3
1992	−2.2	10.2	−4.7	1.1	14.3	15.4	−2.9	9.6
1993	−1.2	3.7	13.4	−0.5	8.8	−0.4	1.8	−3.9
1994	5.1	7.8	15.7	3.2	13.1	1.7	7.2	3.2
1995	10.6	8.6	10.2	−8.9	6.6	3.0	4.0	4.0
1996	8.6	8.8	9.4	−2.6	9.6	5.5	2.5	7.1
1997	9.2	1.9	13.5	3.4	12.1	5.7	4.8	6.7

주: 실질임금은 연평균치로 소비자물가지수로 환산.
자료: Rosati *et al.*(1998). WIIW 데이터베이스에 기초.

그러나 구동독과 동구권 국가들의 경우, 특히 대비되는 것은 임금상승률과 생산성 상승률과의 관계이다(<표 7-7> 및 <표 7-8> 참조). 동구권 국가의 경우 구동독보다도 생산성 향상속도가 임금상승 등을 상회할 정도로 빨라

분에 대하여서는 세금을 책정하고 명목임금에 대한 3단계 협상제도를 실시하였으나 1993년 이후 국가통제를 취하지 않았다. 폴란드도 특히 공공부문에 대해서는 임금초과분에 대해 누진적 세금을 징수하였으나 점차 완화하였고, 1994년부터는 단체임금교섭방식으로 소득정책을 실시하였다.

기업의 국제경쟁력을 개선시키고 수출을 증가시키는 효과를 보여 왔다. 반면 구동독의 경우에는 생산성 상승률을 상회하는 임금상승률이 인위적으로 이루어졌는바, 이는 분배에 집착한 잘못된 임금정책이라 볼 수 있으며, 구동독 지역의 기업경쟁력을 저하시켜 도산과 실업을 더욱 악화시켜(<그림 7-3> 에서처럼 *AS*곡선을 좌측으로 이동시킴) 체제전환의 부담을 가중시켰다.[24] 생산성에 기준을 두고 기업 및 산업에 따라 차별화된 임금정책을 수행하는 것이 오히려 중장기적 관점에서 서독과의 삶의 수준 격차를 보다 효율적으로 줄일 수 있었을 것이다. 즉, 임금상승을 통한 인위적인 동서독 격차 축소의 방법을 지양하고 동독 지역 기업의 경제적 효율성을 증가시키는 정책의 도입으로 동서독 간의 동질화를 달성하는 것이 바람직하다는 것이다.

3.5. 사유화 정책[25]

체제전환국가의 사유화 현황을 살펴보면, 우선 구동독의 경우 흡수통합의 여건하에서 신탁관리청 주도하에 신속한 직접매각 위주로 사유화를 추진하였다. 신탁관리청은 국유기업의 매각을 통해 통일비용의 상당 부분을 충당하려고 하였으나 시장원리를 무시함으로써 매각수입의 극심한 저조로 인해 신탁관리청의 재정부담을 가중시키는 결과를 초래하였다.[26] 또한 구동

24) 구동독 지역의 경우 고임금, 구동독 화폐의 고평가 등으로 생산구조가 와해되어 1991년에는 30%선의 마이너스 경제성장을 기록하였다. 특히, 통일 초기에 하락폭이 컸었는바, 산업생산은 1990년 하반기에 이미 25% 정도 하락하였고, 1991년에는 통화통합 이전과 비교하여 1/3 수준으로 하락하였다. 이는 통화통합 이후 임금상승으로 가격경쟁력이 저하되었고, 서구 제품의 유입으로 인한 동독 제품의 기피, COMECON체제의 와해로 인한 해외수요의 급감, 통일 이후 서독 상품의 막대한 유입 등으로 인해 동독 시장기반이 해체되었기 때문이다.

25) 필자들은 별도로 동독 지역 및 동구권 체제전환국가들의 사유화 정책을 분석하였고, 북한 지역의 사유화 방안을 제시하였다. 이종원 외(1997)의 제IV, V장을 참조할 것. 본장에서 제시한 사유화 방안도 이에 의거하였음을 밝혀 둔다.

26) 당초 매각수익을 6,000억 마르크로 예상하였으나 신탁관리청의 업무가 종결된 1994년 말까지 매각수익

독은 원상회복(restitution)원칙에 입각한 사유화를 실시하였는바, 소유관계의 불확실과 소유관계가 해결되지 않은 기업이나 공장부지에 대한 투자가 이루어질 수 없어 실업의 해결이나 경제활성화에 큰 장애요인이 되었다.

이와 달리 동구권 국가들의 경우 대중적 사유화를 실시한 것이 특징이다. 체코의 경우 사유화 증서 배분을 의무화한 대중적 사유화 정책의 철저한 실시로 1997년 말 현재 75%선의 민간부문 비중이 형성되어 시장경제의 면모를 상당히 나타내고 있다. 체코에서는 폴란드나 헝가리에서와 같은 특권층에 의한 사유화 사례가 거의 없고 대중적 사유화의 성공으로 대중의 지지를 얻고 있을 뿐만 아니라 외국인 직접투자를 증가시키는 효과를 가져다 주었다. 한편, 슬로바키아의 경우 민간부문의 확대가 지속적으로 이루어졌지만, 정부가 국영기업의 경영층을 대변하여 사유화가 지연되기도 하였고, 또한 사유화된 기업은 기금이나 은행을 통한 간접통제가 이루어지고 있다.

체제전환 전 이미 점진적으로 경제개혁을 추진하였던 헝가리에서는 외국투자가에 의존한 사유화, 즉 외국인 투자자에 대한 국영기업의 대량 매각을 추진한 것이 특색으로 지적되고 있으며, 이와 같은 외국기업과의 합작은 기업의 경쟁력을 강화하는 등 기업운영의 효율성을 아울러 제고시킨 것으로 평가되고 있다. 폴란드는 노조의 기업 내 비중이 큰 상태에서 사유화부(私有化部)를 중심으로 한 상업화와 대중적 사유화를 병행하여 추진하였다. 특히, 근로자에게 우대조건으로 주식을 매각하여 일정 조건하에서 사유화된 기업의 임원선출권을 부여하기도 하였다.

이상의 구동독 및 동구권 국가들의 사유화 정책을 비교 · 요약하면, 첫째 구동독 지역의 원상회복 경우처럼 체제전환과정에서 소유권 확립이 조

은 400억 마르크에 불과한 반면, 신탁관리청의 지출은 2,760억 마르크에 달하여 무려 2,360억 마르크의 손실을 보아 재정적인 부담을 가중시켰다

속히 실현되지 않으면 투자위축 및 저해 등 많은 문제점이 노출됨을 알 수 있다. 둘째, 구동독과는 달리 동구권 국가의 사유화 과정에서는 비교적 외국투자가의 참여가 높았는바, 이는 구동독의 경우 서독이라는 투자가가 있었으나 동구권 체제전환국가의 경우 자체 내 자본축적이 미비하여 외국투자가에게 의존하지 않을 수 없었다는 사실을 반영한다. 셋째, 구동독의 경우 매각 중심의 상업화를 추진한 반면, 동구권 국가의 사유화 정책은 대중적 사유화와 개별적 사유화를 동시에 추구하였다. 후자의 경우 국내축적자본이 부족하였고, 또한 이로 인한 외국인 투자가나 기득권층에게의 자본집중을 방지할 수 있으며, 단기간 내에 사유화를 수행하면서 경제의 형평성을 증진할 수 있었으나, 소유권의 분산으로 인해 기업경영의 책임이 약해질 경우 경제적 효율성이 저해될 수 있음이 지적될 수 있다.[27)]

3.6. 종합적 평가와 시사점

이상에서 살펴본 체제전환시 나타나는 일반적인 현상인 경기침체와 인플레이션에 대해 국가적 차원에서 대응할 수 있는 정책도구는 금융정책과 재정정책이라 할 수 있다. 그런데 이러한 정책은 시장경제체제의 초석이 되는 생산수단 및 자산의 사유화 과정이 신속하고도 효율적으로 수행될 수 있도록 조세 및 금융제도를 정착시키는 데 일차적인 노력을 경주해야 하며, 특히 이 과정에서 필연적으로 배태되는 임금정책에 각별한 주의를 기울여야 한다.

27) 이를 보완한 것이 참여모형에 의한 사유화로, 이는 소유와 경영을 분리시켜 외부투자가로 하여금 책임경영을 꾀할 수 있도록 하는 반면, 종업원과 일반시민에게 주식이 광범위하게 분산될 수 있어 형평성도 제고될 수 있다는 장점이 있다. 참여경제가 생산성 증대에 미치는 효과에 대해 논란이 많으나, 일반적으로 효율성의 제고는 물론 형평성의 개선에도 긍정적 영향을 미치는 것으로 평가되고 있다.

금융정책의 경우 초기의 화폐개혁 내지 통화통합의 시기와 방법, 총통화량의 증가규모, 환율의 결정방식 및 이자율정책 그리고 무엇보다도 금융경색을 해소할 수 있는 구체적 대응방안이 주로 다루어져야 한다. 재정정책은 사유화를 기초로 하는 시장경제로의 전환과정에서 발생하는 각종 사업의 소요자금을 제때에 공급하면서 기업의 도산으로 와해된 공급능력뿐만 아니라 수요를 보완할 수 있는, 특히 외부효과를 제고할 수 있는 공공지출을 탄력적으로 운용할 수 있도록 하여 경제성장을 통한 세수를 증대시켜 견실한 재정수지를 이룰 수 있도록 초점이 맞추어져야 할 것이다.

여기서 한 가지 중요한 것은 사유화 방법에 따라 거시적 안정화 효과는 엄청나게 달라질 수 있다는 점이다. 즉, 중소기업 및 대기업의 사유화, 농지의 사유화, 그리고 주택의 사유화 방식은 다양하게 추구될 수 있으며, 선택여하에 따라 주민들의 기초자산 조성, 인구이동 억제는 물론 직업 및 소득의 안정에 이르는 다양한 효과를 도모할 수 있다. 특히, 사유화 과정에서 핵심이 될 국유기업 사유화의 성공 여부는 새로운 기업환경에 신속히 대응할 수 있는 전문경영인력이 효율적으로 배치되어 활동할 수 있는 여건이 조성되는가에 달려 있으며, 기존의 경영진이 기득권을 근거로 계속해서 경영을 맡게 되는 결과가 초래될 경우에는 효율적 생산은 기대할 수 없을 것이다. 한편, 지분의 대중적 배분을 통한 사유화 방식은 형평성이 제고될 수 있다는 관점에서 국민적 지지를 얻을 수 있으며, 이와 같은 성공적인 사유화가 실현된다면 거시적 안정화에 초석을 마련할 수 있다는 점이 강조될 필요가 있다.

4. 통일한국에서 거시경제정책의 혼합적 운용방안: 제안

이상에서 살펴본 독일 및 동구권 국가들에서의 체제전환과정에서의 주요 경제정책 내용과 성과에 대한 분석을 바탕으로 한국에서 통일이 실현될 경우 바람직한 기본 경제정책 방안을 다음과 같이 제시해 보고자 한다. 여기서 중요한 것은 이하에서 제시하는 각종 대응방안은 통일실현시 예상되는 소요자금규모 자체를 중시하는 이른바 통일비용 논쟁을 지양하되[28] 궁극적으로 우리가 부담할 총체적인 경제적 부담을 최소화할 수 있는 대응책의 모색이라는 차원에서 접근하고 있다는 사실이다. 즉, 일단 통일이 실현될 경우 남한측 정부와 국민들이 현실적으로 감당할 수 있는 경제적 부담 한도 내에서 통일사업을 추진한다는 가정하에, 가능한 한 통일로 인한 충격과 문제점을 조속히 해소하고 나아가서는 국민경제를 동질화시킴과 동시에 장기적인 성장잠재력을 극대화할 수 있는 기초를 마련하는 최선의 대책을 추구한다는 데 본 연구의 궁극적 목표가 맞추어져 있다는 점이다.

4.1. 금융정책

북한 지역의 경제적 효율성을 증가시켜 중장기적으로 성공적인 체제통합을 이루기 위해서는 민간투자가 활성화되도록 경제적 여건이 형성되어야 한다. 따라서 기업의 금융조달비용을 경감하게 해 주는 미시적 제도 측면에서의 여건을 조성하면서(예컨대, 대출원활화 장치, 신용경색 제거방안 등), 다소

28) 그간의 통일비용을 추정한 25여 개의 연구문헌 목록과 간단한 설명을 위해서는 김영하(1997)를, 기존 통일비용 연구에 대한 비판으로 김용구(1995)를 참조할 것.

확대적인 통화정책을 통해 금리를 낮은 수준으로 유지함으로써 민간투자를 증대시켜 사유화된 기업들이 원활한 생산활동을 하도록 해야 한다. 통일 초기에 신용경색에 직면할 경우 앞서 <그림 7-3>에서 분석한 것처럼 *AD*곡선뿐만 아니라 *AS*곡선을 좌측으로 이동시켜 물가상승 및 실업, 생산와해를 가중시켜 통일비용을 증폭시킬 수 있고, 자금력이 독일에 비해 열악한 통일한국의 경우는 민간투자의 증가 여부가 체제전환의 성패를 가늠하기 때문이다.

통화공급 증가규모는 정부의 예산적자 보전 한도 내로 제한할 경우, 이는 정부의 원리금 부담이 누적되는 국채발행에 의한 정부예산 적자 해소방안보다는 바람직하다는 견해가 동구권 국가들의 체제전환과정에서 타당성이 인정된 바 있다. 물론 인플레이션 압력을 유발할 것이란 우려가 있을 수 있으나 신용경색으로 인한 경기침체 및 대량실업문제가 보다 심각한 사안임을 주지할 필요가 있다. 물론 물가안정에 대한 신뢰성 있는 경제정책 수립 및 집행이 병행되면서 이자율수준의 하향안정화를 도모할 필요가 있다.[29)]

특히, 물가안정을 위한 금융긴축정책의 방법은 이자율을 상승시키고 투자를 위축시켜 경기역진적으로 작용하여 침체를 장기화할 수 있음에 유념해야 할 것이다. 물론 물가상승을 억제하기 위한 일환으로 일정 한도의 통화준칙도 필요한바, 앞서 지적한 바 있듯이 통화발행은 정부적자를 보전하는 정도가 바람직할 것이다. 한편, 이러한 상황에서는 환율상승이 기대되므로, 안정적인 환율상승을 유지하여 수출을 증가시키고 나아가서 투자를 증대시킬 수 있도록 하여야 한다.[30)]

29) 이와 같은 중앙은행의 신용확대를 통한 통화팽창정책의 보전책으로 재정부문에 있어서 저축에 대한 이자소득세 및 자본소득세를 부과할 경우 시점 간(intertemporal) 자원의 잘못된 배분을 교정해 줄 수 있기 때문에 실제로 복지를 개선해 줄 수 있다는 연구도 있다. Feltenstein(1997) 참조. 아울러 단순한 체제전환 경험국들인 동구권 국가들이 높은 인플레이션을 경험한 반면 체제통합국인 동독의 경우 물가불안 문제는 심각하지 않았던 사실에 주목할 필요가 있다.

30) 이 밖에도 북한 금융산업의 개편 및 경쟁력 제고노력도 병행하여야 할 것이다. 금융제도를 개혁하는 것

한편, 체제전환뿐만 아니라 통합을 수행해야 하는 통일한국의 경우 남북한 간의 성공적인 통화통합 역시 제일의 중요 사안이다. 통화통합에 대한 논쟁의 주제는 통합시기와 교환비율로 모아진다. 통화통합을 통일 초기에 할 경우 북한 지역의 경제활동을 수행하는 데 필요한 경화를 제공함으로써 후속적인 투자유치 및 기업활동에 도움을 줄 수 있는 반면에, 단계적인 환율조정과정을 거친 후의 통합은 현실적인 교환비율을 고려할 경우 북한 지역 기업의 경쟁력이 일시에 약화되는 현상을 방지할 수 있다는 측면이 있다. 한편, 남북한 통화통합시 북한 주민의 소득향상효과를 도모하고 남한으로의 이주를 억제하기 위한 동서독식의 통화교환비율을 고려할 수 있는 반면, 현실적인 교환비율을 고려하여 북한 기업의 경쟁력을 유지하도록 방안을 선택할 수도 있다.

이와 같은 여건을 고려할 때 통화통합은 체제통합 및 전환의 비용을 최소화하고, 북한 주민들에게 체제전환 초기에 기초소득 지급 여부를 염두에 두면서 북한 기업의 경쟁력을 유지할 수 있는 쪽으로 모아지도록 할 필요성이 있다. 우선 통화통합은 초기에 집행하는 것이 혼란을 방지하고 북한 기업의 대외거래 효율성을 제고시킬 수 있다는 데에는 이론의 여지가 없다. 물론 환율대를 설치한 단계적인 통합의 경우나 신속한 통화통합의 경우 모두 환율투기 등의 부작용은 있기 마련이란 사실은 염두에 두어야 할 것이다. 따라서 이에 대한 제도적 대책을 마련하면서 적정 통화교환비율을 산정하여 가급적 신속히 통합을 실시하는 것이 바람직하다.[31] 그런데 이 경우 통화교환

은 경제안정화 및 사유화 등 통일 후 여타 개혁조치들과 긴밀한 관련이 있어 그 어떤 부문보다도 파급효과가 클 뿐 아니라 중앙은행의 통화정책 및 자원배분의 효율성을 증대시키기 위해 필수불가결한 조건이다. 전홍택 · 이영선(1997)의 전홍택 논문 참조.

31) 동서독 통화통합과정에서의 불법행위 등의 사례를 위해서는 이상현 · 박완근(1998) 참조. 또한 본 논문에서는 적정 통화교환비율의 추정은 생략한다. 이에 대한 연구로 전홍택 · 이영선(1997)의 하성근 논문을 참조할 것.

비율은 모든 경우에 동일하게 적용할 필요는 없다는 점을 지적해 두고 싶다. 예를 들면, 민간저축은 일정 한도 내에서 적정 비율보다 다소 높은 비율로, 그리고 민간의 초과저축 및 기업금융자산 등에는 낮은 비율로 교환하되 전체적으로는 적정 교환비율 수준이 유지될 수 있는 일종의 pooling weighted equilibrium으로의 교환비율을 모색할 필요가 있다. 이러한 차별적 통화교환비율의 적용은 후술할 사유화 방식과 더불어 민간에게 일정 규모의 기초자산을 마련해 주는 효과를 제공할 것이기 때문이다. 또한 이 방식은 차별화된 교환비율 적용으로 금융자산 및 부채규모를 축소조정하는 이른바 몰수개혁(confiscatory reform)의 효과를 도모할 수 있다는 점이 강조될 필요가 있다.[32]

4.2. 재정정책

통일 이후 막대한 공공이전지출이 발생할 것은 명약관화하다. 따라서 체제통합 및 전환과정에서 합리적인 자원배분을 위한 효율적인 재정지출을 확립함으로써 재정정책의 생산성을 높여야 한다. 통합 초기에는 불확실한 경제여건으로 인해 민간투자가 지연될 수 있기에 재정지출은 통일 초기 북한 지역에의 경제적 불안정을 해소시켜 후속적인 민간투자가 원활하게 이루어질 수 있도록 총수요 외부성을 극대화하면서 사용될 필요가 있다(<그림 7-3> (a) 참조). 즉, 통일 초기에는 위기관리비용 내지 체제통합 및 전환에 따른 기본 지출이 주로 집행될 것이나 점차로 이를 줄여 나가되, 북한 주민의 소득수준을 높이기 위한 재정지출은 지양하고, 중장기적으로 외부경제효과가 발생할 수 있는 사회간접자본 시설에 대한 투자 등 가능한 한 민간투자를

32) 이 밖에 북한 기업의 부실 여신을 정리하기 위한 방법으로 Debt-Bond Swap 및 Debt-Equity Swap 등의 방법을 고려할 수 있으나, 채권시장에의 공급물량 확대로 통일 초기에서의 자금조달에 마이너스의 효과를 가져올 수 있다는 문제점이 지적된다. Rosati(1994) 참조.

위축시키지 않는, 즉 구축효과를 최소화할 수 있는 공공투자지출에 초점을 맞추어야 할 것이다.

그런데 재정정책에 있어서는 재정적자 관리문제가 필연적으로 발생한다. 폭증하는 공공이전지출로 재정적자가 심화되고, 이를 위한 기채(起債)는 다시 이자율을 상승시켜 원리금 부담을 증가시키고, 그 결과 다시 재정적자를 압박하는 악순환이 발생할 가능성을 독일의 경우에서 확인할 수 있었다. 따라서 통일 초기부터 재정적자와 공공부채 상환계획을 세워 재정정책의 재량성을 지속적으로 관리해야 한다.

재정지출의 조달방법으로는 증세를 우선적으로 고려할 필요가 있다. 통일 초기 기대되는 북한 지역의 특수는 남한 지역의 경기를 상승시킬 수 있고, 이 경우 증세는 상대적으로 부담이 작을 수 있다. 초기에 조세를 인상하여 통일재원을 위한 확고하고 형평성 있는 계획을 마련하고 공공부채의 상환계획을 조기에 수립하여 중상기적으로 재정부담을 분산시킴으로써 재정정책 수단의 지속적 활용 가능성을 확보하여야 한다. 또한 통화부문에서 예상되는 인플레이션을 억제하기 위해서라도 세금인상을 통한 총수요관리가 필요하다. 물론 증세는 가처분소득을 감소시켜 소비 및 투자가 위축하여 소득을 하락시키는 효과를 가져오나, 증세를 통한 재정지출 확대는 국민소득 증대에 양(+)의 효과를 가져올 수 있기에 순효과는 반드시 부정적으로 볼 수는 없다. 특히, 중요한 것은 독일식의 공공이전지출을 통한 남북한 소득의 균등화를 도모하지 않고 재정지출을 오직 경제적 효율성을 제고하는 한도 내에서 사용된다면 궁극적으로 재정적자규모 자체가 축소될 수 있다는 사실이다. 물론 이때 발생한 재정적자는 한국은행에서 차입하는 등의 방법으로 보전하는 금융정책과의 연계 운용이 중요하다는 점은 이미 강조한 바 있다.[33]

4.3. 사유화 및 투자 · 임금정책

통일실현시 북한 지역 사유화는 일단 신속하게 완료되어야 한다.[34] 특히, 국유기업의 사유화를 위해서 노동자 · 투자자 · 정부의 공동투자방식에 근거한 대중적 사유화를 통한 기업재정비 및 회생을 추진하는 이른바 참여경제적 사유화를 실시하는 방안을 도모할 수 있다. 즉, 국유기업의 구자산가치에서 일정 비율을 사유화 증서 형태로 북한의 노동자에게 공평하게 무상배분하여 북한 주민에게는 '기초자산'의 형성과 경영에의 참여의식을 제고시켜 주는 반면, 투자가에게는 자율적이고 책임감 있는 경영을 보장해 줄 수 있도록 한다. 이와 같은 참여경제적 '노사정 합작투자' 방식의 사유화의 경우 '노동생산성=실질노동임금'을 원칙으로 하는 시장경제의 효율성을 뒷받침해 줄 수 있다. 그리고 외부적 투자기회를 허용하고 경영자에게 책임을 갖고 소신 있게 기업을 이끌어 나가도록 해 줄 뿐 아니라, 정부에게는 급진적인 국유기업 매각으로 인한 매각수입 감소를 예방시켜 주면서 북한 지역에 대한 정부투자를 줄여 줌으로써 통일비용 증폭을 억제할 수 있다. 또한 이와 같은 참여경제적 사유화는 대중적 '기초자산'을 지급함으로써, 북한 주민의 체제전환에 대한 적극적 참여를 유도하게 해 줄 수 있다. 결국 이는 체제전

33) 한편, 효과적인 재정정책을 집행하기 위한 미시적 제도 측면의 보완이 필요한바, 원활한 재정정책을 위해 북한의 행정당국이 필요로 하는 재정지출을 가능하게 하기 위한 조세수입능력을 갖추도록 하며, 연성예산제약하의 지출관습을 탈피하도록 재정집행의 규율을 강화하고, 구체적인 집행과정에서 요구되는 남한의 세출입구조의 변화를 파악하고 수직적 · 수평적 재정조정능력도 갖추어야 한다. 특히, 주택의 정상화 · 사유화를 위한 재정지출규모를 적절하게 할 것이 도모되어야 하나, 국유기업 사유화 과정에 수반되는 투자와 보조금 또한 매각수익 처리관계를 명확하게 할 필요가 있다. 그리고 당분간 가능하면 남북한 산업구조 조정 및 남한 사양산업의 북한 이전 등을 통한 수출증대 또한 북한 지역에 대한 GSP혜택 요청(WTO 등 국제기구에 요청) 및 일정 기간 보호무역 허용 요청 등을 고려함이 바람직하다.

34) 고일동(1997)의 경우 일정 기간 동안 국영관리를 통해 북한 국유기업을 재정비한 후 사유화하여 매각수익의 상승을 통한 재정수입 증대효과를 제안하였으나, 이는 도리어 재정부담을 증가시킬 수 있고, 관주도의 기업관리는 경제적 효율성을 저하시킨다는 것이 지적될 필요가 있다.

환 초기에 북한 주민에게 유동성을 확보해 줌과 동시에 구매력을 창출해 주는 효과를 초래할 것으로 평가할 수 있으며, 화폐통합에서 소홀히 한 북한 주민에의 소득제고효과를 기대할 수 있다.

한편, 독일에서 사용된 고임금 첨단산업전략은 막대한 재정지출에 대한 부담을 증가시키며 인플레이션을 야기시킬 수 있기 때문에 북한 지역에 적용하는 것은 바람직하지 않다는 점을 강조해 두고 싶다. 어디까지나 시장경제 메커니즘에 따라 시장에서 노동생산성에 연관하여 실질임금이 정해지도록 하는 방안만이 실업을 최소화할 수 있는 동시에 실업보조금 등의 불필요한 재정부담을 줄일 수 있기 때문이다. 이것이 북한 공산체제하에서의 과다고용을 해소하는 원천적 방법이며, 아울러 이는 기업손실을 최소화하고 은행부실화를 방지시켜 궁극적으로는 침체된 경제에 활력을 불어넣을 수 있는 방법이다. 단, 이러한 과정에서 북한 지역으로의 투자유치를 조속히 활성화시키려면 사유화를 신속히 종결하여 투자에 대한 선행조건을 충족시켜야 하며, 남북한 간의 생산성 격차를 일단 있는 그대로 받아들이고, 남북한 경제의 상호 보완성을 고려하여 자연스럽게 산업구조조정을 도모하되 점진적으로 남북 간의 격차를 줄여 나가는 것이 역시 통일사업비용을 축소할 수 있는 방편이기도 하다.

참고문헌

고일동 편, 『남북한 경제통합의 새로운 접근방법』, 한국개발연구원, 1997.

김영하, 「분단비용과 통일비용에 관한 인식제고 방안, 대학생들의 의식조사 연구결과를 중심으로」, 『통일정책 · 환경(I)』, 1997 신진연구자 북한 및 통일관련 논문집, 통일원, 1997, pp. 1~92.

김용구, 「독일통일 이후의 통일관련 경제정책의 제수단 및 효과분석에 입각한, 한국에서의 소위 '통일비용'에 관한 제논의의 문제점 분석과 '통일비용' 감소방안의 모색을 위한 연구」, 한국비교경제학회 편, 『남북한의 경제체제와 통합』, 1995, pp. 146~204.

이상현 · 박완근, 『독일의 경제통합정책』, 한국은행 조사연구자료 98-4, 1998.

이종원 외, 『통일경제론』, 해남, 1997.

전홍택 · 이영선 편, 『한반도 통일시의 경제통합전략』, 한국개발연구원, 1997.

Bofinger, P., "Macroeconomic Transformation in Eastern Europe: The Role of Monetary Policy Reconsidered," in Herr *et al.*, *Macroeconomic Problems of Transformation: Stabilization Policies and Economic Reconstructuring*, 1994, pp. 77~95.

Bryson, P. J., "The Economics of German Reunification: A Review of the Literature," *Jour. of Comp. Econ.*, 16, 1992, pp. 118~149.

Calvo, G. and F. Coricelli, "Stabilization in Poland," *Economic Policy*, 14, 1992, pp. 176~226.

Deutsche Bundesbank, "Die Entwicklung der Staatsverschuldung seit der deutschen Vereinigung," *Monatsbericht*, 1997. 3, pp. 17~32.

______, "Zur Wirtschaftslage in Ostdeutschland," *Monatsbericht*, 1998. 4, pp. 41~54.

Feltenstein, A., "Fiscal Policy During the Transition to a Market Economy," *Economic Systems*, 21(4), 1997, pp. 309~326.

Fisher, S., R. Sahay, and C. A. Vegh, "From Transition to Market—Evidence and Growth Prospects," Working Paper of IMF 98/52, 1998.

Gomulka, S., "The Causes of Recession Following Stabilization," *Comparative Economic Studies*, 33(2), 1991.

Herr, H., S. Tober, and A. Westphal, *Macroeconomic Problems of Transformation: Stabilization Policies and Economic Reconstructuring*, Aldershot, 1994.

Hoffmann, L., *Warten auf den Aufschwung: Eine ostdeutsche Bilanz*, Regensburg, 1993.

Ickes, B. W. and R. Ryterman, "The Interenterprise Arrears Crisis in Russia," *Post-Soviet Affairs*, 8(4), 1992.

Institut der Deutschen Wirtschaft Köln, *Zahlen zur Wirtschaftlichen Entwicklung der Bundesrepublik Deutschland*, 1998.

Kantzenbach, E. "Thesen zur deutschen Wirtschaftspolitik," *Wirtschaftsdienst*, 72, 5, HWWA Hamburg, 1992, pp. 239~246.

Laski, K. and A. Bhaduri, "Lessons to be drawn from main mistakes in the transition strategy," in S. Zeccini, ed., *Lessons from the Economic Transition. Central and Eastern Europe in the 1990s*, OECD, 1997.

Milbradt, G., "Aufholprozeß Ostdeutschland: Strategien für die Zukunft," in K. H. Oppenländer, ed., *Wiedervereinigung nach sechs Jahren: Erfolge,*

Defizite, Zukunftsperspektiven im Transformationsprozeß, Berlin, München, 1997, pp. 569~592.

Oblath, G., *Economic Growth and Fiscal Crisis in Central and Eastern Europe*, The Vienna Institute for International Economic Studies (WIIW), Research Reports, No. 218, May 1995.

Osteuropa-Institut München, "Wirtschaftsentwicklung in ausgewählten mittel- und osteuropäischen Ländern 1997/98," Working Papers Nr. 209, 1998. 4.

Rosati, D., "Endogenous Budget Deficits During Transition: The Mechanism and Policy Response," in Herr *et al.*, *Macroeconomic Problems of Transformation: Stabilization Policies and Economic Reconstructuring*, 1994, pp. 45~76.

______, *Transition Countries in the First Quarter 1998: Widening Gap Between Fast and Slow Reformers*, The Vienna Institute for International Economic Studies (WIIW), Research Reports, No. 248, June 1998.

Schaden, B. and C. Schreiber, "Öffentliche Finanztransfers: Spirale ohne Ende?" in K. H. Oppenländer, ed., *Wiedervereinigung nach sechs Jahren: Erfolge, Defizite, Zukunftsperspektiven im Transformationsprozeß*, Berlin, München, 1997, pp. 145~162.

CHAPTER 8

신용경색 해소를 위한 미시적 안정방안

8

신용경색 해소를 위한 미시적 안정방안

1. 서론

통일한국에서의 기본 경제목표는 남북한 동질적인 경제공동체를 형성하는 것이며, 이러한 과정에서 예상되는 이른바 통일비용을 최소화시킬 수 있는 안정화 정책이 필요하다. 왜냐하면, 동독을 포함한 구사회주의 국가의 경험에서 보듯이 통일 또는 체제전환과정은 고인플레이션과 대량 실업을 유발시켜 왔기 때문이다.

이와 같이 체제전환 초기의 공통적 현상인 경기침체와 인플레이션의 발생원인에 대해서는 대체로 세 가지 견해로 나누어진다.[1] 첫 번째는 체제전환과정에서 수요 측면의 충격(demand side shock)으로 소득과 소비가 위축되어 경기침체가 초래되었다는 견해이다(Ickes and Ryterman, 1992). 그러나 이 견해에 따르면 인플레이션 현상을 설명할 수 없다는 한계를 가진다. 두 번째는 공급 측면의 충격(supply side shock)으로 불황과 인플레이션이 발생하였다는 견해이다(Gomulka, 1991). 그리고 세 번째는 수요 및 공급 측면이 복합적으로 작용한 신용경색이 경기침체와 인플레이션을 초래하였다는 견해이다(Calvo

1) 이에 대한 구체적인 논의는 김창권 · 이종원(1999) 참조.

and Coricelli, 1997). 앞의 두 견해가 거시적 측면을 강조하고 있는 데 반해 이 견해는 미시적 측면을 중시하고 있다는 점에 차이가 있다.

그러나 동유럽 구사회주의 국가의 체제전환국에서 나타난 경기침체와 인플레이션 현상은 위의 어느 한 요인에 의해서 설명될 수 있는 것이 아니라 결국 이들 요인이 복합적으로 작용한 결과라는 것이 일반적인 인식이다. 즉, 수요요인만으로는 인플레이션 현상을 설명할 수 없고 공급요인이 경기침체와 인플레이션을 가져오지만 실제 체제전환국에서 물가보다는 경기침체가 더욱 심각하다는 점에서 결국 수요요인이 동시에 작용하고 있으며, 여기에 신용경색이라는 미시적 · 제도적 요인이 생산과 물가문제를 한 차례 더 악화시킨다는 것으로 이해될 수 있기 때문이다.

이는 지금까지 체제전환국에서 경제안정화 목적에서 주로 사용되어 온 통화 및 재정정책 모두는 기본적으로 총수요관리정책이라는 점에서 공급측면 내지 미시적 · 제도적 요인에 대한 대응책도 세심하게 배려되어야 한다는 것을 시사한다. 왜냐하면, 체제전환국의 기업도산 및 대량 실업문제는 발전된 시장경제에서 주로 활용되는 거시경제정책만으로는 효과적인 대응을 할 수 없으며, 특히 미시적 · 제도적 정책상의 애로요인들로 인해 그 효과가 크게 위축되었기 때문이다. 따라서 체제전환과정의 생산위축과 대량 실업을 해소하기 위하여서는 거시경제정책만으로는 한계가 있으며, 특히 신용경색 해소를 위한 미시경제적 · 제도적 정책대안의 모색이 절실하다고 하겠다(Brezinski *et al.*, 1998).

그런데 구동독 및 동유럽 국가들에 대한 체제전환 연구동향을 보면 초기에는 주로 거시적 안정화에 초점을 두어 거시경제적 분석을 해 왔으며, 이는 체제전환의 초기 과정에서 당연히 취해야 할 연구대상임에 틀림없다. 그러나 경제발전 및 경제성장의 동태적 측면을 감안할 때 시장경제체제의 미시적 제도에 대한 분석을 수행할 필요가 있다. 이러한 미시적 · 제도적 연구는 체제전환을 성공적으로 촉진시키는 효과가 있으며 체제전환시 거시경제적 비용을 줄일 수 있는 방법과 연계될 수 있으므로 그 중요성이 지대하다 볼 수 있다.

따라서 본 연구는 이상과 같은 인식하에 기존의 통일경제분야에 관한 연구를 보완하는 동시에 한반도 통일실현시 기본적인 경제목표인 체제통합과정에서의 거시적 안정화(또는 통일비용 최소화)를 구축하기 위해 지금까지 소홀하였던 미시경제적 · 제도적 분석을 도모하되, 특히 통일실현시 예상되는 신용경색을 해소하기 위한 통일한국에 있어서의 금융제도 개편방안 모색에 초점을 두고자 한다.

본장의 구성은 다음과 같다. 먼저 제2절에서는 신용경색의 원인 및 영향 등을 간략하게 살펴본 다음 시장경제에서 나타나는 신용경색과 상이한 체제전환국에서 나타나는 신용경색현상의 원인과 대응방안을 살펴본다. 제3절에서는 구동독을 포함한 동유럽 체제전환국의 금융제도 개혁과정을 신용경색 해소를 위한 대응방안 등을 초점으로 하여 살펴보고 교훈을 정리한다. 제4절에서는 남북통일 실현시 경제통합과정에서 금융부문에서 예상되는 과제를 살펴본 후 통일한국에서의 바람직한 금융제도 기본 방향 아래에서 신용경색 해소를 위한 미시경제적 · 제도적 세부 방안을 논의한다. 제5절은 요약 및 결론으로 본장을 정리한다.

2. 동구권 체제전환국가에서의 신용경색

동구권 체제전환국가에서 발생한 신용경색을 설명하기에 앞서 일반적인 신용경색의 개념과 원인 그리고 이것이 실물경제에 미치는 영향을 간단히 살펴볼 필요가 있다.[2)]

2.1. 신용경색의 원인

신용경색(credit crunch)은 일반적으로 신용의 공급 측면에 중점을 두고 있으며, 특히 민간신용의 주요 공급원천인 은행 대출시장에서 발생하는 것으로 보고 있다. 이에 따르면 신용경색은 대체로 은행의 대출공급 여력의 감소나 대출의지 위축 등에 따른 공급 측면에서의 애로요인으로 인하여 신용가용성(credit availability) 혹은 신용공급(규모)이 상당 기간 크게 둔화되거나 감소하고 금리가 급격하게 상승하는 상황을 지칭한다(Pazarbasioglu, 1997). 또는 기업이 자금을 전혀 구할 수 없거나, 아니면 상당히 어려운 조건하에서 차입이 가능한 상황을 말한다(Sundararajan and Balino, 1991). 그리고 잠재적인 유동성 부족 현상도 기업이 신용을 구하기 어렵거나 고금리에 따른 생산비용 증가가 전반적인 자금부족을 초래할 수 있기 때문에 신용경색과 유사한 것으로 보고 있다(Calvo and Coricelli, 1997).[3)] 신용경색은 현대 자본주의 시장

2) 이종원 · 함정호 · 김창권(2000)에는 신용경색의 원인 및 경제에 미치는 영향, 그리고 이에 대한 대책을 서베이하고, 특히 선진 시장경제와 체제전환경제에서 겪는 신용경색의 특성을 비교 · 설명하였다.

3) 보다 넓은 의미의 신용경색은 가격뿐 아니라 비가격에 의한 전반적인 신용공급 감소를 포함하기도 한다. 이 경우 신용경색은 신용공급이 금리수준과 관계 없이 명확하게 감소하는 현상(Bernanke and Lown, 1991) 또는 일정한 대출금리수준에서 신용할당이 급격하게 확대되는 상황(Wojnilower, 1985; Owens and Schreft, 1995)을 말한다.

경제의 신용순환과정(credit cycle)에서 거시적 요인에 의해 순환적으로 발생할 뿐만 아니라 금융기관을 포함한 자금공급자의 행태변화 등의 미시적 요인에 의해 발생하기도 한다.

거시적 요인으로 현대 자본주의 경제에서는 금융시스템의 내재적 특성으로 인하여 신용이 확장과 수축을 반복하는 신용순환과정에서 신용경색현상이 자연스럽게 나타나게 되며(Cantor and Wenninger, 1993), 규제완화, 금융혁신, 경제주체의 부채비율, 세법개정 등 여러 가지 제도적 변화 등에 따라 그 강도에 차이가 생길 수 있다.

예를 들면, 확장적 통화 및 재정정책은 자본재에 의해 생산되는 재화와 서비스의 수요를 증가시켜 자본재를 비롯한 현존 자산의 시장가치를 상승시키기 때문에 자본재에 대한 투자확대를 가져온다. 자본재 등의 자산가격이 상승하게 되면 장래 기대수익률이 높아지면서 동시에 부채비율도 급속하게 늘어나기 시작한다. 이는 자산가격 상승과 함께 담보능력이 제고됨에 따라 차입능력이 증가하는 가운데 금융시스템에 의한 신용창출이 크게 확대되기 때문이다.

그러나 어느 시점에서 긴축통화 · 재정정책이 시행되거나 외부충격이 발생하게 되면 지금까지 상승 추세를 보이던 자산가격이 하락 추세로 반전될 수 있다. 자산가격의 하락은 동일한 부채규모하에서 담보가치 하락으로 이어져 결국 금융시스템의 신용공급이 격감하면서 신용경색현상이 발생하기 시작한다. 이때 은행은 차입기업의 부도를 우려하여 기존 대출에 대한 만기연장은 물론 신규 대출을 중단하려고 하기 때문에 기업의 자금압박이 점차 확산된다. 유동성 확보를 위한 기업의 자산매각이 늘어나면서 자산가격은 더욱 하락하게 되고, 이 과정에서 유동성 부족과 지급불능으로 도산된 일부 기업의 부실채권이 은행에 쌓이면서 은행의 자기자본이 감소하게 된다.

은행의 자기자본이 감소하게 되면 BIS 위험가중 자기자본비율에 의한 감독기관의 건전성 감독이 강화된다. 그러므로 은행은 BIS 기준 자기자본비율을 준수하기 위해 담보력이 약하고 신용도가 낮은 중소기업뿐만 아니라 신용도가 양호한 대기업에 대한 대출도 줄여야 하므로 재무구조가 건전한 기업조차 자금조달이 어려워지는 신용경색현상이 경제 전반에 걸쳐 일어나게 된다. 경제주체들도 투자 및 소비를 줄임으로써 이러한 상황에 대처하게 되고 결국 전반적인 경기침체와 함께 금융시스템의 불안정성은 더욱 높아지게 된다.

미시적 측면에서 발생하는 신용경색의 원인은 크게 나누어 은행의 자금공급 여력 감소에 의한 경우와 은행의 자발적인 여신기피(unwillingness to lend)로 구분할 수 있다(Wojnilower, 1980; Hubbard, 1994).

은행의 자금공급 여력 감소는, 첫째 통화당국의 통화긴축 등에 따라 예수금 등 가용 대출재원이 부족될 수 있는데, 이는 은행 대출금을 위축시키는 대출시장의 주요 공급측 교란요인이다. 둘째, 감독당국이 건전성 감독을 강화하는 과정에서 BIS 기준 자기자본비율 준수를 엄격하게 요구하는 경우 은행은 이에 대응하여 자금공급규모를 줄이는 경향을 보이게 된다. 예를 들어, 은행이 BIS 자기자본비율 최저기준(8%)을 유지하지 못하는 경우 이 비율을 충족시키기 위한 방안으로 대체로 위험가중치가 높은 자산(주로 기업대출)의 비중을 줄이기 때문에 신용경색이 초래될 수 있다. 셋째, 은행의 자산구조상 문제 때문에 신용공급이 줄어들 수 있다. 예를 들어, 거래기업의 도산에 따라 부실채권이 쌓이게 되면 은행의 가용 신용공급 재원 자체가 축소되고 이에 따른 기업대출 공급의 감소로 신용경색이 초래될 수 있다(Syron, 1991).

은행의 의도적인 여신기피는 경제 전반에 걸친 신용위험 증대, 감독당국의 건전성 감독 강화 등에 의해 발생할 수 있다. 경제 전반에 걸친 신용위험이 높아지고 기업부도 가능성이 커지면 은행은 의도적으로 대출을 기피하고 대출신청자에 대해 더욱 엄격하게 신용을 할당한다. 특히, 경기침체기나 주식 및 부동산 등 자산가격이 급격하게 하락하는 시기에는 은행은 특히 순자산가치(net worth)가 낮은 기업들에게는 도덕적 해이(moral hazard)나 역선택(adverse selection)의 가능성 때문에 대출공급을 스스로 기피하는 경향이 강하다(Mishkin, 1996). 한편, 감독당국은 은행산업 전반에 걸쳐 신용위험이 우려할 정도로 높아진 것으로 인식할 경우 대출자산에 대한 심사기준 및 대손충당준비금 등에 대한 규정을 매우 엄격하게 적용하려는 경향을 보이게 되어, 은행은 위험가중치가 큰 대출을 기피하는 등 자발적인 여신기피가 일어나기도 한다(Shrieves and Dahl, 1993). 이 경우 은행은 자산구성에서 가급적 위험도가 높은 기업에 대한 대출금을 줄이고 국공채와 같은 안전자산의 비중을 확대하는 과정에서 신용경색이 발생할 수 있다(함정호, 1999). 또한 직접금융시장의 발전과 함께 증권화 등 금융시장의 혁신에 의해 은행의 금융중개에 대한 수요가 감소하고 비은행 금융기관과의 경쟁으로 수익성이 낮아짐에 따라 은행은 전통적인 상업은행 업무인 기업대출을 기피하고 국공채와 같은 안전자산에 대한 투자를 늘리는 관계로 일부 중소기업에는 신용경색이 나타날 수 있다(Berger and Udell, 1994).

2.2. 신용경색의 영향[4)]

신용경색은 기업의 외부자금 조달비용을 높일 뿐만 아니라 외부자금의 조달 자체를 어렵게 한다. 특히, 직접금융시장을 통해 자금을 조달하기 어려

4) 신용경색은 실물부문뿐만 아니라 금융부문에도 영향을 미치나, 본장에서는 전자의 경우만을 간략하게 설명하기로 한다. 후자를 위해서는 이종원 외(2001a)를 참조. 한편, 신용경색의 영향을 간단한 거시경제 모형을 이용하여 분석한 것을 위해서는 김창권 · 이종원(1999) 참조.

워 은행대출에 크게 의존하는 중소기업은 은행 대출시장에서 신용경색이 발생하면 대체적인 자금조달원이 없다. 따라서 기업들은 당초 계획된 투자 규모를 줄이게 된다. 한편, 금융기관 대출 이외의 여타 자금조달 수단이 없는 가계 또한 내구소비재 및 주택 등에 대한 소비를 줄이게 된다. 이에 따라 총수요가 감소하고 경기침체가 초래된다. 경기가 침체되면 매출부진으로 인하여 기업의 순현금흐름이 감소하고 재무상태가 악화되면서 순자산가치가 하락하게 된다. 이와 함께 경기가 침체되면서 자산가격이 하락하게 되면 기업의 부채 대비 담보자산가치가 낮아짐에 따라 기업의 순자산가치는 급격히 하락하게 된다.

이와 같이 신용경색 발생에 의해 기업의 순자산가치가 하락하고 실물경제가 위축되는 현상을 신용경색의 일차적 효과(first round effect)로 볼 수 있다. 그러나 이와 같은 신용경색의 일차적인 실질효과는 신용경색이 해소될 수 있는 여건이 마련되지 않는 한 지속적으로 증폭되어 나타날 수 있다 (Bernanke, Gertler, and Gilchrist, 1996, 1998). 즉, 일차적 효과에 의해 경기가 침체되면 다시 기업과 은행의 재무상태가 더욱 악화되고, 그로 인해 다시 신용경색이 심화됨에 따라 기업의 투자수요가 감소되어 실물경제의 위축효과가 증폭되는 이차적 영향(second round effect)이 발생한다.

기업의 순가치가 낮아지면 신용시장에서 리스크가 높은 기업들이 늘어나고, 정보의 비대칭성으로 인해 이들 기업들에 대한 대출이 늘어나는 역선택문제가 발생한다. 그리고 기업주는 기업의 순가치가 낮아지면 동 기업이 도산할 경우 입게 되는 손실이 그만큼 작아지게 되어 위험도가 높고 수익이 많은 사업에 대한 투자를 늘리게 되는 등 도덕적 해이가 발생할 가능성이 커지므로 은행은 대출을 꺼리게 된다. 이처럼 기업의 재무상태가 악화되면 감독당국은 은행의 재무상태가 취약해질 것을 우려하여 은행에 대하여 대손

충당금 적립 및 BIS 자기자본비율의 준수 등 건전성 감독을 강화하게 된다. 이렇게 되면 은행은 기업의 높아진 신용위험을 회피하고 BIS 자기자본비율을 충족시키기 위하여 기존 대출금을 회수하거나 신규 대출을 감축하는 등 보수적인 태도를 취하게 된다. 이에 따라 신용경색이 심화되면서 경기침체와 함께 금융시스템은 더욱 불안정해진다.

한편, 신용경색이 지속되는 기간과 그것이 실물경제에 미치는 효과는 금융제도가 잘 정비되어 있는 선진국과 그렇지 못한 후진국 사이에 많은 차이가 있을 수 있다. 특히, 자본시장이 제대로 발달되지 못한 국가의 경우 신용경색은 자산가격 상승 등 거시적인 원인에 의해 발생하더라도 그 실질효과는 미시경제적이고 제도적인 요인 때문에 한층 증폭될 수 있다. 예를 들어, 자본시장이 잘 발달되어 있는 선진 시장경제국가에서 자산가격 버블붕괴로 인하여 신용경색이 은행부문에서 발생하게 되면 지금까지 은행의 대출에 의존하던 기업은 자본시장에서 부족한 자금을 조달하는 것이 가능하다. 그러므로 신용경색이 실물경제에 미치는 영향은 그만큼 완화될 수 있을 뿐만 아니라 신용경색을 해소하는 데 걸리는 시간도 그만큼 짧아질 수 있다.[5)]

반면에 자본시장이 제대로 발달되어 있지 못한 국가의 경우, 전반적인 신용불안과 함께 건전성 감독의 강화 등으로 은행권에서 신용경색이 발생하면 지금까지 은행대출에 의존하던 기업들은 부족한 자금을 조달할 수 있는 대체적인 자금조달원을 가지고 있지 못해 기왕의 투자계획을 감축하거나 심지어 기업도산의 가능성도 배제할 수 없게 된다. 이렇게 되면 신용경색에

5) 미국의 경험을 보면 1990년에 자산가격 급락으로 미국 은행들의 신용공급이 줄어들자 자본시장이 은행 대신 자금을 공급하였으며, 1998년 자본시장의 유동성이 경색되었을 때 은행들이 부족한 자금을 공급하였다.

따른 생산감소와 실업증가 등의 실질효과는 그만큼 커지게 되며 신용경색이 지속되는 기간도 길어질 수밖에 없다.

3. 동유럽 체제전환국가와 구동독 금융개혁의 비교 및 교훈: 신용경색을 중심으로

동유럽 체제전환국의 금융개혁이 겨우 제도적인 틀을 갖추기 시작한 데 불과하여 금융의 제 역할을 기대하기 어려우나, 그러한 가운데서도 체코, 헝가리, 폴란드, 슬로바키아 등 선발 체제전환국을 중심으로 시장원리가 부분 작동하는 등 어느 정도의 가시적 성과가 나타나게 되었다. 그러나 이들 국가의 금융하부구조가 미비한 가운데 상대가격 왜곡을 시정하기 위한 가격자유화 조치는 급격한 인플레이션을 야기시켰다. 더욱이 이에 대응한 물가안정을 도모하기 위한 긴축적인 통화 및 재정정책은 미시적인 측면에서 금융제도가 제대로 정비되지 않은 상황에서 공급 측면에서 심각한 신용경색을 초래함으로써 체제전환국의 생산체계를 붕괴시키고 대량 실업을 가져오는 결과를 초래하였다.

이는 지금까지 동유럽 체제전환국에서 경제안정화 목적에서 주로 사용되어 온 통화 및 재정정책은 기본적으로 총수요관리정책이라는 점에서 공급 측면 내지 미시적 · 제도적 요인에 대한 대응책도 세심하게 배려되어야 한다는 것을 시사한다. 동유럽 국가의 체제전환과정에서 심각한 신용경색현상이 발생하고 이것이 생산의 대폭 감소와 대량 실업을 증폭시키게 된 미시적 · 제도적 요인을 살펴보면 대체로 다음과 같다.

첫째, 체제전환과정에서 시행된 가격자유화 조치가 너무 급격하게 진행되었다는 점을 들 수 있다. 급격하게 진행된 가격자유화는 전반적인 물가상승을 초래하였으며, 이는 결과적으로 실질신용량을 감소시키는 결과를 가져왔다. 즉, 물가상승으로 실질신용공급 규모가 자동적으로 감축되는 가운데 체제전환과정에서 정부의 재정지원이 중단됨으로써 기업의 신용수요는 더 늘어남에 따라 신용경색현상이 심화되었다.[6)]

둘째, 체제전환과정에서 자본시장이 제대로 발전되지 못한 상황에서 실시된 긴축통화정책은, 특히 은행의 대출공급 여력을 제약함으로써 기업에 대한 신용공급규모를 크게 감소시키는 결과를 초래하였다. 자본시장이 제대로 발전되어 있지 못한 체제전환국가의 경우에는 기업이 자금조달을 주로 은행에 의존하기 때문에 은행의 신용공급규모가 감소되면 기업은 대체적인 자금조달원을 가지고 있지 못하기 때문이다.

셋째, 체제전환국의 은행은 구체제로부터 기인하는 부실채권 누적으로 인하여 여신공급 여력이 제약되는 가운데 BIS 기준 최저자본금비율 준수, 그리고 체제전환에 따른 불확실성 증가로 위험자산인 기업대출을 기피하고 안전자산인 국공채 보유를 확대함에 따라 신용경색현상이 심화되었다.

넷째, 동유럽 국가의 경우 체제전환 초기 신용시장 발전과 은행의 중개기능 정상화를 위한 체계적인 노력이 극히 미흡하였다. 체제전환과정에서

---

6) 체제전환과정에서 실질신용량의 감소를 완화하기 위한 방법으로는, 첫째 체제전환의 초기 단계에서 가격상승폭을 제한하는 방법이 있다. 예를 들면, 에너지와 같은 주요 생산요소에 제공하던 정부보조금을 일시에 철폐하지 않고 단계적으로 철폐하는 방법을 생각해 볼 수 있다. 투입요소가격이 점진적으로 현실화되면 실질신용이 서서히 감소됨으로써 생산에 미치는 영향을 크게 완화할 수 있을 것이다. 기업은 장래에 생산요소가격이 점차 상승할 것이라는 예상하에 유동성을 확보할 수 있는 시간을 벌 수 있을 것이다. 둘째, 기업부채와 정부부채를 상호 교환하는 방법이 있다. 예를 들면, 기업이 장기회사채를 발행하여 정부증권을 매입하는 방법을 생각해 볼 수 있다. 정부증권은 민간투자자의 입장에서 볼 때 기업부채보다 안전하기 때문에 기업은 정부증권 보유분을 담보로 해서 자금시장에서 쉽게 차입할 수 있을 것이다. 아니면 기업은 정부증권 보유분을 시장에서 매각하여 유동성을 확보할 수도 있을 것이다. 그러나 이 방법은 국채시장이 잘 발달되지 못한 체제전환국가의 경우에는 큰 효과를 거두기 어렵다는 문제가 있다. Abel *et al.*(1998) 참조.

기업에 대한 재정지원이 중단된 상태에서 기업에 자금을 공급해야 하는 민간상업은행들은 대규모 부실채권 때문에 저축동원과 자금배분이라는 본연의 금융중개기능을 효과적으로 수행할 수 없었고, 이는 결국 신용경색을 심화시키는 주요 원인으로 작용하였다. 이러한 부실채권의 대부분은 구체제의 유산이기 때문에 정부는 이를 신속하게 정리해야 할 책임을 가지고 있다. 이와 함께 새로운 자금투입을 통해 은행의 자본을 충실하게 함으로써 효율적인 금융중개의 기반을 마련해야 하였음에도 불구하고 정부는 이와 같은 노력을 소홀히 함으로써 기업의 신용공급을 위한 기반적인 지원책무를 유기하였다.

이상의 논의는 우리에게 매우 중요한 시사점을 제시하고 있다. 즉, 신용경색현상은 선진 시장경제에서는 경기침체기에 순환적으로 나타나는 매우 자연스러운 거시경제적 현상이라는 점이다. 그러나 체제전환국가의 경우에는 시장경제국가와는 달리 미시적 · 제도적 측면에서, 특히 금융제도(자본시장과 은행부문)가 제대로 정립되어 있지 못하기 때문에 신용경색은 급격한 정책변화에 의해서 크게 악화될 수 있으며, 신용경색이 실물경제에 미치는 영향도 증폭될 수 있다는 점이다.

다시 말해, 체제전환국의 경우 민영화된 기업은 정부로부터의 지원이 중단되면 민간부문으로부터 자금을 조달해야 한다. 그러나 자본시장이 제대로 발달되지 못한 가운데 상업은행부문도 자본충족도 등에서 건전성 수준이 떨어지고 대출심사기법 등에서 선진화되어 있지 못한 관계로 자금중개기능이 매우 취약하다. 이러한 상황에서 물가안정을 위한 긴축통화정책은 기업의 자금조달을 제약함으로써 신용경색현상을 심화시킬 수 있다. 따라서 사회주의 계획경제에서 시장경제로 전환하는 경우에는 자본시장의 활성화를 위한 기반을 구축하면서 은행의 부실채권을 신속히 정리하고 상업은행

부문을 강화하는 것이 무엇보다도 중요한 과제이다. 시장경제에서는 저축과 투자의 금융중개 기능을 정부 대신 민간상업은행이 떠맡아야 하기 때문이다.

한편, 동독은 체제전환과정에서 극심한 인플레이션을 경험한 동유럽 국가에 비해 상대적으로 낮은 물가상승률을 경험하였다. 이는 통화통합이 구동독 화폐의 고평가를 초래함으로써 정책운용에 어려운 점을 야기하였으나 서독 마르크화의 도입으로 체제전환정책의 신뢰성을 보장할 수 있었기 때문이다. 따라서 독일의 경우는 서독의 선진 금융체제와 관리능력 등에 힘입어 긴축통화정책에도 불구하고 체제전환 초기에 그다지 신용경색현상을 발견할 수가 없었다. 이처럼 독일의 경우 동유럽 체제전환국과는 달리 독일 통일 직후 신용경색현상과 이에 따른 생산위축이 그리 큰 문제로 대두되지 않았는데, 그 주요 배경을 살펴보면 대체로 아래와 같다.

첫째, 동독의 경우는 「통합조약」(1990. 7)에 따라 서독의 잘 정비된 금융제도와 금융 관련 법이 그대로 적용 · 시행되었는바, 이에 따라 서독의 연방은행이 통일독일의 중앙은행으로서 독일 금융제도의 보호자(patron) 역할을 수행하였으며, 민간금융부문에서는 서독의 잘 발달된 금융부문이 동독 지역의 금융기관을 직접 인수 · 통합하였다. 이러한 인수 · 통합전략(takeover policy)은 통일 후 비교적 짧은 시일 안에 전체 금융부문의 안정성 확보를 가능하게 하였으며, 시장경제적인 금융시스템이 존재하지 않았을 뿐만 아니라 기반시설과 전문인력이 부족하고 선진 금융기법이 결여되어 있던 동독 지역 금융기관의 기업자금 중개기능을 개선하는 데 크게 기여하였다. 이는 통일 직후 동독 지역의 자금경색을 완화하는 데 큰 도움이 되었다. 이러한 사실은 두 국가 사이에 금융통합이 이루어지는 경우 통합을 주도하는 쪽의 금융부문이 잘 발달되어 있으면 그만큼 금융통합이 순조롭고 효율적일 수 있다는 것을 시사한다.[7]

둘째, 동독 지역 소재 은행이 BIS 기준 자기자본비율을 충족시키는 가운데 서독 은행과 같은 조건에서 경쟁할 수 있도록 구체제에서 비롯된 부실대출채권을 연방정부가 조기에 해결해 주었다는 점이다. 경제통합 후 동독 경제의 붕괴로 상당수 기업의 재무구조가 더욱 악화됨으로써 이들 기업의 은행채무가 악성채무로 남게 되어 동독 은행들은 막대한 부실채권을 떠안게 되었다. 그러나 동독은 다른 동유럽 국가와는 달리 서독과 통합되었기 때문에 동독 은행산업의 구조조정은 서독 은행의 동독 은행 자산인수방식으로 이루어지게 됨으로써 비교적 수월하게 추진되었다. 특히, 연방정부는 서독 은행이 동독 은행의 자산인수시 자산 중 불량자산(bad asset)인 대출채권에 대하여는 풋옵션(put option)을 첨부하여 인수할 수 있도록 조치하였다.[8)]

이와 함께 동독 은행의 부실채권 조기 정리에는 구동독의 국영기업 사유화를 추진하기 위하여 1990년에 설립하여 1994년까지 운영된 신탁관리청의 역할이 컸다. 통일 후 동독 소재 은행은 신탁관리청 소관의 구동독 국영기업에 대한 기존 대출을 연장조치하였는데, 신탁관리청은 대부분의 대출에 대하여 보증을 해 줌으로써 신용위험을 떠안았다. 이와 같이 동독 소재 은행은 구체제하의 부실채권 부담으로부터 탈피함으로써 새로운 기업에 대한 신용공급에 전념할 수 있었고 이는 독일 통일 직후 자금경색 완화에 크게 기

7) 이러한 인수 · 통합전략에 대해서는 다른 견해도 있을 수 있다. 시간을 두고 동독의 금융제도를 잘 발전시켜 어느 정도 수준에 이르면 두 나라의 금융시스템을 통합하는 방법도 하나의 대안이 될 수 있을 뿐 아니라 상당한 의미가 있다고 생각하는 이들도 있다. 그러나 이러한 전략은 두 가지 면에서 바람직하지 못한 것으로 지적되고 있다. 첫째는 동독의 금융부문이 서독에 비해 크게 낙후되어 있는 가운데 시장경제적 하부구조와 금융기법이 결여되어 있는 상황에서 이러한 접근방법은 시간이 너무 걸린다는 점이고, 둘째는 궁극적인 목적은 금융통합이기 때문에 특별한 국가적 목적을 위해서 장기간 분리된 상태를 계속 유지하는 것은 바람직하지 않다는 점이다(Mueller, 2000).

8) 풋옵션(put option)에 따르면 동독 은행의 자산을 인수한 서독 은행은 대출채권을 그대로 보유할 수도 있을 뿐만 아니라 만일 대출채권이 대손처리되어야 하는 경우에는 1994년까지 언제라도 동 채권을 액면가에 상당하는 국채와 교환하여 연방정부에 매각(put back)할 수 있게 되어 있었다(Saunders and Sommariva, 1993).

여하였다.

셋째, 저축은행 및 협동조합은행의 역할이 컸다는 점을 들 수 있다. 이들 은행은 통일 이전부터 동독과 서독에 함께 존재하였는데, 동독 소재 이들 은행은 서독과 같이 소유구조를 지방자치단체의 소유로 전환하였기 때문에 공공적 성격이 강한 편이었다. 통일 이후 새로이 시작한 대출업무에 있어서는 어려운 점이 많았으나 이들은 시간이 지남에 따라 서독의 동종 은행들로부터 많은 자문과 협조를 받을 수 있었기 때문에 여신업무 기술을 개선해 나갈 수 있었다. 특히, 이들 은행은 민간상업은행에 비하여 공공적 성격이 강하였기 때문에 민간상업은행이 신용위험을 우려해 대출을 꺼리는 상황에서도 비교적 높은 신용위험을 감수하면서도 기업에 대한 대출을 늘려 나갔다.

넷째, 독일은 체제전환과정에서 기업에 대한 신용공급 지원 책무를 유기하고 민간상업은행에만 맡겨 둔 동유럽 체제전환국가와는 달리 연방정부가 여러 가지 특별 신용 프로그램을 통하여 동독 기업에 자금을 공급하기 위해 적극적으로 노력하였다.[9] 이러한 정부의 특별 신용공급 프로그램은, 특히 신탁관리청 소관이 아닌 신용과 담보력이 약한 중소기업과 신설기업을 대상으로 필요한 자금을 공급하는 데 크게 기여하였다.

요약하건대, 신용경색 측면에서 동유럽 체제전환국가와 구동독 금융개혁 성과가 다르게 나타나는 것은 정부와 중앙은행 및 상업은행들의 체제전환에서의 역할 및 능력에서 차이가 있었기 때문이다. 서독 정부와 서독 은행들은 동독 금융제도 개혁에 적극 참여하였으나 동유럽 체제전환국가의 정부와 은행은 그들의 책무를 유기 또는 완전히 이행하지 못하였다. 서독 은행들은 동독 은행 인수, 합작은행 설립, 신규 지점망 설치 등 동독 금융제도 개

9) 연방정부가 동독 기업에 신용공급을 위해 택한 방법으로는 민간상업은행의 동독 기업 대출에 대해 정부 보증을 하거나 경제재건대부공사, Deutsche Ausgleichsbank, 그리고 지방정부가 소유한 저축은행 등과 같은 특수은행을 통해 직접적으로 대출을 제공하는 방법을 활용하였다.

편에 크게 기여하였다. 서독 정부는 서독 은행들의 동독 은행 인수를 촉진시키기 위하여 서독 은행들이 인수한 은행자산이 불량자산화되면 액면가 상당액을 국채로 교환하여 준다는 약속을 하였다. 이에 따라 서독 은행들은 인수한 동독 은행의 자산이 불량자산인지 아닌지에 대해 걱정할 필요 없이 동독 은행들을 인수하고 자본, 기술을 투입함으로써 비교적 짧은 기간 안에 동독 지역에 시장금융제도가 정착될 수 있었다. 이와 함께 서독 은행들이 동독 은행을 인수하거나 합작투자하거나 혹은 독자적으로 지점을 개설하는 과정에서 동독 지역에 새로운 자금을 대거 투입하였을 뿐만 아니라, 전문인력과 금융기술의 제공, 그리고 회계감사의 수행 등을 통해 동독 은행의 구조조정을 크게 앞당겨 기업에 대한 자금중개업무 수행을 원활히 하는 데 기여하였다.

그러나 동유럽 체제전환국가들은 체제전환 초기에 구체제의 유산인 부실채권도 신속하게 정리해 주지 못하였을 뿐만 아니라 은행의 대출과정에 개입함으로써 충분한 자율권도 보장하지 못하였다. 더욱이 정부는 신설된 상업은행이 적정 자본구조를 유지함으로써 금융중개기능을 효율적으로 수행할 수 있도록 새로운 자금도 지원하지 못하였다. 오히려 정부는 상업은행을 포함한 신용시장 육성을 위한 기반적 지원책무를 유기함으로써 심각한 신용경색현상이 초래되었으며, 이는 이미 높은 실질비용을 치르고 달성한 거시경제의 안정을 위협하도록 방치하였다는 지적이 있다(Abel *et al.*, 1998).

4. 통일한국에서의 신용경색 해소를 위한 정책적 시사점

북한 경제가 동독을 비롯한 동유럽 구사회주의 국가들과 유사한 체제를 가지고 있기 때문에 독일 통일과정과 동유럽 국가들의 체제전환과정에서의 경험은 우리에게 많은 시사점을 줄 수 있을 것으로 보인다. 따라서 전절에서 평가한 동유럽 체제전환국가와 구동독의 신용경색과 관련된 금융정책의 경험을 토대로 본절에서는 한반도 통일시 예상되는 북한 지역에의 신용경색 해소를 위한 정책 및 제도를 기술하기로 한다.

4.1. 남북한 통일시 예상되는 신용경색[10)]

남북한 통일이 급격하게 이루어지거나 북한에서 체제전환이 이루어지는 경우 종전의 국가통제력, 즉 금융의 통제기능이 약화되기 때문에 국가의 보장적 기능이 붕괴되어 자금공급이 중단되면 국영기업과 은행 간의 밀착관계 때문에 은행은 기업의 자금수요에 수동적일 수밖에 없으므로 은행대출이 급증하게 될 것이다. 더욱이 이러한 체제전환기에는 경제여건의 악화로 기업의 영업실적도 악화될 수밖에 없으며, 은행대출의 상당 부분이 부실화되어 은행의 적자가 확대된다. 단일은행제도하에서 국가은행의 적자는 사실상 재정적자와 다를 바 없기 때문에 은행의 적자는 통화와 신용의 팽창을 의미한다.

뿐만 아니라 북한의 체제전환과정에서 가격자유화 조치는 불가피하며 이에 따른 물가불안이 우려된다. 따라서 물가불안을 완화하기 위한 긴축통화정책은 새로이 출발하게 되는 상업은행의 대출공급 여력을 크게 제약할 것으로 보이며, 이렇게 되면 북한 소재 기업에 대한 유동성 공급이 크게 영

10) 북한 지역은 시장금융제도가 미비하기 때문에 통일이 될 경우 시장경제체제로 편입되어 가는 과정에서 금융부문에서의 비효율과 혼란이 극심할 것이고 그 결과 신용경색이 발발할 수 있으나, 이처럼 북한 금융부문의 전반적인 구조개혁에 대한 과제설정은 생략하고 다만 여기서는 한반도 통일시 발생 가능한 신용경색과 직접적으로 연관되어 있는 부문을 중심으로 기술하기로 한다. 전반적인 북한 금융개혁에 관해서는 전홍택(1997), 문성민(2000)을 참조할 것.

향을 받게 되어 전반적인 신용경색현상이 초래될 것으로 우려된다. 특히, 북한의 경우 최근 들어 기본 건설자금을 제외한 모든 유동자금을 자체자금이나 은행 대부자금으로 충당하도록 되어 있어 앞으로 갈수록 은행자금 의존도가 높아질 것으로 내다보인다.

이러한 상황에서 경제통합이 갑작스럽게 이루어지는 경우 이에 따른 체제개혁과정에서 보조금 등 국가의 자금지원이 전면 중단될 것이고 자본시장도 존재하지 않기 때문에 북한 소재 기업으로서는 은행 이외의 대체자금 조달원을 찾기 어려운 상황이 전개될 것이다.

한편, 동유럽 구사회주의 국가의 경우 체제전환과정에서 국영기업에 대한 은행 대출채권의 상당 부분이 부실화되었다. 동독의 경우에도 통일 직후 동독의 생산기반 붕괴로 상당수 기업이 부실화되면서 이들 기업의 은행채무가 악성채무로 남게 되어 동독 은행들은 막대한 부실채권을 떠안게 되었다. 북한도 통일 직후 체제전환기에 이와 같은 은행의 부실채권문제에 직면하게 될 가능성이 크다. 종래 북한에서는 기관 · 기업소의 경영활동에 필요한 모든 자금이 국가예산에서 지원됨으로써 부실채권이 문제가 되지 않았으나, 최근 기본 건설자금 등을 제외한 모든 유동자금을 자체자금이나 은행대부로 충당하도록 함에 따라 북한에서도 부실채권문제가 나타날 것으로 예상된다. 특히, 통일 이후에는 국가의 기업지원자금이 전면 중단될 것이기 때문에 은행의 대부자금에 대한 의존도가 높아지는 가운데 경영환경 악화로 부실화되는 기업이 늘어나게 되면 은행의 부실채권도 확대될 가능성이 크다. 따라서 은행의 부실채권 증가가 은행의 대출공급 여력을 제약하는 가운데 은행의 자산건전성 확보를 위한 건전성 규제감독 강화에 따른 여신기피현상까지 맞물리게 되면 신용경색현상이 더 심화될 수도 있을 것이다.

4.2. 통일한국에서의 기본적인 금융제도 정립방향

신용경색 해소를 위한 구체적인 금융제도 및 정책 마련에 앞서 통일한국에서의 기본적인 금융제도의 확립방향을 모색할 필요가 있다. 왜냐하면, 이는 발생 가능한 신용경색 해소를 위한 대전제가 되기 때문이다.

통일 이전의 동독과 마찬가지로 북한 지역에는 여러 종류의 금융기관이 존재하지만 시장경제적 금융제도는 존재하지 않는다. 따라서 남북통일과정을 북한의 경제체제가 남한의 시장경제체제에 편입되는 것으로 가정하는 경우 남북한 금융통합은 결국 북한 금융제도가 남한의 시장경제적 금융제도로 통합되는 것을 의미한다. 이 경우 금융제도 통합을 주도하는 남한의 금융제도가 잘 정비되어 있으면 그만큼 남북한 금융통합은 용이하고 통합에 드는 비용도 절약될 수 있을 것이다. 특히, 금융통합이 순조롭게 이루어져 북한 지역 소재 기업에 대한 금융중개기능이 순조롭고 효율적으로 이루어지게 되면, 이는 통일 초기에 있을 수 있는 신용경색현상과 그에 따른 생산위축을 완화하는 데에도 크게 기여할 것이다.

따라서 통일에 대비하여 먼저 금융통합을 주도하는 남한에서 기업금융 공급과 기업지배구조 측면에서 효율적인 금융제도를 정립하는 것이 무엇보다도 중요한 과제가 아닐 수 없다.[11] 통일한국의 금융제도는 동유럽 체제전환국가의 금융개혁과 독일의 통합과정에서의 통화통합 및 구동독 지역의 금융정책 등을 감안할 때, 그 기본 방향은 다음과 같이 정리될 수 있다.

첫째, 주요 선진국 금융제도의 발전 흐름이 서로의 장점을 흡수하면서 수렴하는 가운데 시장 중심 구조를 지향하고 있기 때문에 통일한국의 금융

11) 이러한 관점에서 보면 통일된 한국의 금융제도 정립방향은 기본적으로 남한의 금융제도 정립방향과 크게 다르지 않다고 보여진다.

제도 역시 장기적으로 보면 역시 시장 중심 금융제도로 발전해 가는 방향이 바람직하다. 이러한 방향은 자본자유화 진전과 국제금융시장의 통합화 추세를 감안할 때 국제제도와의 정합성을 유지하는 데에도 유리할 뿐만 아니라 현재 남한에서 진행되고 있는 금융구조조정을 계기로 과거의 관치금융 패러다임하의 금융운용방식을 불식하고 효율성, 경쟁, 투명성 등을 요구하는 시장경제와 선진 개방경제체제로 이행하는 데에도 유리할 것으로 보인다.

둘째, 시장 중심 금융제도가 어느 정도 성공적으로 정착될 때까지는 그리고 특히 통일 초기 단계에서는 기업금융 공급이나 기업지배구조 측면에서 은행이 보다 중요한 역할을 수행하는 은행 중심 금융제도를 정립하여 통일 실현시 금융통합과정에서 신용경색현상을 해소하도록 해야 한다. 일단 경제 통합과정에서 기업에 대한 국가의 보호와 지원이 단절되면 기업들은 투자 및 운전자금을 주로 민간상업은행들로부터 조달하여야 할 것이기 때문이다. 또한 기업의 사유화에 필요한 자금도 민간상업은행들로부터 조달될 수 있어야 한다. 이를 위해서는 상업은행들이 민간이나 해외로부터 필요한 자금을 조달하여 기업에 공급하는 금융중개기능을 효율적으로 수행할 수 있어야 하고, 은행의 사전심사 및 사후감시기능을 통한 효율적인 자금배분과 효과적인 기업감시 및 통제구조를 확보하는 것이 무엇보다 중요하다. 물론 장기적으로는 자본시장 발전을 위한 상하부 구조를 착실하게 정착시켜 나가는 노력도 게을리하지 말아야 할 것이다.

4.3. 신용경색 해소를 위한 미시적 · 제도적 접근

이상에서 논의한 통일한국 금융제도 정립을 위한 기본적 전제하에서 통일 초기 단계에 있을 수 있는 신용경색을 완화하기 위한 미시적 · 제도적 대응방안은 구체적으로 다음과 같다.

4.3.1. 남북한 금융제도의 통합

북한의 금융제도 개혁이 전반적인 경제체제 개혁과 함께 이루어진다면 우선 단일은행체제가 이원적 은행제도로 전환되어 금융의 기본 기능인 자금의 효율적 동원과 배분기능을 제대로 수행할 수 있도록 해야 할 것이다. 특히, 통일 직후 체제전환과정에서 기업에 대한 유동성 공급 부족에 따른 과도한 생산감소를 완화하기 위해서는 독일 통일의 교훈이 시사하는 바와 같이 남한의 금융제도와 금융 관련 법이 경제통합과 함께 북한 지역에 그대로 직접 시행될 수 있도록 하는 것이 바람직하다. 이를 위해서는「남북한 경제 · 통화 · 사회통합에 관한 조약」이 사전에 준비될 수 있으면 더욱 바람직할 것이다. 이 조약은 북한 지역에 남한과 동일한 시장경제적 금융제도를 확립하는 데 목표를 두는 가운데 남한 '원'에 대한 통일한국의 법화 인정, 한국은행의 통일한국 중앙은행 역할 수행, 통화통합비율 결정 등을 명시하여 북한 지역 금융개혁을 제도적으로 지원하도록 해야 할 것이다.

통일 이전의 동독과 마찬가지로 북한 지역에는 여러 종류의 금융기관이 존재하지만 시장경제적인 금융시스템이 존재하지 않을 뿐만 아니라 기반시설과 전문인력이 부족하고 선진 금융기법이 결여되어 있다. 따라서 남한의 금융부문이 북한의 금융기관을 인수 · 통합하는 전략을 채택하는 것이 유리하다. 이와 함께 두 나라 사이에 금융통합이 이루어지는 경우 통합을 주도하는 쪽의 금융부문이 잘 발달되어 있으면 그만큼 금융통합이 순조롭고 효율적이면서 거시경제적 비용도 줄일 수 있다는 점을 되새겨야 할 것이다. 그러므로 남한에서도 기업금융 공급과 기업지배구조 측면에서 효율적인 금융제도를 조속한 시일 내에 정립하여 남북한 경제통합시 남한의 은행들이 동독 금융제도 개혁에서 서독의 은행들처럼 선도적인 역할을 수행할 수 있도록 해야 할 것이다.

4.3.2. 북한 금융부문 구조조정

북한의 금융제도는 곧 은행제도이다. 조선중앙은행이 단일은행으로서 중앙은행의 역할과 상업은행의 역할을 동시에 수행하는 엄격한 단일은행제도를 유지하고 있다. 그 밖에 중앙은행의 기능을 보조하는 수 개의 무역·외환 전문은행과 합영은행, 그리고 주민들의 예금을 수집하여 중앙은행에 공급하는 저금소, 우편국, 체신소 등의 저축기관과 보험기관이 있다.

우선 조선중앙은행은 금융통합시 중앙은행 기능을 상업은행 기능과 분리하여 한국은행에 이관하고 한국은행은 지역별로 지점을 설치한다. 한편, 상업은행 기능은 구동독의 신용은행과 같이 주식회사 형태의 단일상업은행을 설립하고, 이 은행에 조선중앙은행 대부분의 지점망과 기업소에 대한 채권·채무를 포함하여 상업은행 업무를 이관하도록 한 다음, 이 은행이 남한 시중은행들과 합작하여 몇 개의 새로운 상업은행을 설립하는 방법이 있다.[12)]

이와 함께 정부는 남한의 은행들이 북한 소재 은행의 인수·통합을 촉진시키기 위한 정책을 시행할 필요가 있다. 예를 들어, 남한 은행이 북한 은행을 인수하는 경우에는 독일과 같이 인수한 북한 은행의 대출채권(북한 국영기업에 대한 대출)이 부실화되어 대손처리되어야 하는 경우에는, 이를 액면가에 상당하는 국채와 교환하여 한국 정부에 매각할 수 있다는 풋옵션(put

12) 아니면 일부 동구권의 경우처럼 조선중앙은행의 지점망을 지역별로 분할하여 주식회사 형태의 상업은행들을 설립하고 남한의 은행들이 완전매입 혹은 지분참여 등의 방법으로 은행을 인수 또는 경영에 참여하는 방법을 생각해 볼 수 있다. 이 밖에 외국은행도 진출할 수 있게 하는 한편, 남한 은행이 직접 지점을 설치할 수 있도록 하여야 할 것이다. 전홍택(1997) 참조.

option) 약속을 첨부하는 것이 바람직하다. 이렇게 되면 남한의 은행들은 자신들이 인수할 북한 은행의 대출채권이 불량자산인지 여부를 걱정할 필요 없이 북한 은행들을 인수하고 자본, 기술, 인력을 투입할 수 있게 될 것이기 때문이다. 이는 빠른 시일 안에 북한 지역에 시장금융제도의 정착을 통하여 은행의 금융중개기능을 제고시킴으로써 신용경색 해소에 도움이 될 것이다.

4.3.3. 부실채권 정리계획

북한의 경우도 동유럽 체제전환국가나 구동독과 마찬가지로 통일 후 체제전환과정에서 사회주의 계획경제체제에 연유하는 막대한 규모의 부실채권이 발생될 것으로 예상된다. 특히, 단일은행체제의 핵심인 조선중앙은행은 국영기업에 대한 큰 규모의 부실자산을 보유하고 있을 것으로 보인다. 그리고 최근 들어서는 북한 기업의 경영활동에 필요한 대부분의 유동자금을 은행대부로 충당하도록 함에 따라 체제전환기에 영업환경이 악화될 경우에 부실채권이 확대될 가능성이 크다. 이러한 구체제에서 비롯된 부실채권이 조기에 정리되지 못하면 남한 은행의 북한 은행 인수 · 합병에 의한 구조조정은 난관에 봉착할 우려가 있다. 이렇게 되면 은행 본연의 기능인 저축의 효율적 동원과 필요한 부문에 자금을 공급하는 자금중개기능이 제대로 작동되지 못하게 되며, 이는 결국 기업의 자금경색을 초래할 가능성이 크다.

은행 부실채권 정리방법으로는 크게 나누어 두 가지 방법이 있다. 하나는 증자, 부실채권관리 특별계정 설치, 대출계약 재조정, 부실채권의 주식전환 등의 내부적 접근방법(internal approach)이며, 다른 하나는 악역담당자 은행 신설, 구조조정 전담기구 설립, 대출의 매각/스왑, 부실채권의 국공채 전환 등의 외부적 접근방법(external approach)이 있다.[13] 선진국의 경우 은행

부실채권문제는 대체로 경기변동에 따른 특정 기업의 문제에 국한되기 때문에 부실채권 정리에 있어 그 강도가 비교적 약한 내부적 접근방법이 혼합 사용되고 있으며, 이와 함께 기업의 경영합리화 노력이 병행된다. 그러나 동유럽 체제전환국가의 경우 은행 부실채권문제는 주로 구사회주의 체제에 기인하는 것이기 때문에 부실채권 정리에 있어 보다 강도가 높은 외부적 접근방법이 사용되었다. 특히, 동독의 경우 전술한 바와 같이 서독 은행들이 동독 은행의 자산을 인수하는 과정에서 풋옵션 조건을 첨부하여 일종의 조건부 부실채권 국공채 전환방법을 사용하였다.

북한의 은행 부실채권문제도 주로 구사회주의 체제에 기인한다는 점에서 문제기업 관련 부실채권을 은행의 대차대조표에서 궁극적으로 제거시키는 방안인 외부적 접근방법을 택하는 것이 바람직할 것이다. 이와 같이 북한 소재 상업은행이 구체제에서 비롯된 부실채권 부담으로부터 탈피함으로써 신설기업에 대한 신용공급에 전념할 수 있게 되면 남북한 통일 직후 기업의 자금경색 완화에 크게 기여할 것이다.

4.3.4. 북한 비금융부문 구조조정

금융부문 구조조정이 성공적으로 이루어지기 위해서는 기업 등 비금융부문의 구조조정과 반드시 연계되어야 한다. 금융부문의 구조조정이 이루어진 후에도 비금융부문의 사유화 등의 구조조정이 제대로 이루어지지 못할 경우에는 부실기업이 양산되는 과정에서 은행대출이 부실화되고 결국 금융

13) 은행의 부실채권 정리방안에 대한 자세한 논의는 전홍택(1997) 및 Saunders and Sommariva(1993) 참조. 내부적 접근방법은 은행의 구조조정 후에도 모두 문제기업 관련 자산(대출채권 혹은 주식)이 여전히 은행자산으로 남아 있다는 점에서 비교적 강도가 낮은 구조조정방법이며, 외부적 접근방법은 모두 문제기업 관련 채권을 은행의 대차대조표에서 궁극적으로 제거시킨다는 점에서 강도가 높은 구조조정방법으로 분류된다.

부문이 다시 부실화될 수 있기 때문이다.

동유럽 구사회주의 국가의 체제전환과정에서 은행의 부실대출이 크게 증가한 것은 금융구조조정 이전 은행과 기업 사이에 존재하던 구체제의 부채구조와 밀접히 관련된 것이다. 그러므로 이러한 구체제에 기인하는 부채구조의 청산이 우선적으로 이루어질 수 있도록 금융부문과 기업의 구조조정을 연계하여 동시에 추진하는 것이 바람직하다.

동독의 경우에도 금융부문의 구조조정문제와 비금융기업의 구조조정문제가 유기적으로 연계되어 있음에도 불구하고 서로 단절된 채 처리됨으로써 기업의 민영화 혹은 사유화가 지체되었다. 은행의 기업에 대한 대출채권과 기업의 은행에 대한 차입채무는 서로 밀접하게 관련된 문제로서 은행이 구체제로부터 물려받은 불량자산(bad assets)이나 기업이 구체제로부터 물려받은 악성부채(bad debts)는 모두 은행이나 기업이 원해서 가지게 된 채권 · 채무가 아니라 사회주의 계획경제의 내재적 모순 때문에 준강제적으로 떠맡게 된 것이다. 따라서 구체제로부터 연유한 은행의 부실채권을 청산해 주어야 하는 것처럼 기업에 대해서도 구체제에 연유하는 악성부채를 청산해 주는 것이 바람직하다. 특히, 기업의 악성부채 정리는 체제전환과정에서 국영기업의 사유화를 촉진하는 데에도 매우 유리하다.[14)]

동독이나 동유럽 국가들이 체제전환기에 금융부문과 비금융기업의 구조조정을 연계해서 동시에 추진하지 못한 것은 사전에 준비가 불충분하여 체제전환이 이미 상당히 진전된 이후에야 구체제에 연유하는 채권 · 채무의 일괄정리가 바람직하다는 것을 뒤늦게 인식하였기 때문이다. 이러한 점을

14) 실제로 신탁관리청이 추진한 동독 기업의 사유화 과정은 이러한 구체제에 연유하는 악성부채의 처리문제 때문에 상당히 지체되었다는 지적이 있다. 구동독 및 동유럽 체제전환국가의 기업사유화에 대한 구체적인 논의에 대하여는 박성훈(1993) 및 이종원 외(1997), 제IV, V장을 참조할 것.

감안하여 남북한 경제통합이 이루어지는 체제전환 초기 단계에 금융부문과 비금융기업의 구조조정을 연계하여 동시에 추진할 수 있도록 사전에 준비하는 것이 바람직할 것이다.

4.3.5. 정부의 종합적 특별 신용공급 계획의 수립

남북한 경제통합과 함께 북한의 경제체제가 변화하면 종전 국가로부터 투자자금과 운전자금의 상당 부분을 공급받아 오던 기업들은 내부자금을 사용하든가 아니면 필요자금을 민간금융시장으로부터 조달할 수밖에 없다. 경제통합 초기에는 축적된 내부자금도 부족하고 영업여건의 악화 때문에 이익금을 투자 및 운전자금으로 활용하는 데에도 한계가 있을 것이다. 따라서 기업이 필요로 하는 자금은 주로 민간금융시장, 특히 은행을 통해 조달해야 할 것이다. 그러나 시장경제체제로 전환된 상태에서 은행으로서는 기업에 대한 대출에 높은 위험이 따르기 때문에 담보를 요구할 것이나 상당수 북한 소재 기업들, 특히 신설된 기업들이나 규모가 작은 기업들은 담보나 신용이 부족한 관계로 은행으로부터 대출받기가 어려울 것이다. 이렇게 되면 기업들은 유동성 부족으로 도산될 가능성이 크며, 결국 이에 따른 부실채권이 은행에 쌓이게 될 것이므로 신용경색현상이 심화될 우려가 있다. 따라서 통일 직후 신용경색현상을 해소하기 위해 북한 소재 은행의 금융중개기능이 정상화될 때까지 정부가 자금확보에 어려움이 있는 기업들에게 신용을 공급하는 특별 프로그램을 사전에 강구해 둘 필요가 있다.

한국 정부가 북한 소재 기업에 신용을 공급해 주는 방법으로는 독일의 경우와 같이 은행의 기업대출에 대하여 보증을 해 주는 방법과 정부가 직접 기업에 신용을 공급하는 방법이 있다. 먼저 은행의 기업대출에 대하여 정부가 보증을 해 주는 방법으로는 기존의 신용보증기금, 기술신용보증기금, 보증보험회사 등의 보증한도를 대폭 확대하여 이들이 상업은행의 북한 소재 기업에 대한 대출에 대하여 완전보증 혹은 부분보증을 하도록 하든가, 아니면 정부의 예산지원으로 한시적으로 북한 지역에 보증보험회사를 지역별로 신규로 설립하는 방법도 생각해 볼 수 있을 것이다. 다음 정부가 직접 기업에 신용을 공급하는 방법으로는 특수은행인 산업은행, 수출입은행 등을 통해 정부 재정자금을 지원하든가, 아니면 '북한경제재건은행'과 같은 특수은행을 신규로 설립하여 북한 소재 기업에 신용을 공급하는 방법을 생각해 볼 수 있을 것이다.[15)]

4.3.6. 금융하부구조 구축

남북한 경제통합과 금융통합에 대비하여 특히, 금융의 하부구조 등 기반구축을 통해 은행부문의 자금중개기능 활성화를 위한 구체적 계획을 강구할 필요가 있다. 그런데 체제전환기의 경제에서는 자본시장이 제대로 발달되지 못한 가운데 은행부문도 자본부족 등으로 건전성이 떨어지고 대출심사기법도 선진화되어 있지 못해 금융중개기능의 작동에 필요한 금융하부구조가 취약하여 금융중개가 원활히 이루어지지 못하는 경향이 있기 때문이다. 금융중개가 활성화되지 못하면 기업에 대한 유동성 공급의 부족이 전반적인 신용경색으로 진전되고 결과적으로 생산이 크게 위축될 수 있다.

특히, 사회주의 경제의 금융제도에서는 자본시장이 형성되어 있지 못한 상황에서 경제체제가 시장경제체제로 전환되는 경우 민영화되는 기업은 우선 내부 유보자금을 활용하거나 민간부문으로부터 필요한 외부자금을 조달해야 한다. 그러나 사회주의 국가에서는 기업이익이 즉각적으로 국가재정으

15) 이 경우 '북한경제재건은행'은 북한 소재 기업의 금융지원용 자금조성을 위해 IMF, IBRD, OECD 등 국제금융기구 및 해외금융기관과의 공조도 도모할 필요가 있다.

로 흡수되고 있으며, 특히 체제전환 초기에는 축적된 내부자금이 부족한 가운데 영업여건의 악화로 이익금을 투자자금으로 활용하는 데에도 한계가 있다. 따라서 체제전환 이후에는 기업은 대체적인 자금조달 수단이 없는 관계로 신용도나 규모에 관계 없이 필요한 외부자금 수요를 주로 은행에 의존할 수밖에 없는 실정이고, 이 경우 상업은행과 그리고 은행의 대출은 특별(special)할 수 있다. 그러므로 체제전환경제에서는 앞으로 자본시장을 시간을 두고 착실하게 정착해 가야 하겠지만, 상당한 기간 동안에는 은행이 자본시장보다 더 중요한 역할을 수행하는 은행 중심의 금융제도를 구축하는 것은 매우 자연스러운 선택이라고 볼 수 있다.

한편, 통일한국의 단일통화지역에 대한 통화정책의 유효성을 확보하기 위하여 남북한 지역 전체를 대상으로 통화정책의 수립 · 집행을 위한 제도적 기반을 구축해야 한다. 이를 위해서는 한국은행이 통일한국 중앙은행으로서 지급준비제도, 재할인 및 공개시장 조작에 필요한 수단들을 정비해야 할 것이다. 그러나 독일 통일과정에서 보듯이 통일 초기에는 북한 지역에 시장경제적 금융제도가 완전히 정착되는 데에는 시간이 걸리고, 환매조건부 채권매매나 증권담보대출에 필요한 적격증권을 보유하고 있지 않을 것이기 때문에, 전통적인 통화신용정책은 한계가 있을 것이다. 따라서 금리정책과 유동성 정책 등 전통적인 수단 외에 리파이낸싱 정책 등의 여러 가지 잠정적인 수단을 강구할 필요가 있다.

아울러 북한 지역에서의 지급결제제도 구축을 위하여 북한 지역에 새로운 지급결제제도를 도입해야 한다. 현금유통과 무현금결제로 이원화된 북한의 화폐유통은 은행 통제기능의 중요한 부분으로서 시장경제체제에는 적합하지 않기 때문에 경제통합에 맞추어 적시에 남한의 지급결제제도로 대체하여야 할 것이다.

5. 요약 및 결론

본 연구는 한반도 통일실현시 기본적인 경제목표인 체제통합과정에서의 거시적 안정화를 구축하기 위해 지금까지 소홀하였던 미시경제적 · 제도적 분석을 도모하되, 특히 통일실현시 예상되는 신용경색을 해소하기 위한 통일한국에 있어서의 금융제도 개편방안을 분석하였다. 왜냐하면, 구동독 및 동유럽 체제전환국가의 체제전환과정에서 공통적으로 경험하는 물가불안정, 대량 실업 및 생산와해 등은 전통적인 거시경제정책만으로는 효과적인 대응을 할 수 없으며, 특히 신용경색과 같은 미시적 · 제도적 정책상의 애로요인들로 인해 그 효과가 크게 위축됨을 확인할 수 있었기 때문이다. 이를 위해 구동독 및 동유럽 체제전환국가의 금융개혁 및 금융제도 구축과정을 비교 · 평가하였고, 그 시사점을 토대로 통일한국에서의 발생 가능한 신용경색 해소를 위한 미시적 · 제도적 대책을 도출하였다.

첫째, 북한의 단일은행체제를 이원적 은행체제로 전환하여 금융의 기본기능인 자금의 효율적 동원과 배분 기능을 제대로 수행하면서 통합조약에 의거하여 남한의 금융법제도가 북한 지역에서 직접 시행될 수 있도록 해야 한다.

둘째, 북한 금융부문의 구조조정을 시행하는 과도기에는 한국은행은 중앙은행으로서의 역할뿐만 아니라 북한 국영은행의 상업은행으로의 전환을 원활하게 하는 기능도 수행해야 하는바, 정부와 함께 남한 은행들의 북한 은행 인수 · 통합을 촉진시켜야 한다.

셋째, 예상되는 막대한 규모의 부실채권을 체제전환 초기에 정리하여야 하는바, 이른바 외부적 접근방법을 택하여 북한 소재 상업은행이 부실채권의 부담에서 벗어나 신설기업 및 사유화된 기업에 대한 신용공급에 전념하도록 해야 한다.

넷째, 금융부문 구조조정이 성공적으로 이루어지기 위해서는 기업 등 비금융부문의 구조조정과 반드시 연계하여야 한다. 따라서 은행 및 기업들의 효율적인 사유화가 체제전환과정에서의 금융개혁 성공 여부의 관건임을 확인할 수 있었다.

다섯째, 경제통합 초기에는 은행들의 기존 부채부담으로 또한 신설기업 및 체제전환기업의 신용도가 낮기 때문에 이들 기업들은 신용경색에 직면하게 될 수 있는데, 이 경우 정부는 은행 금융중개 기능이 정상화될 때까지 자금확보에 어려움이 있는 이들 기업들에게 특별 신용공급을 제공하는 프로그램을 마련해야 한다.

끝으로, 남북한 경제 및 금융통합에 대비하여 금융하부구조 기반을 사전에 구축할 필요가 있다. 은행제도뿐만 아니라 자본시장도 정립해야 하고, 통일한국의 단일통화지역에 대한 통화정책의 유효성을 확보하기 위한 제 수단도 강구하며 북한 지역에 맞는 새로운 지급결제제도 또한 도입·준비하여야 한다.

참고문헌

김용복, 『주요 체제전환국의 금융개혁과 그 시사점』, 한국은행 조사연구자료 99-17, 1999.

김창권 · 이종원, 「통일한국에서의 금융 및 재정정책의 혼합적 운용」, 『재정논집』, 제13집 제2호, 1999, pp. 229~257.

문성민, 『북한의 금융제도』, 한국은행 한은조사연구 2000-3, 2000.

박석삼, 『통일이후의 독일경제: 동독지역 금융개혁내용과 동서독 경제통합의 문제점』, 한국은행 한은조사자료 2000-4, 2000.

박성훈, 『구동독 국유재산의 사유화과정에 나타난 신탁관리공사의 역할과 의의』, 대외경제정책연구원, 1993.

이상현 · 박완근, 『독일의 경제통합정책』, 한국은행 조사연구자료 98-4, 1998.

이종원 외, 『통일경제론』 해남, 1997.

이종원 · 한기성, 「통일비용 극소화를 위한 정책제안」, 『동북아경제연구』, 제10권 제2호, 한국동북아경제학회, 1999, pp. 95~137.

이종원 · 함정호 · 김창권, 「통일한국에서의 금융제도 개편방안: 신용경색 해소를 위한 미시적 · 제도적 대응방안을 중심으로」, 『경상논총』, 제22호, 2000, pp. 73~98.

전홍택, 「북한 금융제도의 구조개혁」, 전홍택 · 이영선 편, 『한반도 통일시의 경제통합전략』, 한국개발연구원, 1997.

정태연 · 권혁찬 · 강경훈, 『동유럽 체제전환국의 금융개혁 진전상황』, 한국은행 조사연구자료 95-7, 1995.

함정호, 「은행자산구성 변화와 통화정책」, 한국은행, 『조사통계월보』, 1999.

Abel, Istvan, P. L. Siklos, and Istvan P. Szekely, *Money and Finance in the Transition to a Market Economy*, Cheltenham, U.K.: Edward Elgar Publishing Limited, 1998.

Anderson, R. and C. Kegels, *Transition Banking: Financial Development of Central and Eastern Europe*, Oxford: Clarendon Press, 1998.

Berger, A. N. and F. G. Udell, "Did Risk-Based Capital Allocate Bank Credit and Cause a 'Credit Crunch' in the United States," *Journal of Money, Credit and Banking*, Vol. 26, 1994, pp. 587~633.

Bernanke, B. S. and S. C. Lown, "The Credit Crunch," *Brookings Papers On Economic Activity*, 2, 1991, pp. 205~247.

Bernanke, B. S., M. Gertler, and S. Gilchrist, "The Financial Accelerator in a Quantitative Business Cycle Framework," *NBER Working Paper*, No. 6455, March 1998.

Brezinski, H., E. Franck, and M. Fritsch, eds., *The Microeconomics of Transformation and Growth*, Cheltenham, UK and Northhampton, MA, USA, 1998.

Calvo, G. and F. Coricelli, "Output Collaps in Eastern Europe: the Role of Credit," in *Transition to the Market Economy*, edited by P. Hare and J. Davis, New York: Routledge, 1997, pp. 163~182.

Cantor, R. and J. Wenninger, "Perspective on the Credit Slowdown," *Federal Reserve Bank of New York Quarterly Review*, Vol. 18, Spring 1993, pp. 3~36.

Gomulka, S., "The Causes of Recession Following Stabilization," *Comparative Economic Studies*, Vol. 33, No. 2, 1991.

Hubbard, Glenn R., *Money, the Financial System and the Economy*, Addison-Wesley Publishing Co., 1994.

Ickes, B. W. and R. Ryterman, "The Interenterprise Arrears Crisis in Russia," *Post-Soviet Affairs*, 8(4), 1992.

Mishikin, Frederic S., "The Channels of Monetary Transmission: Lessons for Monetary Policy," presented at a Conference held by Banque de France on 24-26 Janurary 1996.

Mueller, R., "Germany's Financial System and It's Unification Experience," presented at the Seminar in the Bank of Korea, 2000.

Owens, R. E. and S. L. Schreft, "Identifing Credit Crunches," *Contemporary Economic Policy*, 13, April 1995, pp. 63~76.

Pazarbasioglu, Ceyla, "A Credit Crunch? Finland in the Aftermath of the Banking Crisis," *IMF Staff Papers*, Vol. 44, No. 3, September 1997, pp. 315~327.

Saunders, A. and A. Sommariva, "Banking Sector and Restructuring in Eastern Europe," *Journal of Banking and Finance*, Vol. 17, No. 5, 1993.

Shrieves, R. E. and D. Dahl, "Regulation, Recession and Bank Lending Behavior: The 1990 Credit Crunch," *Journal of Financial Survey*, 1993, pp. 5~30.

Sundararajan, V. and T. J. Balino, *Banking Crises: Cases and Issues*, Washington D.C.: IMF, 1991.

Syron, Richard F., "Are We Experiencing a Credit Crunch?," *Federal Reserve Bank of Boston New England Review*, 1991, pp. 3~10.

Wojnilower, Albert M., "The Central Role of Credit Crunches in Recent Financial History," *Brookings Papers on Economic Activity*, 2, 1980, pp. 277~326.

______, "Private Credit Demand, Supply, and Crunches—How Different Are the

1980's?," *American Economic Review*, Vol. 75, No. 2, May 1985, pp. 351~356.

CHAPTER 9

대량 실업 및 이주에 대비한 고용 및 노동정책

1. 서론
2. 독일 통일과정에서의 대량 실업 발생원인
3. 통일독일의 고임금정책 평가
4. 통일독일의 노동시장정책 평가
5. 통일한국에의 정책적 시사점: 대량 실업 해소 및 이주억제를 위한 대책
6. 결론

9 대량 실업 및 이주에 대비한 고용 및 노동정책

1. 서론

전술한 바 있듯이 통일한국에서의 기본 경제목표는 남북한 동질적인 경제공동체를 형성하는 것이며, 이러한 과정에서 예상되는 이른바 통일비용을 최소화시킬 수 있는 거시적 안정화가 필요하다.[1] 그렇지 못할 경우에 독일의 경험에서 보듯이 통일은, 특히 대량 실업을 유발시킬 것이기 때문이다(<표 9-1> 참조). 이와 관련하여 한반도 통일시 더욱 우려되는 것은 북한 주민의 남한으로의 대량 이주 가능성 문제라 할 수 있다. 최근의 관련 연구들에 따

표 9-1 통일독일의 실업률 추이(1988~1998)

구분	1988	1989	1990	1991	1992	1993	1994	1995	1996	1997	1998
실업률(연평균)	–	–	–	7.3	8.5	9.8	10.6	10.4	11.5	12.7	12.6
동독	–	–	–	10.3	16.1	15.8	16.0	14.9	16.7	19.5	17.5
서독	7.7	6.8	7.2	6.3	6.6	8.2	9.2	9.3	10.1	11.0	8.9

자료: Deutsche Bundesbank(1999), Monthly Report.

1) 김창권 · 이종원(1999), 이종원 · 한기성(1999) 참조.

르면 통일 이후 북한 주민의 남한으로의 이주규모는 최소 140만 명에서 최대 600만 명에 이를 것으로 예상되고 있다.[2)]

이와 같이 큰 편차가 나타나고 있는 것은 한반도 통일 이후의 인구이동은 예측하기가 쉽지 않은 변수들에 근거할 수밖에 없다는 점, 그리고 무엇보다도 북한 경제에 대한 정확한 자료의 입수나 상황파악이 어렵다는 사실에 기인한다. 그럼에도 불구하고 이에 대비한 방안을 수립하는 것은 언제, 어느 유형으로 찾아올지 모르는 통일에 대한 사전준비라는 데에서 그 의의를 찾을 수 있다. 비록 남북한과 같은 이질적인 경제체제 간의 통합에 있어 발라사(Balassa)식 단계별 경제통합론을 적용하는 데에는 한계가 있고,[3)] 또한 북한 정치 · 경제 여건의 불투명성으로 인해 남북한의 경제통합은 많은 가정에 기초할 수밖에 없지만 어느 시기에 어떤 형태로의 통일이 이루어진다고 하더라도 통일 이후보다 바람직하게 동질적인 남북한 경제를 이루기 위한 대비책을 마련하는 일은 불가피한 과제라 하겠다. 여러 부문 가운데서도, 특히 노동부문에서의 대량 실업에 대한 대책마련이 크게 부각되어 온 이유는 독일의 경험에서 보듯이 통일 전에 예상하지 못하였던 인적 자본(human capital)의 기반붕괴와 장기적 실업자의 출현으로 인한 사회 · 경제적 폐해가 상상외로 컸었기 때문이다.[4)]

이처럼 독일 통일과정의 대량 실업 등 통합에 따른 문제점과 이에 대한 대응책의 연구들을 살펴보면, 대부분 체제전환과정에서의 거시적 안정성 확

2) 조동호(1997), 이상준(1997) 참조.

3) 김영윤(1996) 참조.

4) 구동독 지역의 고용인원이 1989년 985만 8,000명이었으나, 통일 이후 대규모 산업 및 기업의 구조조정으로 인해 1992년에는 고용인원이 638만 7,000명으로 3년 사이에 347만 명이 줄어들어 통일 전의 2/3 수준으로 급락하였다. 1998년까지 고용수준은 그 하락폭은 작아졌으나 지속적으로 감소하여 605만 5,000명에 이르게 되었다. 이는 통일 전에 비해 약 2/5 인원이 노동시장을 떠났거나 실업자 상태로 전락하였음을 의미한다.

립에 초점을 두고 주로 거시적 금융 및 재정정책에 근거하고 있다.[5] 그러나 이러한 전통적인 시장경제적 거시경제정책만을 단순히 체제전환경제에 직접 적용할 경우, 특히 미시적 · 제도적 정책상의 애로요인들을 제대로 고려하지 못함으로써 그 효과가 크게 위축될 수밖에 없었고, 임금 및 사회보장정책만으로는 노동자들의 새로운 시장경제체제로의 조화로운 적응을 적절히 유도할 수도 없어 대량 실업을 방지하는 데 한계가 있음을 주지할 필요가 있다.[6] 또한 남북한의 통합과 연계하여 체제전환과정에서의 대량 실업문제에 관한 국내연구들의 동향을 살펴보더라도 통일 이후 북한 지역 노동력의 고용정책 및 노동시장정책에 대한 미시적 · 제도적 분석이 상대적으로 미진함을 알 수 있다.[7]

북한 지역의 경우 그 사회주의의 폐쇄성과 비효율성으로 인해 대량 실업의 정도는 구동독의 경우보다 클 수 있다. 따라서 독일의 경험으로부터 시사하는 바는, 대량 실업을 적극적으로 억제하는 것이 궁극적으로 대량 이주를 억제하는 최선안이 될 수 있다는 것이며, 이에 대한 본질적인 해결책은 노동생산성 향상을 통한 기업의 경쟁력 제고를 도모하면서 새로운 고용창

5) 무수히 많으나 대표적인 것으로 Herr *et al.*(1994), Blejer and Skreb(1997) 등을 참조. 특히, 독일 통일과정에서의 실업에 대한 거시경제적 분석으로 Franz(1991), Scherf(1996), Berthold *et al.*(1998), Lindlar(1998), Hallwirth(1998) 등을 참조할 것.

6) Brezinski *et al.*(1998) 참조.

7) 국내의 연구동향을 간략히 정리하면, 북한의 노동력 실태와 남북경제협력을 통한 북한 노동력 활용방안을 연구한 것(원창희 · 김재원, 1994; 민족통일연구원, 1996), 구동독의 '연대협정' 방안 또는 동구권 국가들의 노동 관련법, 고용정책, 임금정책 등을 분석하고 북한의 노동시장문제에 대한 정책을 도출한 것(김영윤, 1994; 선한승, 1997; 조동호, 1997) 등이 있다. 아울러 통일실현시 극심한 남북한 간의 소득격차 및 북한 지역에서의 대량 실업으로 인해 발생할 것으로 예상되는 북한 주민의 남한으로의 이주문제를 노동시장정책과 연계하여 분석한 것(고일동, 1997; 구성렬, 1997; 김원배, 1997; 이상준, 1997 등)과 독일의 사례를 이용하여 통일실현시 북한 지역 산업구조 재편과 인력 재배치를 분석한 것(박진, 1997) 등이 있다. 한편, 대량 실업의 문제는 IMF 관리위기를 겪으면서 남한에서도 첨예한 문제로 대두된 바 있고, 이에 대응하여 마련된 현재 기업의 구조조정 및 실업대책 그리고 제반 노동시장정책 프로그램은 통일 이후 노동시장 통합과정에서 야기될 문제에 대한 대응방안 마련에 좋은 참고자료가 될 것이다(김재원, 1999; 송일호, 1999; 조우현, 1999).

출 기회를 마련할 수 있는 미시적 · 제도적 정책을 마련하는 것이라 할 수 있다. 따라서 본장에서는 대량 실업과 대량 이주를 동시에 고려하되 이들의 발생 메커니즘을 독일 통일과정에서의 제반 정책 및 사례를 통하여 분석함으로써 한반도 통일시 북한 지역에서 예상되는 대량 실업과 이주에 대한 종합적인 대응책을 마련하는 데 주안점을 두고자 한다.

2. 독일 통일과정에서의 대량 실업 발생원인

통일 초기 구동독 지역에서 대량 실업이 발생한 원인은 개략적으로 <그림 9-1>과 같이 표현될 수 있으며 이하에서 이들 중 주요 요인을, 첫째 사회주의하에 잠재된 비효율성, 둘째 부적절하였던 거시경제정책 및 여건, 셋째 부적절했던 미시경제정책 및 여건으로 나누어 간략하게 규명하고자 한다.

2.1. 구동독하에서의 사회주의적 비효율성

구동독의 구사회주의 체제하에서 이미 경제적 비효율성을 내포하고 있었기에 구서독으로의 흡수통합에 의한 체제전환을 거치면서 시장경제로 전환함에 따라 실업은 당연한 귀결이었다. 명령형 계획경제 및 연성예산제약으로 인한 자원의 비효율적 · 비합리적인 배치는 생산구조를 왜곡시켰으며, 이는 자급자족형 폐쇄경제(넓게는 구동구권의 CMEA체제)하에서만 경쟁력이 있는, 따라서 서방의 자유주의적 시장경제에 개방이 될 때 전혀 경쟁력이 없는 산업구조와 쓸모없는 시설을 고착시켜 버렸다. 국가소유제도로 인하여

그림 9-1 구동독의 체제전환과정에서의 대량 실업 발생 메커니즘

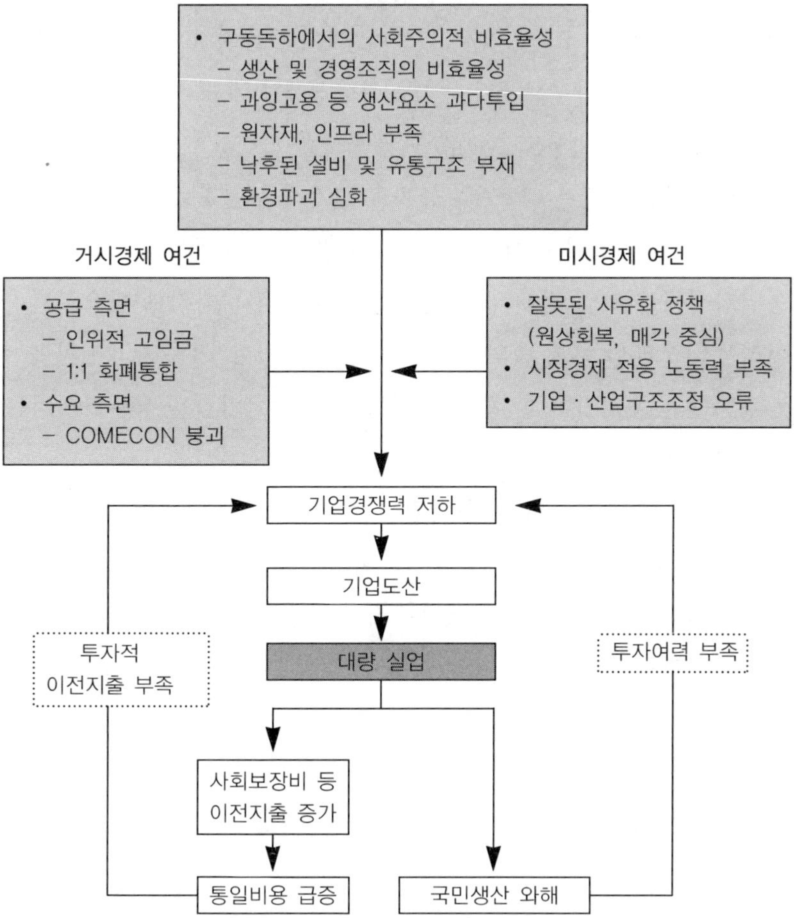

원시축적 및 근로의욕의 동기부여가 저해되었고, 생산조직의 비효율성과 노동자들의 노동 외적 이용(예를 들면, 당성교육 등)으로 자율성과 창의성이 상

실되어 낮은 생산성의 경제를 이루고 있었다.[8)]

또한 사회주의적 가격체제의 비현실성은 40여 년의 구동독 시절 동안 경쟁력이 없는 산업구조를 양산시켰으며, 이에 길들여진 유통교역 네트워크는 가격자유화를 바탕으로 하는 서방 시장경제로의 노출시 한꺼번에 붕괴될 수밖에 없어 매몰비용(埋沒費用)을 급증시켰다. CMEA의 동구권 국제분업하에 이루어졌던 생산은 CMEA의 붕괴로 원자재 구입경로가 봉쇄되었고, 도로 및 철로 등의 인프라가 심히 낙후되었으며, 특히 구동독 지역의 환경문제는 통일과정에서 독일 정부가 그 현실을 제대로 간파하지 못함으로써 가장 큰 어려움을 초래한 문제 중의 하나로 간주되고 있다. 이는 체제전환에 소요되는 경비를 급증시키는 한 요인이 되었으며, 전환기간을 장기화시키는 결과를 초래하기도 하였다.

이 밖에도 대량 실업의 보다 직접적인 요인으로서 구동독의 사회주의하에서의 초과고용을 언급할 수 있다. 즉, 이미 노동시장에서의 초과공급이 오랫동안 존재하여 왔고, 따라서 시장경제로 전환되는 과정에서 효율성이 중시되면서 초과공급된 인원을 축소시킬 수밖에 없어 보다 큰 규모의 실업이 발생할 수밖에 없었다.

2.2. 부적절하였던 거시경제정책 및 여건

한편, 대량 실업을 촉발시킨 거시경제정책상의 요인으로서 공급 측면에서는 시장에서의 교환비율을 무시한 구동서독 간의 통화통합과 공격적인 고임금정책을 들 수 있으며, 수요 측면에서는 동유럽 시장의 붕괴와 서독 제

8) 통일 전 구동독의 생산성은 서독 대비 1/2 내지 1/6로 추정되었다. Sinn and Sinn(박광작 외 공역, 1994), p. 23 참조.

품으로의 대체로 인한 구동독 제품의 수요 격감을 들 수 있다.[9)]

1990년 7월 1일, 동서독 간의 통화 · 경제 · 사회통합의 일환으로 모든 동독 마르크(Ostmark)가 독일 마르크(DM)로 교환되었다. 특히, 임금산출기준 설정시 1:1 비율로 적용되어 동독 근로자의 실질임금은 일시에 4배 이상 폭발적으로 상승하였다.[10)]

즉, 구조적으로 서로 다른 동서독을 하나로 묶기 위한 통화통합은 실물 분야에 조정의 부담을 전가시켰다. 대부분 구동독의 기업경쟁력은 서구 기업이나 또는 신규 기업의 경쟁력에 비해 절대적 열세를 벗어날 수 없었고 이는 궁극적으로 대량 실업을 야기할 수밖에 없었으며, 이는 인위적이고 공격적인 고임금정책으로 인해 한층 더 심화되었다.

2.3. 부적절하였던 미시경제정책 및 여건

독일이 통일되면서 경제제도 및 여건 그리고 잘못된 미시경제정책 때문에 대량 실업이 장기화되었다는 사실을 간과해서는 안 될 것이다.

첫째, 구동독의 사유화 정책이 올바르게 실시되지 않았다는 점을 들 수 있다. 구동독의 사유화는 여타의 동구권 구사회주의 국가에서 사용한 대중

9) 대량 실업에 대한 수요 측면의 요인을 간략히 설명하면, 통화통합에 따른 구동독민의 풍부한 유동성 확보는 구매력을 증가시켜 구동독 지역의 생산품에 대한 수요를 촉발할 것으로 기대하였으나, 통일로 인한 내독교역의 자유화와 절대적으로 열악한 구동독 제품의 품질수준으로 인해 서독 및 서구 제품에 대한 수요가 폭증하여 구동독 기업에 마이너스의 효과를 가져다 주었고, 설상가상으로 COMECON의 와해로 인한 동구권 시장의 상실로 인해 구동독 제품에 대한 수요가 대폭 감소하게 되어 동독 기업의 와해, 그로 인한 대량 실업이 발생하였다.

10) 즉, 구매력 평가나 구동독의 대외수출 수익성 또는 암시장의 환율 등에 입각한 통화통합을 채택하는 대신 구동독민에게 독일 통일정책에 대한 확실한 원칙을 제공함으로써 서독으로의 이주가 더 이상 경제적으로 유리하지 않음을 보여 주기 위한 통화통합을 추진하였다(If the DM does not come to us, we will come to the DM). 물론 모든 교환비율이 획일적으로 1:1로 적용된 것은 아니며, 부문별로 달리 적용하였는바, 이들 모두를 가중평균한 독일 중앙은행의 공식적인 교환비율은 1.8:1이었다. Sinn and Sinn(박광작 외 공역, 1994)의 제3장을 참조할 것.

적 사유화 대신에 신탁관리청이 주도하는 직접매각 중심의 한 급진적 사유화를 추진하였다.[11)] 통일 초기에 원상회복을 원칙으로 하는 사유화 정책은 소유권을 불확실하게 하여 구동독 지역에의 투자를 지연시켰다. 특히, 대규모 국유기업은 소속근로자의 참여를 배제하고 시장에서의 독과점 지위를 확보하려는 구서독 기업에 대부분(85% 정도) 매각되었는데, 이들은 인수한 국유기업의 생산을 대폭 축소하거나 서독 제품의 판로를 위한 유통수단으로 활용하는 도덕적 해이를 보였다. 따라서 구동독의 잘못된 사유화는 구동독의 산업을 상당 부분 와해시켰으며, 사유화 과정에서의 고용유지 단서 조항도 일정 기간 지난 후에는 아무 효력도 없어 대규모 실업사태를 초래하였다.[12)]

둘째, 시장경제의 주요 제도(institution) 마련 및 계획 마련 그리고 정책집행이 미진하였고, 변화하는 환경 속에서 노동자의 적응력이 결여되었던 점도 대량 실업의 주요 원인으로 대두되었다. 시장경제체제 이행을 위한 전문 테크노크라트의 결여로 계획 및 조직관리에 미숙하였고 과잉인력 해고에도 어려움이 있었다.

셋째, 독일의 통일과정에서 기업 및 산업구조조정의 오류가 구조적 대량 실업을 촉발시켰음을 지적할 필요가 있다. 예를 들면, 통일 초기 건설부문이 호황을 이루자 이 부문에 자원이 집중 투여되었으나 점차 건설특수가

---

11) 이종원 외(1997)의 제IV, V장을 참조할 것. 단기간에 대량의 국유기업이 매각됨으로써 1994년 말 신탁관리청의 공식적인 사유화가 종료될 때까지 원래 기대하였던 6,000억DM의 예상 매각수익과는 달리 실제 매각수익은 400억DM에 불과하였고, 신탁관리청의 지출은 2,760억DM에 달해 무려 2,360억DM의 손실을 보았다. 8억 5,000만DM의 투자를 하여 국가에 의해 건립된 조선소가 2,200만DM에 팔리기도 하였다. 타이히필러(1999), p. 108 참조.

12) IWH(1999)에 따르면, 투자약속의 16%, 고용약속의 22%가 지켜지지 않았다. 사유화가 종료된 1994년 말에는 과거 신탁관리청 산하 기업의 근로자 400만 명 중 100만 명이 못 되는 근로자만 남게 되어 70%가 일자리를 잃었으며, 자립적 경기활성화를 위한 산업적 토대가 크게 파괴되어 통일 전 고용자의 40%가 산업분야에 일하였던 것에 반해 1994년 말에는 20%도 되지 않았다. 헤겔러(1999), p. 141 참조.

줄어들고 결국은 건설부문 및 관련 서비스부문 기업들이 도산하는 결과를 초래하였다. 반면 건설특수가 종료된 이후에도 이미 상승된 서비스부문의 임금을 상승시켰고, 여타 제조업부문과 대비한 상대가격 상승으로 인해 이후의 구조전환에 많은 어려움을 겪기도 하였다.

최근 들어 경제가 회복단계를 지나 성장궤도에 진입하고 있다는 평가가 나오고 있으나 이는 자본집약적 생산방법에 의해 주도되고 있어 실업난 해소에는 큰 도움이 되지 못하고 있다. 한편, 노동집약적 생산기지는 계속 외국으로 이전되고 기술 중점 내지 노동절약적 방식의 산업화를 지향하고 있어 고용창출효과가 큰 투자는 제한되어 온 것이다. 따라서 임금률이 낮아지는데도 불구하고 실업은 증가하는 현상을 보이고 있다.

이상에서 독일 통일과정에서의 대량 실업의 원인을 전반적으로 살펴보았다. 이들 가운데, 특히 대량 실업의 직접적 원인으로서 경제원칙을 무시한 고임금정책과 대량 실업이 발생 후 이를 대처하기 위해 실시된 고용 및 노동시장정책의 효율성 여부를 보다 세심히 분석할 필요가 있는바, 다음 절에서 차례로 살펴보겠다.

3. 통일독일의 고임금정책 평가

독일 통일과정에서 고임금정책의 배경과 지금까지의 임금상승과 생산성 상승과의 비교를 한 후 간단한 모형을 통해 고임금정책을 평가하며 대안을 모색하기로 한다.

3.1. 고임금정책 현황

통일과정에서의 고임금은 임금협상에서 협상당사자들 간에 형평성이 부재한 사실에도 기인된다. 즉, 구동독의 경우 고용주가 아직 형성되지 않았기에 신탁관리청 또는 Combinate의 감독관 및 관리자 등이 사용자측을 대표할 수밖에 없었으며, 관료들의 책임한계 및 책임회피로 인해 협상에서의 진정한 사용자측의 대변이 없었다. 또한 구동독의 노조는 서독 노조의 조종 및 협조하에 성립되었는바, 동독이 저임금화될 경우 노동시장에서의 공급 측면에서 이들과 경쟁할 수밖에 없게 될 것이라는 우려로 서독 노조들은 동독 노동자들의 고임금화를 주장하였다. 구동독 근로자들의 경우 고임금을 지지할 것은 당연하다. 설령 고임금 상승이 많은 대량 해고를 유발할 것이란 사실을 알고 있었다고 하더라도 그들은 정부가 기업들을 일정한 한도까지 존속시키며 쉽사리 해고시키지 않을 것이라고 기대하였다. 또한 실업이 발생하더라도 대량 실업을 그대로 방치하지 않을 것이라는 신뢰감을 가지고 있었으며, 더욱이 실업자로 전락되어 실업수당을 받을 경우 높은 사회복지수준을 보이고 있는 연방독일 사회보장제도의 적용을 기대할 수 있다고 생각하였기에 자신들의 생산성 수준을 훨씬 상회하는 임금을 요구하는 도덕적 해이를 나타내었던 것이다.

통일독일의 고임금정책은 고임금-첨단기술 전략에 의해 뒷받침되기도 하였다. 구동독의 자질이 있는 근로자들이 서독으로 이직하지 않도록 하기 위해 평균 이상의 임금을 지급하거나 구동독의 산업구조를 첨단기술화하기 위한 인센티브로 활용하려고 하였다. 그리고 심지어는 공평하다고 느끼는 어떤 수준 이하의 임금을 받을 때 피고용자들은 자신들의 성과의 강도를 축소한다는 이른바 공평임금가설(fair wage hypothesis)에 근거하여 서독과의 임

표 9-2A 동서독 노동시장 비교(서독=100)

(단위: %)

구분	1991	1992	1993	1994	1995	1996	1997	1998
1인당 GDP	31.3	38.9	47.7	52.3	55.4	56.8	56.7	56.1
단위노동비용 GDP기준	150.6	139.4	128.0	126.0	126.5	124.0	123.2	124.1
1인당 생산성	33	36	40	42	43	44	45	45
고용자 1인당 연 임금 및 봉급	47	61	68	70	73	74	74	74

표 9-2B 동서독 노동시장 비교

구분		단위	1991	1992	1993	1994	1995	1996	1997	1998
서독	생산성 상승률	%		-1.1	0.2	3.8	3.0	2.5	3.6	2.1
	임금상승률	%		5.8	2.8	3.4	3.6	2.0	1.7	1.5
	월/총평균임금	DM	3,703	3,916	4,029	4,109	4,238	4,323	4,363	4,430
	월/총평균임금상승률	%		5.8	2.9	2.0	3.1	2.0	0.9	1.4
동독	생산성 상승률	%		8.0	10.8	9.8	5.1	6.1	5.6	1.6
	임금상승률	%		36.8	15.6	6.9	6.7	3.5	2.9	0.8
	월/총평균임금	DM	1,788	2,454	2,839	3,012	3,211	3,312	3,375	3,420
	월/총평균임금상승률	%		37.3	15.7	6.1	6.6	3.2	1.9	1.6

자료: IWH(1999).

금격차가 심할수록 생산성이 저하된다는 논리하에 인위적인 고임금을 추진하기도 하였다.

통일 초기 구동독의 임금은 1995년까지 서독 수준의 임금과 대략적으로 같아지도록 한다는 목표하에 생산성 상승률을 훨씬 상회하는 두 자리대의 인위적인 상승률이 추진되었으나, 실제로는 <표 9-2>에서 보듯이 1995년에 서독의 75%선 수준에 도달한 이래 최근까지 계속 그 수준에서 맴돌고 있다.[13] 또한 원래 의도하였던 고임금을 통한 고생산성 유도는 하나의 환상이었음이 증명되었다. 구동독 지역의 생산성 상승은 점차 한계를 보여 주고 있는데, 특히 최근 들어 생산성 상승이 현저하게 둔화되었고, 구서독과의 대비에 있어서도 서독의 45%선에서 답보상태를 보이고 있다. 따라서 시간이 갈수록 점차 줄어들 것이라고 기대한 단위노동비용(unit labor cost)의 경우에도 통일 초기 구서독의 150%선에서 1990년대 중반 이후 125%선까지 줄어들었으나, 최근까지도 그 상태에서 더 낮아지지 못하고 있어 임금상승으로 인한 구동독 기업의 경쟁력 저하가 얼마나 심각한가를 확인할 수 있다.

3.2. 고임금정책 평가

<그림 9-2>는 간단한 노동수요 및 공급곡선으로 표시되었지만 체제전환 과정에서의 노동시장 분석이 가능한 형태로 조정된 것이다. 점 *A*는 구동독의 구사회주의하에서 실업을 인정할 수 없는 사회주의 이념의 산물로서의 초과고용을 대표하고 있으며, 이는 사회주의 몰락을 자초한 근본적인 경제적 비효율성을 입증해 주는 점이다. 인위적으로 통제된 물가수준하에서 고용량을 $\bar{L}$로 유지하기 위해서 실질임금이 $(\frac{W}{P})_0$가 되도록 명목임금을 정한다. 이러한 경제에서는 노동의 공급량 자체가 노동시장의 실현된 고용량이기 때문에 *BA*, 즉 $L_0\bar{L}$만큼 노동의 초과공급을 의미한다.

독일이 통일되면서 구동독은 시장경제로의 빠른 전환을 하게 되었다. 즉, 가격이 자유화되고 국유기업이 사유화되는 과정이 진행되었는데, 이에 기업은 이윤극대화를 추구하게 되고, 이에 따라 실질임금은 노동시장을 균

13) 그러나 구동독의 임금수준을 국제적으로 비교하면 이미 1990년 초에 폴란드, 체코를 앞질렀으며, 통화통합과 함께 그리스를, 1993년 이후에는 미국과 같아지고, 1995년 이후에는 서구 선진국들과 엇비슷한 수준을 보이고 있다.

그림 9-2 체제전환경제의 노동시장 분석

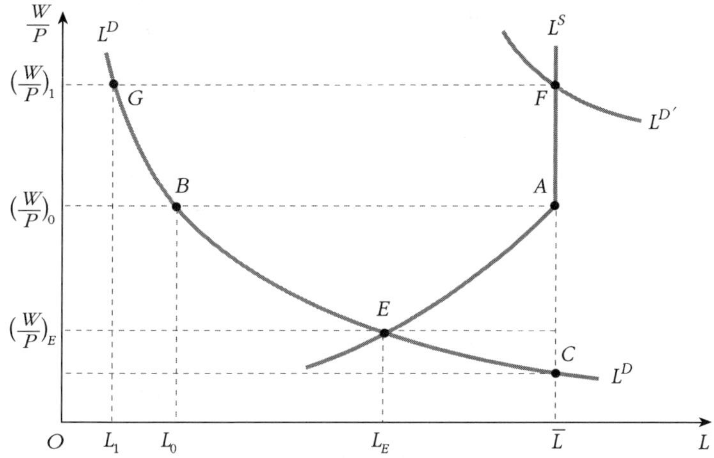

형시키는 $\left(\frac{W}{P}\right)_E$ 수준으로 저하되었음에도 불구하고 이때 균형고용량은 L_E 수준에 머물러 결국 구동독 시절의 $\bar{L}$에 훨씬 못 미칠 수밖에 없어 체제전환에 따른 실업이 불가피하였음을 보여 준다.[14)]

한편, 구사회주의 국가의 체제전환과정에서 사유화가 이루어졌음에도 불구하고 초기에는 경영자의 기업지배(corporate governance)가 불완전하여 기업의 의사결정에 의한 최적고용량 수준을 상회하는($L^S > L^D$) 초과고용이 존재할 수 있었다. 그러나 독일의 경우 여타 구사회주의 국가와는 달리 비교적

14) 물론 점 E에서 노동시장의 균형을 본다면 신고전파적 견해로는 자발적 실업(마찰적 실업)만이 존재한다. 그러나 노동시장제도 여건이 체제전환 초기에는 제대로 갖추어져 있지 않기 때문에 실업이 장기화될 수 있고, 또한 시장경제로의 체제전환과정에서 기업의 정보수집 능력이 노동자의 정보수집 능력보다 뛰어나다고 가정하면 기업은 균형노동임금하에서 노동수요를 점 E 근방에서 하는 반면, 노동의 공급은 여전히 실질임금에 비탄력적일 수 있기 때문에 체제전환으로 인해 DE만큼의 실업이 발생한다고 할 수 있다.

서독의 기업경영체제가 도입되었기에 각 임금수준에 대응한 실질적인 노동의 초과공급 해소, 즉 실업이 더욱 많이 발생하였다. 더욱이 앞서 설명한 대로 독일의 고임금정책은 $(\frac{W}{P})_1$은 통일 이전의 고용수준(점 A) 및 임금수준($(\frac{W}{P})_0$)보다 인위적으로 높은 수준으로 책정되었기 때문에 구동독 시절의 잠재적 초과고용($L_0\bar{L}$)을 상회하는 $L_1\bar{L}$만큼 대량 실업을 발생시켰다.

고임금정책의 논거 중의 하나는 전술한 대로 생산성 향상이었다. 그러나 생산성 향상을 위한 채찍질의 역할로서의 임금상승은 시장에서의 독점력이 보장할 때 가능하다. 그렇지 않을 경우 고임금 상승은 기업의 경쟁력을 저하시켜 궁극적으로 기업을 도산시킨다. 이와 같이 경쟁력 없는 기업들이 정리되고 한계노동자들을 실업으로 유도함으로써 보다 경쟁력 있는 노동자들만이 고용되어 생산성이 높게 나타날 수 있다. 이는 노동수요곡선을 따라 균형점이 좌상방($E \rightarrow B \rightarrow G$)으로 이동하면서 높은 한계생산성을 보이는 것을 의미한다.

그러나 고임금정책으로 인한 대량 실업에 따른 사회보장비 지출로 인해 사회적 비용을 상승시켰고(사각형 $GF\bar{L}L_1$, 물론 실업수당은 임금보다 적으므로 사각형 $GF\bar{L}L_1$보다는 작을 것이다), 더욱이 구동독 기업들의 자산에서 창출될 수 있는 flow로서의 수익을 대폭 감소시켰다(종축과 $(\frac{W}{P})_1G$ 그리고 상방의 노동수요곡선으로 구성된 부분).

이와 같이 고임금이 노동의 작업환경 등에 긍정적인 영향을 미쳐 생산성을 향상시켰는지 여부는 철저히 분석될 필요가 있다. 구서독 지역으로의 이주를 억제하기 위한 고임금정책이 오히려 대량 실업을 발생시켜 구서독 지역으로의 유입을 촉진할 수 있다는 사실도 유의할 필요가 있다.

따라서 체제전환시에 바람직한 임금정책은 가격기능 활성화에 근거할 필요가 있는바, 첫째 임금률이 노동시장의 수요와 공급에 의해 결정되도록 하며, 기업 및 산업에 따라 유연하게 임금이 결정되도록 해야 할 것이다. 공격적 임금인상은 유보되어야 하며, 이로 인한 노동자들의 분배상의 불리함은 후술할 사유화 정책의 지분참여로 보완되어야 한다. 둘째, 생산성을 향상시킬 수 있는 여건을 마련해야 한다. 즉, <그림 9-2>에서 보듯이 점차적으로 생산성 향상정책을 발휘하여 노동수요곡선을 L^D에서 $L^{D'}$로 이동시킴으로써 고용증대책을 마련할 필요가 있다.

4. 통일독일의 노동시장정책 평가

독일 통일과정에서 발생한 대량 실업으로 인해 단기적인 실업자들에 대한 사회안전망 조치가 필요하였으며, 중장기적으로는 실업자들의 재교육을 통한 재취업 등 보다 적극적인 고용 및 노동시장정책이 필요하였다. 이러한 정책들의 효율성 여부에 따라 대량 실업의 축소 또는 지속 여부가 판단되기에 이에 대한 면밀한 평가가 요구된다.

4.1. 통일독일의 노동시장 현황 및 정책

독일 정부는 통일과정에서 발생한 구동독 지역의 대량 실업과 이에 따른 사회적 불안정을 극복하기 위해 여러 가지 노동시장정책을 활용하였다. 노동시장정책의 기본 방향은, 첫째 실업에 따른 사회정책적 불균형을 시정하고 통일 과도기의 노동손실을 보전하는 것이며, 둘째 인적 자본의 잠재력과 질적 향상을 통한 고용기회를 증대시키는 등 노동공급 측면의 지원을 강

표 9-3 구동독 지역의 주요 노동시장 지표 추이(1990~1998)

구분	1990	1991	1992	1993	1994	1995	1996	1997	1998
									(단위: 천 명)
경제활동인구	9,164	8,234	7,557	7,368	7,472	7,443	7,436	7,442	7,430
국내취업자	8,855	7,321	6,387	6,219	6,330	6,396	6,267	6,078	6,055
실업자(A)	241	913	1,170	1,149	1,142	1,047	1,169	1,364	1,375
실업률(%)[1]	2.6	11.1	15.4	15.6	15.3	14.1	15.7	18.3	18.5
노동시장정책을 통한 실업자 감소(B)[2]	970	2,534	2,053	1,673	1,283	1,015	803	607	595
실업률 감소효과(%포인트)	10.6	30.8	27.2	22.7	17.2	13.6	10.8	8.2	8.0
과소고용자(C=A+B)	1,211	3,448	3,224	2,821	2,425	2,062	1,972	1,970	1,970
									(단위: %)
과소고용자(C)	100	100	100	100	100	100	100	100	100
실업자(A)	19.9	26.5	36.3	40.7	47.1	50.8	59.3	69.2	69.8
단축근로자(ㄱ)	62.6	46.9	11.4	6.4	4.0	3.4	3.6	2.5	1.7
조기퇴직(ㄴ)	16.5	15.7	25.1	30.1	26.7	18.3	10.9	7.0	4.9
직업계속 · 전환교육(ㄷ)	0.6	5.7	15.2	13.5	10.6	12.4	12.1	9.3	7.7
일반고용창출 조치(ABM)(ㄹ)	0.4	5.3	12.0	9.2	11.5	15.1	14.1	11.9	15.9

주: 1) 발표기관에 따라 실업률이 달라질 수 있음.
2) B=ㄱ+ㄴ+ㄷ+ㄹ.
자료: IWH(1999).

화하는 것에 모아졌었다.

통일 초기부터 독일은 다각적인 노동시장정책을 수행하여, 특히 통일 초기에 대량으로 노동력이 감축되는 것을 피하고 실업을 몇 년에 걸쳐 분산하였다(<표 9-3> 참조). 1990년 동서독 간의 경제통합이 이루어지는 과정에서 실업을 과도기적 구조조정으로 파악하고 노동자를 일시적으로 단축근무하게 하여 대량 실업을 방지하려고 노력하였다. 그러나 대다수 기업들이 경쟁력을 상실함에 따라 이들은 결국 실업자로 전락할 수밖에 없었다.

한편, 독일 정부는 과잉노동력을 해소하기 위해 조기정년퇴직을 도입하였다. 따라서 통일 직전부터 60세 이상의 남자와 55세 이상의 여자 근로자 가운데 퇴직희망자를 대상으로 조기정년퇴직수당(Vorruhestandsgeld)을 지급하고, 통일 이후에는 55세 이후의 모든 퇴직희망자에게 고령자 과도기수당(Altersübergangsgeld)을 지급하여, 조기퇴직을 유도함으로써 노동시장의 과대공급을 줄일 수 있었다. 1990~1995년까지 과소고용자 가운데 평균적으로 약 22%를 차지하는 노동력이 조기퇴직을 하였는바,[15] 이는 55~65세의 실업자 가운데 상당 부분이 다시 고용되지 않고 퇴직한 것이나 마찬가지이다.

보다 적극적인 노동시장정책인 직업계속교육 및 전환교육(Fortbildung und Umschlung: FuU) 지원과 고용창출조치(Arbeits beschaffungs maßnahmen: ABM)는 1991년 중반부터 집중적으로 시작되었다. 전자의 경우는 대량 실업을 예방하고 실직자의 질적 향상을 통해 재취업을 유도하려는 것으로 1992년에는 거의 50만 명에 달하는 실직자가 교육에 참가하였다. 그러나 수요감소와 교육효과에 대한 의구심으로 인해 노동시장정책에서 차지하는 비중이 감소되어 가고 있다.

후자의 고용창출조치(ABM)는 가장 적극적인 노동시장정책으로 정부가 직접 고용창출에 개입한다는 취지로 만들어졌다. 공공의 이익에 공헌할 수 있고 사회복지에 부합하는 사업(예: 사회간접자본 시설의 복구와 확장, 자연보호, 사회사업 등)을 추진할 경우 실업자를 취업시켜 소득을 보전해 주는 프로그램이다. 또한 신탁관리청의 사유화 과정에서 발생한 해고를 흡수하기 위해 1991년 중반, 고용창출조치를 실시하고 연수와 직업전환조치를 실시 또는 중개하며, 단축근로조치를 관리하는 이른바 고용촉진회사(Gesellschaften zur

15) 과소고용자란 노동시장정책으로 인해 일시적이나마 고용으로 간주되는 잠재실업자를 실제적인 실업자 수에 더한 것을 의미한다.

Arbeitsförderung, Beschäftigung und Strukturentwicklung: ABS)를 설립하여 ABM을 구체적으로 시행하였다. ABM은 지금까지 꾸준히 일정한 비중을 차지하면서 구동독 지역의 실업을 완화하는 효과를 보였다.

요약하건대, <표 9-3>에서 보듯이 노동시장정책은 통일 초기 구동독 지역에서의 대량 실업을 완화하는 효과를 보여 1991년에는 무려 30.8%포인트의 실업률 억제효과를 보였으며, 1991~1992년에 200만 명의 고용효과를 가져왔다. 비록 점차적으로 그 의미가 퇴색되어 가지만 1998년 실업률이 18.5%, 실업자수가 137만 5,000명인 상황에서 노동시장정책의 실업률 감소효과가 8%포인트에 해당하는 약 60만 명이 노동시장정책 수혜자가 됨으로써 일정 부분의 실업률 감소효과에 기여하였음을 확인할 수 있다. 그러나 1998년 현재 여전히 제1 노동시장에서 200만 명 이상의 일자리가 부족한 실정으로 노동시장정책의 한계를 드러내고 있다.

4.2. 노동시장정책 평가

노동시장정책은 정규고용 감소를 막지는 못하였으나, 실업이 발생한 이후 사후적으로 전환기에 중요한 사회 · 정책적 기능을 수행하였으며 공식적 실업률을 줄이는 데 기여할 수 있었다. 그러나 이는 장기적으로 비용상승에 의한 기업의 경쟁력을 저하시켜 창출된 직장이 유지되기 어려워질 가능성을 배태하고 있어 근본적인 대책이 될 수는 없었다.

적극적 노동시장정책의 효과에 관하여 여러 학자들이 수량분석을 실시하였으나,[16] 결과면에서 통일된 견해를 보이고 있지는 못하다. 개략적으로 요약하면, 직업전환교육 및 계속교육지원은 플러스의 고용효과를 보인 반

16) IWH(1999), p. 90 이하에 여러 학자들의 연구결과가 요약되어 있다.

표 9-4 노동시장정책의 고용효과

(단위: %)

from \ to	실업	직업훈련(FuU)	ABM	고용	비경제활동인구
FuU	60.8	–	5.7	31.3	2.2
ABM	64.9	7.9	–	22.4	4.8

주: 노동시장정책 종료 1달이 경과된 시점에서 참여자들이 노동유형을 1990~1997년간 독일 Sachsen-Anhalt 주의 사례를 통하여 분석한 것임.
자료: IWH(1999).

면, ABM을 통한 고용효과 개선은 발견되지 않는다는 것이다. ABM에 참가하고 있는 실직자들이 제1 노동시장으로 흡수되기 위해서는 양질의 인적 자본으로 거듭나야 하나 비효율적이고 노동집약적 생산체계의 ABM에 고용되어 있는 실직자들이 이러한 필요조건을 충족할 수 있었는지에 의심이 제기된 것이다.[17] 직업전환 및 계속교육(FuU)이나 ABM 참여 실직자들은 대다수가 한계노동자로서 일단 실업이 되면 다시 고용되기가 어렵다.

<표 9-4>는 FuU 참여자는 31.3%, ABM 참여자는 22.4%만이 해당 노동시장정책이 종료된 후 곧바로 제1 노동시장에 고용되었음을 보여 주고 있다. 따라서 60% 이상의 인원은 정책수혜를 받았음에도 불구하고 실업자로 전락하였음을 의미한다. 이는 구동독 출신의 실직자들에 대한 편견에 기인하기도 하지만 오랜 기간 동안 구사회주의 국가하에서 배어난 습성으로 인해 쉽사리 새로운 시장경제 환경에 적응하지 못하였기 때문이라 볼 수 있다.

한편, 구동독 지역의 실직자들은 서독의 질 좋은 사회보장체제의 혜택을 받으면서 도덕적 해이를 보이기도 하였다. 예를 들면, ABM의 일환으로 공공취로사업에 속한 노동자들의 대부분은 35~55세로 구사회주의 시절에

17) 물론 ABM의 사회 · 정책적 기능은 확인되었다. 한편, 적극적 노동시장정책이 폴란드(Kluve *et al.*, 1999) 및 체코(Terrel and Sorm, 1999)의 경우 고용효과에 기여하였음을 수량적으로 확인하였다.

교육을 받거나 사회생활을 경험한 자들로, 이들의 80% 정도는 과거의 비효율적 근로타성에 젖어 시장경제하의 근로행위에 대해 저항감이 있다고 한다. 따라서 이들의 장기실업자화는 사회적 비용을 지속적으로 유발하는 원인을 제공하고 있다.

설상가상으로 통일 초기에 제기능을 발휘할 수 있거나 경험이 축적된 노동시장 관련 기관이 부재하였고, 실업이 증가되자 점차 이들에 대한 정비의 필요성을 실감할 정도로 제도가 미비하였기 때문에 실업에 대하여 효율적으로 대응하지 못하였다. 또한 구동독인들의 초기 기대와는 달리 엄청난 실업이 발생함으로써 이미 실업이 흔한 일이 되어 버리자 더 이상 특별한 조치를 취할 수 없었는바, 이는 통일재원이 부족해지면서 노동시장정책의 선택폭이 작아지게 됨에 따라 발생한 결과이기도 하다.

5. 통일한국에의 정책적 시사점: 대량 실업 해소 및 이주억제를 위한 대책

이상과 같은 통일독일에서의 경제정책, 특히 임금정책 및 고용 · 노동시장정책의 분석결과에 근거하여 볼 때, 통일한국에서의 발생 가능한 대량 실업을 해소하기 위해서는 <그림 9-3>에서 보듯이 적절한 미시경제정책 및 거시경제정책의 혼합적 운용이 필요할 것으로 보여진다. 실업은 북한 노동력의 남한으로의 이주를 유도할 수 있으므로 통일 초기의 실업과 남한으로의 이주문제는 주로 거시적 안정화 정책의 주요 대상이 될 수 있는 반면, 장기적으로 기업의 경쟁력을 제고시키고 경제성장을 도모함으로써 고용을 지속적으로 창출하는 일은 미시적 경제정책의 주요 과제이기도 하기 때문이다.

그림 9-3 한반도 통일시 북한 지역의 대량 실업 및 이주대책

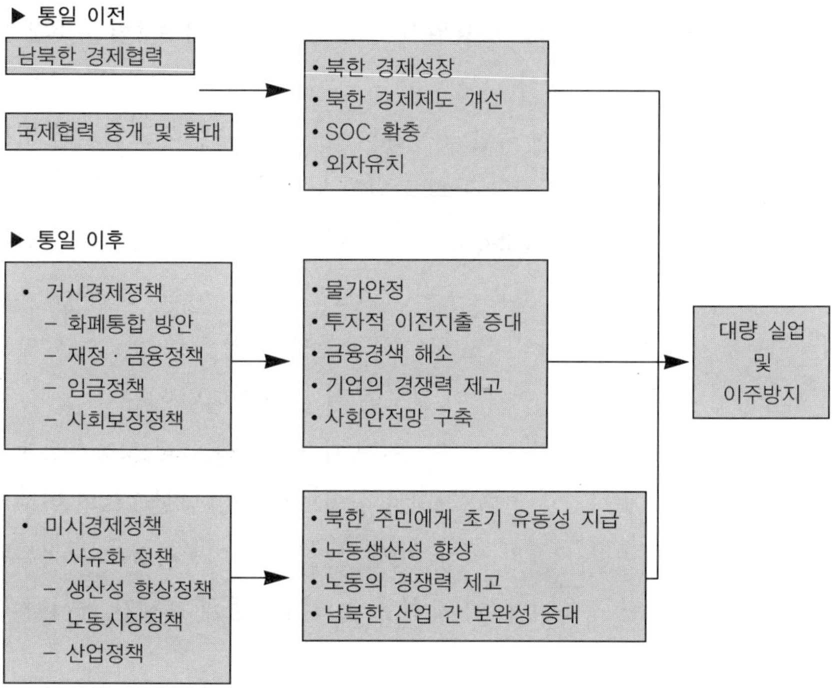

따라서 본절에서는 통일한국에의 정책적 시사점을 도출하되, 제2~4절에 걸쳐 분석한 독일 통일과정에서의 대량 실업에 대한 경험을 토대로 고용 및 노동시장정책에 관한 미시적 · 제도적 대책 마련 등 중심적인 몇 개의 정책을 도출하는 데 주안점을 두기로 한다.[18)]

18) 이는 체제통합 초기에 거시적 안정화를 위한 제반 거시경제정책 여건하에 기술되는 것으로, 이에 대해서는 간략히 언급하는 것으로 그치겠다. 김창권 · 이종원(1999) 참조. 한편, 통일 이후의 정책 및 제도가 제 기능을 발휘하기 위해서는 통일 이전부터 북한과의 경제협력을 통하여 동질성을 점진적으로나마 회복해 나가는 동시에 북한의 개혁 · 개방을 유도해 나가기 위한 구체적인 정책방안이 별도로 고려될 필요

5.1. 통일한국에서의 북한 근로자의 지위변화

북한 노동자의 경우 한반도 통일시 체제전환과정에서 <그림 9-4>의 한 부류집단으로 귀속될 수 있다.

첫째, 체제전환과정에서 북한 노동자의 일부는 고령이나 조기퇴직 또는 여성의 경우 전업주부로의 전환 등으로 인해 노동력에서 이탈될 수 있다(A). 이는 노동시장 전환에서의 soft-landing으로 이를 유도하거나 유지하기 위한 일정 부분의 사회보장대책이 요구된다(최소한 일정 기간 동안 실업수당 및 조기퇴직 지원금 지급 후 남한에서의 국민연금 적용). 둘째, 북한 체류(B) 또는 남한으로 이동하여 취업한 경우(E)이다. 이 경우는 별 문제가 되지 않는다. 셋째, 북한에 체류하면서 실직된 경우(C)이다. 이에 대해서는 적극적 노동시장대책의 범위 내에서 후술하기로 한다. 그러나 실업으로 인한 남한으로의 이주유인은 철저하게 대비할 필요가 있다. 넷째, 남한으로 이동하였으나 적절한 일자리를 찾지 못한 경우이다. 이때 실업 및 인구이동의 문제가 동시에 적용된다.

세 번째 및 네 번째 경우와 관련하여 여기서 이주동기를 다음의 간단한 수식으로 설명할 수 있다. 즉, 일단 이주를 하게 되는 경우는 남한에서의 기대소득이 북한에서의 기대소득보다 큰 경우라 볼 수 있다. 양 지역의 기대소득의 격차는 다음과 같다.[19]

가 있을 것이다. 왜냐하면, 독일 통일 이후 구동독 주민의 자본주의 시장경제 경험부족으로 인해 발생한 체제전환과정에서의 비효율성과 장기적 경기침체를 고려해 보면 남북한 통일 이전, 남북경협 확대를 통한 북한 경제 개방유도정책은 통일한국의 노동시장에의 충격을 완화할 수 있는 귀중한 계기를 마련해 줄 것으로 기대되기 때문이다. 그러나 본장에서는 통일 이후의 경제정책에 초점을 맞추었으므로 이를 생략하기로 한다.

19) 이는 간단한 static모형이나 일정 기간 동안의 flow변수를 합한 dynamic모형으로 해석할 수도 있다.

그림 9-4 통일 후 북한 노동자의 지위변화

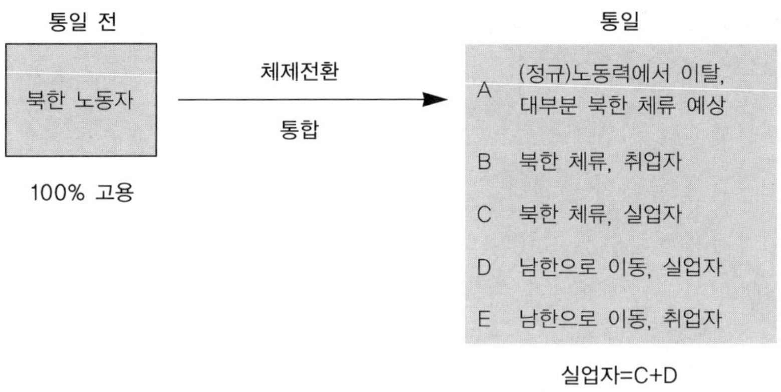

$$D=\{P^{*}W^{*}+(1-P^{*})A^{*}\}-\{PW+(1-P)A+rS+T\}$$

여기서 P는 취업확률, $(1-P)$는 실직확률, W는 평균임금, A는 실업수당이며, 여기에는 직업훈련의 혜택도 포함된다. S는 사유화 정책에 의해 배분된 기초자산이며, 이에 대한 수익률을 r이라 가정하면 북한 체류시 rS만큼의 flow소득을 받게 된다. T는 남한으로의 이주에 대한 거래비용이다. 또한 여기서 *는 북한 주민이 남한에 체류하여 경제활동을 할 경우를 의미한다.

이때 $D>0$이라면 북한 주민이 남한으로 이동할 인센티브가 생기는 것이다. 따라서 D를 축소하기 위한 방안이 마련될 필요가 있는데, 예컨대 첫째 북한 지역의 임금을 상승시키는 방안을 들 수 있다. 그러나 이는 독일 통일의 경험에서 보듯이 대량 실업을 촉발할 위험이 크다. 따라서 생산성 수준과 연계한 임금정책이 바람직하다는 분석이 제기된 바 있다.

둘째, 실업수당의 지급 및 직업훈련의 혜택을 제공할 경우 이동 여부와 관계 없이 제공되어야 하는 것이 원칙이나 남한으로의 이주를 적절히 억제하기 위해서는 일단 북한 지역에 체류할 경우(즉, <그림 9-4>의 'C')에만 일정 기간 동안 활용하는 방안이 검토될 수 있다. 또한 효율적인 직업훈련의 경우 생산성 향상도 기대되어 고용될 확률(*P*)을 높일 수도 있다. 그러나 실업수당의 지급은 노동에의 인센티브를 저해하거나 도덕적 해이를 유발하지 않는 범위 내에서 적정하게 지급되어야 한다.

셋째, 인구이주 억제를 위한 충분조건으로서 참여경제적 사유화를 촉진할 필요가 있다. 북한 지역에의 거주를 조건으로 하는 사유화 정책에 따라 기초자산을 북한 주민이 부여받는다면 인구이주 억제에 결정적인 요인이 될 것이다.

끝으로, 남한으로의 이동에 대한 거래비용이 클수록 인구이동은 억제될 것이다. 그런데 현실적으로 볼 때 휴전선 등의 존재와 이동경로 및 수단의 부족 등으로 인해 적어도 단기적으로는 독일과 같은 통근이동자는 별로 없을 것이다. 반면 이산가족의 경우 친인척 관계를 이용한 거주 등을 고려한다면 거래비용은 감소될 수도 있다. 그러나 여하튼 이러한 비용은 장기적으로는 점차 감소될 성격의 것이고, 또한 이것은 대부분 민간의 부담으로 충족될 성격의 것이어서 국가적 경제 관점에서는 별 문제가 되지 않을 수 있다.

5.2. 사유화 정책과 연계한 임금정책

임금인상을 허용하면 일반적으로 인플레가 발생하고 기업의 경쟁력을 약화시키는바, 여기에 추가적으로 각종 통일 관련 비용으로 국가의 재정부담이 증폭되고 화폐증발을 야기해 더욱더 인플레를 악화시킬 소지가 있다.

또한 기업의 자산잠식을 초래하고 결국에는 기업을 도산시켜 대량 실업을 동반한 스태그플레이션도 유발할 수 있다. 그렇다고 해서 반대로 임금인상을 인위적으로 억제할 경우 자유로운 시장기능을 저해시켜 시장경제체제의 정착이 더디며, 소비수요를 감소시켜 경기침체를 가져올 수도 있고, 북한 주민의 남한으로의 이주를 가속화시킬 수 있다.

그러나 독일의 경험을 볼 때 통일 초기 통일특수(統一特需)로 인해 총수요 부족 발생 가능성은 극히 미약하다. 따라서 노동시장의 가격기능을 활성화한 노동생산성에 상응한 임금정책을 추진하여(<그림 9-2>의 점 E에 상응한 임금결정) 기업의 경쟁력을 제고시키는 반면, 이주문제는 사유화 정책과의 연계 속에서 해결할 필요가 있다.

사유화 정책이 통일 이후 대량 실업해소를 위한 정책으로서 의의를 갖는 이유는 참여경제적 사유화 정책을 통해 북한 주민에게 기초자산을 부여함으로써 생산성에 상응한 임금정책이나 엄격한 통화통합에 따른 손실을 보완해 줄 수 있어 통일 초기 상대적 저임금에 따른 북한 주민의 남한으로의 이주를 억제할 수 있기 때문이다. 원상회복을 통한 사유화를 지양하고 이른바 '노사정 합작투자를 통한 참여경제적 사유화'를 추진할 필요가 있는바, 정부(신탁관리청)는 원래의 자산가치에 상응하는 지분을 일차적으로 보유하였다가 일부는 종업원들에게 일정 한도 내에서 분배하거나 북한 주민에게 voucher 형식으로 분배한다. 그리고 나머지는 새로운 경영자에게 매도하되 일부는 신탁관리청이 일정 기간 보유함으로써 새로운 경영자의 매수 부담을 덜어 주는 사유화 방식을 채택할 경우 민간의 자금도 위축시키지 않으며, 정부측에서는 사유화의 비용도 최소화할 수 있는 장점이 있다.[20)]

---

20) 이종원 외(1997) 참조.

<그림 9-2>에서 고임금정책을 추진할 경우 고용자 1인당 임금률은 높지만 기업의 자본가치가 작아지고 대량 실업을 야기한다는 문제점이 있음을 지적한 바 있다. 대안으로 생산성에 상응한 저임금정책(점 E에서의 균형)을 추진할 경우 고용자 1인당 임금률은 낮지만 고용을 확대 · 창출할 수 있고($L_1 \rightarrow L_E$), 또한 낮아진 임금소득을 확대된 기업의 자본수익가치(노동수요곡선 중 GE의 아랫부분으로 삼각형태를 취한 부분)의 일정 몫을 차지함으로써 보전할 수 있는 장점이 있다. 더욱이 남한으로 이주하는 북한 노동력에게 이러한 사유화의 혜택 제공에 제한을 가한다면 이주억제를 위한 적절한 정책으로 활용될 수도 있는 것이다.[21)]

한편, 노동자들은 보다 많은 직접적인 임금인상을 통한 소득증대 및 구매력 확충을 도모하는 것보다 기업의 경쟁력을 제고하여 장기적 고용보장을 확보하는 것이 보다 중요함을 인식할 필요가 있다. 또한 고용의 유연성 및 차별적인 임금계약을 용인할 준비가 되어야 한다.[22)]

5.3. 생산성 향상을 위한 적극적 노동시장정책

북한 노동력의 생산성 및 질에 관하여서는 정확한 통계자료의 부재로 인해 추정치만을 갖고 논의가 되고 있는 실정이다. 무역협회의 조사에 의하면, 북한의 인건비는 남한 대비 38% 수준으로 중국의 경우와 비슷하지만, 생산제품의 품질면에서는 남한의 80% 수준으로 중국의 76%보다 약간 상회하

21) 중국의 개혁 · 개방과정에서도 대개 자유로운 거주이전을 허용하였으나 이럴 경우 국가가 보장하였던 주택공급, 식량배급, 의료혜택, 자녀교육 혜택 등의 사회보장제도의 수혜를 제한하기도 하였다.

22) 독일의 경우 원칙적으로는 산업별 임금협상을 맺으나 최근에는 임금책정에 있어 내부적으로 해결하기 위하여 기업들이 경영자협회를 탈퇴하고 있다. 이에 산업별로 맺은 임금보다 낮게도 임금이 지급되고 있음을 유념할 필요가 있다.

는 비교적 양질의 노동력이라고 한다.[23] 또한 구성렬(1997)에 의하면, 1인당 임금수준은 북한의 경우 현저하게 낮아 북한의 단위노동비용에 있어서는 남한의 1/2 내지 3/4 정도로 추산되어 경쟁력이 있다고 할 수 있다. 그러나 이는 북한의 임금수준이 계속 현저하게 낮은 수준에 머무를 경우를 가정한 것으로, 통일이 될 경우 남북한 간의 임금격차는 점차로 축소될 것이 예상되기 때문에 북한의 단위노동비용도 급격히 상승할 것으로 예상된다.

따라서 이를 대비하여 통일 후 북한 노동력의 생산성을 상승시키기 위해 투자를 증대할 필요가 있으나, 독일의 경험을 볼 때 이는 자본장비율 제고에는 기여하지만 실질적인 일자리 창출에는 별로 도움이 되지 못한 노동절약적 생산형태를 심화시켰던 사실에 일단 유념할 필요가 있다. 즉, 생산확대가 노동수요의 확대로 연결되지 못하였다. 따라서 효율적인 공공투자를 도모하되 초점은 노동의 생산성 향상을 위한 노동교육 및 훈련에 주안점을 둘 필요가 있다. 특히, 북한의 현행 교육은 북한 주민을 정치체제에 순종하는 인간을 키우는 데 주목적이 있기 때문에 시장경제에 대한 학습과 개인의 창의성과 자발성을 제고시킬 수 있는 교육 및 훈련을 통해 생산성을 향상시켜야 한다. 이는 <그림 9-2>에서 노동수요곡선 L^D를 $L^{D'}$로 우측으로 이동시키는, 즉 생산성 향상을 통한 남북한 간의 임금격차를 단계적으로 해소할 수 있는 가장 바람직한 정책이다.

따라서 통일한국에서는 생산성을 향상시키고 노동력의 체제전환비용을 극소화할 수 있는 적극적 노동시장정책이 요구되는바, 그 주요 내용은 다음과 같이 정리할 수 있다.

첫째, 통일한국에서의 노동시장정책의 경우 기업의 생산체계와 관련하

23) 한국경제신문, 2000년 4월 12일자. 이와 달리 조동호(1993)는 북한 노동력의 질을 낮게 평가하고 있다.

여 노동의 인적 자본으로서의 기능을 제고시킬 수 있는 교육 및 훈련제도를 마련함으로써 민간경제의 공급조건들을 개선하는 데 초점을 맞추어야 한다. 통일 초기에는 구조적 실업에 대한 것보다, 우선 체제전환으로 인한 실업을 억제하기 위한 일자리 창출이 중요하다.[24] 그러나 새로운 기업환경의 변화에 적응하기 위하여 기업이 기술집약적 생산체제를 갖추려고 할 때 구조적 실업이 발생하므로 이에 대비한 노동시장정책의 중요성이 제기된다. 즉, 숙련 및 재교육의 필요성이 부각되며 미숙련분야에서의 노동이 초과공급인 반면 숙련분야에서의 노동은 초과수요가 되는 불균형이 발생한다. 따라서 이를 적절히 조정할 수 있는 노동시장정책이 필요하다.

둘째, 전환교육, 계속교육 및 훈련들은 양적 확장이 아니라 질적 보장이 요구되어야 한다. 특히, 미래지향적 산업분야를 위한 계속교육 등이 필요하며 미래의 수요와 연계한(예: 전자상거래 등) 노동교육 및 훈련정책을 추진할 필요가 있다. 따라서 적극적 노동시장정책은 산업정책과 연계하여 시장경제적 자원배분의 효율성이 제고되도록 추진되어야 한다.[25]

셋째, 시장경제원리를 학습할 수 있는 교육방법을 도입하여 노동자들이 적극적으로 교육에 임할 수 있도록 하여야 한다. 예를 들어, 직업전환 및 계속교육 등을 취할 때 인센티브를 제공하여 단순히 교육에 형식적으로 참여

24) 통일 초기에는 북한 지역 국유기업 내의 잠재적 고용초과현상 해소 및 경쟁력 없는 기업들의 대량 도산으로 인해 대량 실업이 예견된다. 경쟁력이 없어 도태(淘汰)되어야 할 기업을 실업억제를 위해 계속 존속시킨다면 국가의 공적 재원 부담이 커지는 반면 효율적인 체제전환은 저해될 수 있다. 그러나 효율적인 체제전환을 일시에 시도하다 보면 많은 기업이 순식간에 붕괴하는 상황이 상정될 수 있는바, 이는 사회적 혼란을 야기할 수 있기 때문에 이에 대비한 사회안전망제도(social safety net)를 일차적으로 적절히 구비해야 한다.

25) 통일 후 산업정책을 간략히 살펴보면, 남북한 산업 간의 경쟁성과 보완성을 활용하여 초기에는 수직적 분업을 지원하는 산업정책을 수행하여야 하나 독일의 경우에서 보듯이 시간이 갈수록 산업구조가 동질화되는 현상을 염두에 두어 초기부터 고부가가치를 창출할 수 있는 첨단산업 기술분야의 지원을 준비하여야 한다. 이와 같은 정책집행의 효율성을 제고시키기 위해 시장경제에 걸맞은 행정체제 및 기관 등을 조속히 확립해야 하고 인프라에 대한 공공지출을 확대함으로써 고용창출 및 추후 투자수요 확대를 도모하여야 한다.

하여 실업수당만을 받는 도덕적 해이를 축소시켜야 한다. 예를 들면, 실업수당을 받는 자들이 조기에 새로이 직업을 찾고 안정적으로 고용이 될 경우 잔여 실업수당의 일정 부분을 인센티브로 제공하는 것도 한 방법일 수 있다. 직업전환교육 학습에의 의지를 고취시켜 노동교육에서의 승수효과를 극대화할 필요가 있다. 물론 이러한 인센티브를 악의적으로 이용할 역(逆)도덕적 해이를 방지하기 위한 대책도 마련되어야 하는바, 실업의 횟수와 연계해서 제공할 수도 있을 것이다.

넷째, 노동시장정책의 재원 마련뿐만 아니라 이에 대한 적절한 통제를 통해 공적 자원이 비효율적으로 사용되는 것을 방지하여야 한다. 단기간에 정부가 대량의 실업인력에게 효율적인 직업교육 등을 실시하기가 사실상 어려워서 민간의 교육 및 훈련교육에 위탁을 하게 되지만, 이 경우 적절한 통제시스템이 부재할 경우 케인스적 공공지출효과 이상의 생산성 제고효과는 기대하기가 어렵다. 특히, 시장경제체제와 실업에 생소한 북한 노동력의 경우 신고전학파에서 가정하는 노동력 질과는 판이하게 다를 수 있으므로[26] '밑빠진 독에 물붓기식'의 공공지출만 초래하여 재정적 부담 이외에 어떤 플러스 효과도 기대되지 않을 수 있음에 유의하여야 한다.

다섯째, 기업 특수적 인적 자본이 고려되어야 한다. 즉, 기업 특수적 인적 자원을 육성하여 그 동안의 업무에서 얻은 인적 자본의 축적을 체제전환 과정에서 파괴시키지 말아야 한다. 따라서 앞서 제시한 노동자에게 기업의 경영에 참여할 수 있도록 하는 참여경제적 사유화 방안은 고급 노동인력에게 이주를 억제할 수 있는 대안이기도 하다.

26) 구동독의 교육제도가 시장경제로 볼 때 비효율적인 부분이 많았던 것으로 보아 이것이 북한의 경우에도 적용될 것이다. 예를 들면, 외국어의 경우 러시아어에 중점을 두었고, 구사회주의 계획경제 및 이데올로기를 위한 교육구조로만 구성되어 있다.

6. 결론

본장은 독일 통일과정에서 발생한 대량 실업의 원인을 규명하고 이에 대한 대응책을 평가한 후 통일한국에의 정책적 시사점을 도출하는 것을 목적으로 하였는바, 주요 결론은 다음과 같다.

첫째, 한반도 통일 초기에는 대량 실업의 방지와 같은 거시적 경제안정화를 위한 거시경제정책(예: 재정 및 금융정책)이 중요하나 중장기적으로 거시적 안정화가 지속되기 위해서는 고용 및 노동시장정책 등의 미시적 · 제도적 대책이 마련되어야 된다.

둘째, 고임금정책의 통일한국에의 적용은 불가하며, 북한 근로자의 노동생산성에 상응한 임금정책을 추진하여 기업의 경쟁력을 제고시켜야 한다.

셋째, 생산성에 상응한 임금정책으로 인해 남한으로의 이주가 예상되는바, 이는 참여경제적 사유화 정책을 추진하여 북한 주민에게 기초자산을 부여함으로써 해결될 수가 있다. 사유화 정책의 성공 정도에 따라 실업 및 이주의 정도가 결정된다.

넷째, 중장기적으로 북한 노동력의 생산성을 상승시킴으로써 고용을 촉진시키되, 시장경제에 대한 학습과 개인의 창의성 및 자발성을 제고시킬 수 있는 교육 및 훈련을 통해 생산성을 향상시켜야 한다.

다섯째, 노동시장정책은 기업의 생산체계와 관련하여 노동의 인적 자본으로서의 기능을 제고하는 데 기여하여야 한다. 따라서 질적 보장이 요구되는 직업교육을 제공하고 피훈련자들의 도덕적 해이를 막을 수 있는 제도 마련과 노동시장정책에 투입되는 공적 자원이 효율적으로 집행될 수 있는 여건을 조성해야 한다.

참고문헌

강일규 · 이병준 · 한만길, 『통일대비 직업교육훈련 정책 방향과 과제』, 한국직업능력개발원 기본연구 99-26, 1999.

게를린데 진 · 한스베르너 진 저, 박광작 외 2인 역, 『새로운 출발을 위한 전환전략, 독일통일과 경제정책』, 서울프레스(원명: G. Sinn and H.-W. Sinn, *Kaltstart, Volkswirtschaftliche Aspekte der deutschen Vereinigung*, Tübingen, 1991).

고일동 편, 『남북한 경제통합의 새로운 접근방법』, 한국개발연구원, 1997.

구성렬, 「북한주민의 인구이동 문제와 고용 및 생활보호 대책」, 전홍택 · 이영선 편, 『한반도 통일시의 경제통합전략』, KDI, 1997.

김대모, 「노동정책과 실업대책의 평가와 과제」, 한국국제경제학회 하계정책세미나, 1999. 6. 18, pp. 189~218.

김영윤, 「통독의 교훈과 남북한 노동시장 통합: 노동시장 통합에 따른 구동독지역의 실업문제와 대책을 중심으로」, 한국노동경제학회 추계정책세미나 발표논문집, 1994. 10. 28.

______, 「고전적 경제통합이론의 비판적 고찰: 전통적 경제통합이론의 남북한 적용에 대한 비판」, 『경제학연구』, 제44집 제1호, 한국경제학회, 1996, pp. 109~134.

김원배, 「북한경제의 전환에 따르는 고용과 인구이동의 전망과 대책」, 통일후 도시정책에 관한 한 · 독 국제회의, 1997.

김재원, 「실업해소 및 고용안정을 위한 장단기 대책」, 『실업대책의 평가와 과제』, 한국경제연구학회 학술대회 발표논문, 1999.

김창권 · 이종원, 「통일한국에서의 금융 및 재정정책의 혼합적 운용」, 『재정논집』, 제13집 제2호, 1999, pp. 229~257.

민족통일연구원, 『북한의 노동정책과 노동력 평가』, 연구보고서 96-21, 1996.

박 진, 「북한인력 재배치방안」, 전홍택 · 이영선 편, 『한반도 통일시의 경제통합전략』, 한국개발연구원, 1997.

선한승, 「통일독일의 노동시장정책과 시사점」, 『통일경제』, 1997, pp. 121~135.

송일호, 「기업의 구조조정에 따른 정리해고와 실업대책」, 『기업의 구조조정과 실업문제』, 한독경상학회 학술대회 발표논문, 1999.

원창희 · 김재원, 「남북한 인력양성 체계와 효율적 인력 활용 방안」, 한국노동경제학회 추계정책 세미나 발표논문집, 1994. 10. 28.

이상준, 『통일이후 남북간 인구이동의 안정화 방안 연구』, 국토연 97-53, 국토개발연구원, 1997. 12.

이종원 외, 『통일경제론』, 도서출판 해남, 1997.

이종원 · 한기성, 「통일비용 극소화를 위한 정책제안」, 『동북아경제연구』, 제10권 제2호, 한국동북아경제학회, 1999, pp. 95~137.

전홍택 · 이영선 편, 『한반도 통일시의 경제통합전략』, 한국개발연구원, 1997.

조동호, 「북한의 노동생산성과 적정임금: 북한노동력의 질에 관한 고찰」, 『한국개발연구』, 제15권 제4호, 한국개발연구원, 1993.

______, 『통일 후 북한지역의 예상실업규모』, KDI, 1994.

______, 『경제체제 전환기의 노동정책: 동구의 경험과 한반도에 대한 시사점』, KDI, 1997.

조우현, 「99 실업대책의 평가와 과제」, 『한국경제연구』, 1999, pp. 175~195.

타이히밀러, 「독일의 통일노조에 대한 도전」, 『남북교류협력과 노동정책방향에 관한 한 · 독 심포지엄』, 한국노동연구원, 후리드리히 에베르트 재단, 1999, pp. 101~115.

헤젤러, 하인리히, 「독일통일과정에서의 구조변화, 고용과 실업」, 『남북교류협력과 노동정책방향에 관한 한 · 독 심포지엄』, 한국노동연구원, 후리드리히 에베르트 재단, 1999, pp. 137~154.

Akerlof, G. A., A. K. Rose, J. L. Yellen, and H. Hessenius, "East Germany in from the Cold: The Economic Aftermath of Currency Union," *Brookings Papers for Ecomomic Activity*, Vol. 1, 1991, pp. 1~101.

Berthold, N., R. Fehn, and E. Thode, "Fallende Lohnquote und steigende Arbeitslosigkeit: Ist das Ende der Bescheidenheit die Lösung?," *Wirtschaftsdienst*, 1988. 12, pp. 736~742.

Blejer, M. I. and M. Skreb, *Macroeconomic Stabilization in Transition Economies*, Cambridge Univ. Press, 1997.

Brezinski, H., E. Franck, and M. Fritsch, eds., *The Microeconomics of Transformation and Growth*, Cheltenham, UK and Northhampton, MA, USA, 1998.

Hallwirth, V., "Zur Lösung des Beschäftigungsproblems Keynes neu entdecken," *Wirtschaftsdienst*, 1998. 11, pp. 654~659.

Herr, H., S. Tober, and A. Westphal, *Macroeconomic Problems fo Transformation: Stabilization Policies and Economic Reconstructuring*, Aldershot, 1994.

IWH, Gesamtwirtschaftliche und unternehmerische Anpassungsfortschritte in Ostdeutschland, Neunzehnter Bericht, Institut für Wirtschaftsforschung

Halle, 1999.

Lindlar, L., "Deutschlands Beschäftigungskrise–Ursachen und Auswege," *Wirtschaftsdienst*, 1998. 10, pp. 592~600.

Scherf, W., "Noch ein Stabilitätspakt–Chansen einer koordinierten Finanz-, Lohn- und Geldpolitik," *Wirtschaftsdienst*, 1996/XII, pp. 631~636.

CHAPTER 10

통일비용에 대한 오해와 진실

1. 서론
2. 통일비용에 대한 기존 분석의 내용과 문제점
3. 통일비용에 관한 새로운 분석시각의 설정
4. 독일 및 동구권에서의 통일 및 체제전환 정책분석
5. 통일비용 극소화 방안의 모색
6. 요약 및 결론

10

통일비용에 대한 오해와 진실

1. 서론

통일과정 및 통일 후 정부가 최우선적으로 고려해야 할 재정정책상의 과제 중 하나로서 이른바 통일비용문제가 주목을 받아 왔다. 원래 통일비용에 관한 논의는 서독이 재통일 당시에 "통일 후 특정 기간 이내에 동독 주민의 1인당 GNP가 서독 주민의 1인당 GNP와 같아지게 하기 위해 서독 정부가 지출해야 하는 재정소요액"을 '통일비용'이라 정의하여 정책지표로 삼았던 사실에 연유한다. 통일 당시 독일은 통일이 되어 자유주의 시장경제체제를 도입하면 구동독은 쉽게 경제회생의 길로 들어설 것이라고 판단하였다. 즉, 독일은 시장제도 도입에 의한 자생적 조정능력을 과대평가하였을 뿐만 아니라, 통일 당시의 동서독 격차, 동질화에 소요되는 기간 그리고 재정 및 경제문제를 과소평가하여 동독으로의 막대한 공공재정 이전이 지속되는 난관에 봉착하게 되었다. 그런데 이러한 분석시각은 우선 통일 이후 기본 경제정책의 목표가 지극히 정치적 방식으로 설정(동서독 주민의 소득평준화)되는 과정에서 배태된 것이라 할 수 있으며 근본적인 문제들, 즉 소유권문제와 물가안정 및 실업대책, 재정 및 금융제도 정착, 그리고 각종 재교육 및 훈련에 관한 대책들을 상대적으로 경시하였다는 데 문제가 있다. 그럼에도 불구하고 국내 대부분의 통일비용에 관한 연구들은 독일 통일비용 분석모형의 방법론을 그대로 답습함으로써 많은 혼란과 우려를 낳아 왔다. 더욱이 한때 외환위기를 겪으면서 우리나라의 달러 표시 GNP가 급속히 하락하기도 하였으나 북한 경제의 지속적 정체로 인해 남북한 간 경제력 격차가 급격하게 확대되어 왔다는 현실을 감안할 때, 어차피 기존 방법론에 근거하여 지금까지 산출된 통일비용 추정치들은 이미 그 의미를 상실하였다고 보아도 과언이 아니라 할 수 있다.[1)]

2. 통일비용에 대한 기존 분석의 내용과 문제점

1990년대 초부터 한국에서도 독일 통일과정에서 정책당국자들에 의해 제시된 통일비용에 관한 분석방식의 영향을 받아 남북한 간의 통일실현시 발생할 통일비용을 추정하기 위한 연구가 여러 학자에 의해 이루어지게 되었다는 데 있다. 국내에서의 연구 중 대표적인 것으로 배진영(1993), 이영선(1992), 신창민(1992), 이상만(1994), 김용구(1994), 김창권(2005) 등의 연구가 있으며, KDI 및 21세기위원회, 그리고 민족통일연구원, 현대경제연구원(2010), 국회예산정책처(2010) 등의 기관에서도 추정작업을 수행한 바 있다.

배진영(1993)은 독일식 통일비용 산출방식의 전통을 가장 많이 답습하였는데, 통일비용을 경제통합 후 주어진 기간 안에 북한의 소득수준을 남한 수준으로 올리기 위해 남한에 의해 지원되어야 하는 투자지원액으로 규정하

1) 예컨대, 동서독과 남북한의 경제력 규모를 비교할 때 보통 통일 당시 구동독의 1인당 GNP는 구서독의 약 1/4, 북한은 남한의 1/8로 가정하였는바 이에 대한 수정이 요구된다.

였으며, 경제통합 이후 약 2,119억 달러 내지 4,480억 달러의 비용이 소요될 것으로 추정하였다.

한편, 이영선(1992)은 통일비용을 기회비용 측면에서 산출하되 남북한이 점진적인 통합과정을 거치게 된다는 가정하에 그리고 남한이 매년의 경제성장분만큼 북한을 지원한다는 가정하에 경제통합비용을 추정하였다. 통일 후 12년간 총소요비용은 1조 8,600억 달러가 될 것이고, 소득이 균등화되기까지 소요되는 32~54년의 기간에는 통일비용의 규모가 3,880억~8,418억 달러 수준이 된다고 분석하였다.

21세기위원회는 통일비용을 북한 지역에 대한 사회간접자본 투자와 북한 주민에 대한 생계비 보조금과 민간기업 설비투자의 합으로 정의한 다음 통일비용의 규모가 4,480억~1조 2,000억 달러에 달할 것으로 추정한 바 있다.

그리고 KDI는 통일비용을 정부 재정지원과 사회간접자본에 대한 투자로 정의하였고, 점진적 통일의 경우에는 859~971억 달러, 그리고 급작스런 통일의 경우에는 2,342억~2,446억 달러의 통일비용이 발생할 것이라고 분석하였다. 한편, 총량적 통일비용 및 남북한 균등화 기간 추정을 지양한 사업별 또는 정책별 경제통합방안을 마련한 연구들이 있다(전홍택, 1997 등). 특히, 박태규(1997)는 부문별(사업별) 소요비용 추정과 조달방안 제시로 보다 현실적 접근을 시도하였는데, 통일비용을 경제와 사회의 체제가 다른 두 지역이 하나의 통합된 국가를 이루어 경제가 안정을 이루기까지 소요되는 비용으로 정의하고, 이를 위기관리비용, 체제전환비용 및 경제적 투자비용으로 구분하여 항목별로 정부가 직접 부담해야 하는 재정비용을 추정하였다(남한 GNP의 5.6~8.2%).[2] 남한 경제의 현실성을 고려한 재원조달방안까지도 제시하

2) 통일과정에서 정부 부담비용으로 ① 통일과정에서의 북한 지역 위기관리 및 사회보장 측면의 긴급구호 비용, ② 각 분야의 제도통합에 소요되는 비용, ③ 민간투자를 제외한 정부부문의 사회간접자본 시설에로

였는데, 현실적으로 가능하다고 본 조세부담률 증가(GNP의 4%선) 외에는 국채발행 및 외자도입을 통해 조달하여야 하지만 여건상 실현 가능성이 크지 못하다고 보고 있다.

이와는 별도로 통일문제를 체제통합에 따른 비용뿐만 아니라 편익을 동시에 고려하여 통일에 대한 부정적 시각을 불식하려는 시도도 있다(조동호, 1997). 예컨대, 통일편익의 문제를 분단비용이라는 측면에서 접근하여 국방비 축소 등의 경제적 효과를 계량적으로 추정하고 이를 앞서 제시한 통일비용 추정치로부터 차감한 순통일비용을 도출한 바 있다. 그러나 이와 같은 통일비용 및 통일편익에 대한 연구에 큰 의미를 부여할 수 없는 것은 비용 또는 편익의 범위를 확장 또는 축소함에 따라, 통일비용 지출기간의 장단(長短)에 따라, 경제 외적 유무형의 편익 및 비용의 포함 여부에 따라 추정규모가 임의적으로 변동하기 때문이다.[3)]

이 밖에도 통일비용 추정의 한 방편으로 통일비용 지불의사 규모를 설문조사함으로써 통일비용을 추계한 것들이 있다(김영하, 1997). 그러나 결과치의 편차가 크며, 표본집단의 특수성 그리고 추상적인 설문 등으로 인한 한계성이 있을 뿐 아니라 통일비용을 단지 자발적으로 지불할 의사가 있는 규모로 규정한다는 논리 자체가 비현실적이라는 문제가 있다.

여하튼 이상에서 살펴본 통일비용에 관한 분석은 통일방식, 통일비용의 개념, 통일 후 설정될 경제정책 목표, 그리고 현재의 남북한 경제력 차이 등에 따라 큰 차이를 보여 주고 있다. 북한 경제에 대한 정보부족, 통일을 전후하여 전개될 상황에 대한 불확실성을 감안할 때 이러한 결과는 충분히 납득할 수 있다. 그러나 지금까지 수행된 연구들의 통일비용에 관한 개념은 물론

의 공공재 공급으로 구분되기도 한다. 김영하(1997), p. 41 참조.

3) 조동호(1997), pp. 557~560 참조.

통일 이후 설정해야 할 경제정책 내용, 그리고 이의 실현을 위해 구체적 방안에 이르는 문제들을 경시하는 결과를 초래하고 말았다는 데 문제가 있다.

이러한 문제점을 인식하여 최근에 '통일비용'의 개념을 재정립하려는 시도가 형성된 바 있다. 김용구(1995)는 수리모형 수립을 통한 통일비용 계산 시도의 한계를 지적하면서 통일비용은 특정한 수치로 산정될 수 없는 개념이며, 주어진 여건에 따라 고정되는 상수가 아니라 어떠한 정책을 어떠한 분야에 어떻게 수행하느냐에 따라 달라지는 변수로 파악하여, 여타 통일비용에 관한 연구들은 제도적 요인들이 통일비용에 주는 영향을 간과하였음을 지적한 바 있다.

이러한 관점에서 볼 때 연구 또한 단순히 통일비용의 크기를 추정하는 것보다 중요한 것은 통일실현시 어떻게 체제통합을 성공적으로 진행시켜 통일비용을 감축시킬 수 있는가가 중요하며, 아울러 이와 관련하여 거시경제변수의 움직임을 종합적으로 고려한 안정화 정책을 추구하되 궁극적으로 체제전환의 목적, 즉 남북한의 동질적 경제공동체 형성으로 수렴되도록 정책의 초점을 맞추어야 할 것이란 관점에서 접근할 필요가 있다.

또 한 가지 지적할 필요가 있는 사실은 통일비용에 관한 지금까지의 연구결과들은 비현실적 내지 불확실한 가정에 근거하여 통일비용을 추정할 수밖에 없다고는 하지만, 대체로 통일에 따른 비용 측면만을 강조하는 데 그치고 말아 통일에 대한 두려움만을 가중시키는 결과를 초래하였다는 점이다. 여기서 중요한 것은 추정된 통일비용의 절대치 자체는 큰 의미를 부여할 필요가 없다는 사실이고 아무리 크게 추정된 통일비용이라 하더라도 통일로부터 우리 민족이 얻을 수 있는 혜택을 상회할 수는 없다는 사실을 인식하는 것이라 할 수 있다.

3. 통일비용에 관한 새로운 분석시각의 설정

이상에서 살펴본 바와 같이 독일에서의 통일비용 개념은 일단 잘못된 목표설정에 근거하여 창출된 개념이라 할 수 있다. 그런데 여기서 또 한 가지 지적해 두어야 할 점은 통일비용이란 독일의 통일과정에서 동독이 서독에 흡수되는 상황과 관련하여 창출된 개념이며, 따라서 독일을 제외한 여타 동구권 국가들에서는 독일식 통일비용의 문제는 제기되지 않았다는 사실이다. 그런데 이는 단지 통일비용의 개념을 지극히 제한적으로 설정한 데 연유하는 것이라고 보는 것이 타당할 것이다. 즉, 통일비용을 단순히 두 체제 및 국가가 통일될 때 흡수하는 측이 흡수당하는 측의 경제여건을 흡수하는 측의 경제여건과 비견할 만한 정도로 개선하기 위해 흡수하는 측이 담당해야 할 일종의 이전지출로 정의하였기 때문이다. 그러나 독일의 통일은 엄밀히 말하면 단순한 두 국가의 통합이 아니라 한 체제를 다른 체제로 전환시켜 동질화를 도모하는 과정이 수반되는 것이므로, 협의의 통일비용이라 하더라도 이는 체제전환에 따른 제반 비용이 포함된 개념으로 보는 것이 타당할 것이다. 이러한 관점에서 볼 때, 한국에서의 통일에 독일식 통일비용 개념을 고수하거나 답습하는 것은 결코 바람직하다고 볼 수 없다. 따라서 본장에서는 일단 통일비용에 대한 개념을 확대 개편 내지 재정립함으로써 기존의 대다수 분석방안들이 설정하였던 비현실적 가정의 상당 부분을 해소함과 동시에 보다 현실적 상황에 충실한 통일경제정책 마련에 초점을 맞추고자 한다.

즉, 이상과 같은 통일비용에 관한 기존의 분석방법론들이 갖는 한계성을 극복하기 위해 본장에서는 우선 그 동안의 '통일비용'에 대한 부정적 의미를 분석하기 위해 통일비용을 '적정 통일사업 소요경비'로 인식은 하되,

통일과정에서 동원 가능한 자금한도 내에서 가장 효율적인 자금의 활용과 이에 의거한 경제적 효과를 극대화하여 통일과정에서의 문제점들을 최소화함으로써 통일사업 목표수행에 소요되는 경비를 최소화할 수 있는 방안을 모색하는 데 초점을 맞추고자 한다. 통일실현시의 통일비용은 결국 어떤 사업목표를 설정하고 또 어떤 방식으로 이를 실천하는가에 따라 달라질 것이며, 따라서 물리적인 통일비용 자체의 절대규모를 추정하는 것보다는 필요한 소요자금의 조달방식이 실업과 물가 등에 미치는 영향을 최우선적으로 고려하여, 통일로 인한 궁극적 재정부담을 극소화시킬 수 있는 방안모색에 주안점을 두자는 것이다. 아울러 통일에 따른 경제정책은 경제성장의 외연적 요인을 단순히 증가시키는 데 그치지 않고 내생적 경제성장을 촉진할 수 있는 여건마련에 주력하여야 할 필요가 있으며(기술, 교육, 사회간접자본 등),[4] 따라서 정부정책은 경제적 외부성이 큰 부문에 한정하고 여타 부문은 민간으로 하여금 자생적으로 경제성장을 주도해 나갈 수 있도록 경제정책을 수립하여 정부가 부담할 통일비용을 최소화할 필요가 있기 때문이다.

결국 통일비용의 단순한 추정치 산출이나 소득격차 해소를 목표로 하는 통일비용 접근방식은 무의미한 것으로 볼 수 있으며, 언제 어떠한 방법으로 통일이 된다고 할지라도 주어진 여건, 가용자원의 범위하에서 자원의 효율적인 배분을 통해 통일경제의 거시적 안정은 물론 궁극적으로는 내생적 성장잠재력을 극대화하기 위한 정책의 개발이 중요하다고 할 수 있다. 따라서 본장에서는 민간부문이 통일과정에서 체제전환의 내생적 경제생산성 제고에 기여할 수 있는 적절한 재원조달 및 효율적인 배분방식에 관한 대안을 마련하되, 일반균형적 시각에서 금융 및 재정정책을 중심으로 한 제반 거시경

4) 내생적 경제성장모형을 이용하여 총량적 통일비용을 추정한 것으로는 김준영(1995)을 참조.

제정책의 혼합적 운용(policy mix) 측면에서 모색하기로 한 것이다.[5)]

즉, 일단 통일이 실현되었을 때 가장 중요한 것은 과연 어떻게 통일로 인한 충격을 최소화시키면서 북한 경제를 남한의 시장경제체제로 전환시켜 안정을 도모하는가 하는 점이 될 것이며, 이러한 과정은 우선 시장경제의 기본이 되는 사유화 정책과 시장가격 기능이 정상적으로 가동될 수 있는 메커니즘을 신속히 정착시키는 작업을 필요로 하게 되는데, 이를 위해 근대적 조세제도 및 화폐 · 금융제도가 조속히 정착되어야 할 것이기 때문이다. 따라서 이러한 과정에서 필연적으로 발생하는 기업도산 및 대량 실업으로 이어지는 경기침체문제를 신속히 해결할 수 있는 적절한 경제정책의 모색이 요청된다.[6)]

이상과 같은 관점에서 볼 때 통일비용문제는 우리가 추구할 통일한국경제의 체제 및 기본 경제목표 그리고 이의 달성을 위한 주요 사업에 근거하는 "통일실현시 예상 소요자금 및 조달방안과 그에 따른 주요 거시경제지표와의 연관된 효과를 고려하는 통일경제정책의 추구"라는 시각에서 접근될 필요가 있음을 재삼 확인할 수 있다. 본장에서는 바로 이러한 시각에 충실한 분석모형의 도입 및 활용방안을 제시해 보고자 하는 것이다.

5) 이러한 목표의 달성을 위해서는 우선 통일 이후 추구할 바람직한 경제체제를 모색한 다음 이를 중심으로 남북한 경제가 각각 어떻게 조정될 필요가 있을지를 논의해야 할 것이다. 그러나 이에 관한 논의는 본 연구의 주제를 벗어나는 것인바, 일단 남한의 시장경제체제를 중심으로 북한 경제체제를 전환시킴으로써 통일한국경제의 동질성을 회복하는 데 일차적인 목표를 설정하기로 한다. 이는 암묵적으로 북한 경제의 몰락으로 인해 남한이 북한을 흡수통일하는 상황을 가정한 것이라 할 수 있다. 이는 통일시기가 그 어느 때가 되든 남북 간의 통일은 북한의 몰락에 따른 남한 중심의 흡수통일 형식이 될 수밖에 없다는 관점에 근거한 과정이며, 따라서 남북한이 경제교류를 확대하여 쌍방의 경제여건 및 체제를 점진적으로 동질화시킨 다음 통일을 도모한다는 논리는 지극히 비현실적인 것으로 보는 견해에 근거한 가정이다.

6) 이러한 과정에서 선택할 경제정책은 시장가격 및 임금 등을 자율적 조절과정을 거쳐 형성되도록 운용하는 이른바 점진적 접근방법(gradual approach)과, 임금수준 등 제반 경제목표를 인위적으로 책정해 나가는 이른바 충격요법(shock approach)으로 구분되는바, 후자를 선택한 독일에서의 실험이 많은 비판을 받고 있음은 주지의 사실이다.

4. 독일 및 동구권에서의 통일 및 체제전환 정책분석

일단 통일 및 체제전환에 따른 비용을 위에서와 같이 인식하고 통일로 인한 부담 및 문제점에 대한 대응방안을 모색함에 있어 그 동안 독일 및 동구권 국가들이 체제전환과정에서 겪은 문제점들과 이를 해소하기 위해 추진하였던 각종 경제정책들의 성과를 우선 분석해 볼 필요가 있다.

독일 및 동구권 국가들이 체제전환 초기에 최우선적으로 도입한 정책은 국가적 통제를 해체하고 가격 및 수출입을 자유화시킨 것이라 할 수 있다. 이는 곧 상대가격의 개편을 가져왔고, 결과적으로는 생산감소를 초래하였다. 한편, 과다고용과 낮은 생산성으로 특징지어지던 사회주의 체제하에서의 경제체질로 인해 기업은 국제경쟁력 저하에 따른 무역적자 누증과 기업도산으로 이어지고 결국은 은행부실화와 대량 실업을 초래하게 되었다. 이러한 경기불황에도 불구하고 공급능력 감소로 인해 물가가 상승하는 결과가 도래하였으며, 이는 임금상승과 물가 재상승을 촉발하는 유인을 제공하게 되었다.[7] 한편, 소득감소와 가격자유화에 따른 물가상승 및 실질임금 하락은 소비위축을 수반하는 경기침체를 유발시키게 되었다. 게다가 체제전환에 따른 각종 비용을 재정지출로 충당해야 하는 과정에서 정부 예산은 적자가 누적되었고, 이를 억제하기 위한 긴축재정이 불가피해짐에 따라 이는 다시 총수요를 위축시키는 결과를 초래하게 되었다. 뿐만 아니라 체제전환과정에서 나타나는 혼란과 불확실성으로 이자율이 급등하면서 투자마저 냉각됨으로써 총수요는 또 한 차례 하강하는 압력을 받게 되었다.

---

7) 구사회주의 체제하에서의 거시경제 운용상태와 체제전환 초기에 초래된 현상에 관한 보다 상세한 분석 내용은 이종원 · 김창권(1999)을 참조할 것.

이상과 같은 총공급 및 총수요 측면에서 본 경기침체 및 인플레이션 현상은 단기간 내에 치유되기는 어려운 특성을 갖고 있다. 체제전환 및 제도개편 과정에서 불가피하게 나타나는 혼란과 신용경색(credit crunch)현상, 그리고 구체제에서 유래된 행정 및 관리의 무사안일주의, 중앙집중식 계획철폐에 따른 관리공백 및 관리능력 상실 그리고 전문경영능력의 부재 및 금융기관 부실화 등으로 인해 경기회복이 신속히 이루어지기 어렵기 때문이다.

이상과 같은 현상에 대해 통일 및 체제전환국가들이 대응한 주요 경제정책 내용 및 그 성과를 간략히 살펴보면 다음과 같다[8](<표 10-1> 참조).

첫째, 체제전환에 따른 위기관리(실업 등) 및 교육훈련비용 그리고 SOC 투자 등 각종 재정지출의 확대로 인해 정부예산 적자가 필연적으로 도래하게 되는데(특히, 독일의 경우 이러한 문제 해소의 일환으로 이른바 통일비용문제가 제기된 것임), 문제는 과연 이에 소요되는 자금을 어떻게 조달하는 것이 최선인가 하는 것이다. 재정자금은 기본적으로 증세나 중앙은행으로부터의 차입(즉, 화폐발행), 또는 민간으로부터의 차입(즉, 국채발행)으로 조달될 수 있다.[9] 그런데 증세는 가처분소득을 감소시키게 되어 재정지출 증대에 따른 총수요 확장효과를 위축시키는 문제가 있고, 화폐발행은 물가상승을 유발한다는 문제가 있는 반면, 국채발행은 소비위축은 물론 이자율을 상승시켜 투자마저 감축시키는 결과를 초래하게 된다.

체제전환국들의 경험에서 볼 때 대규모 국채발행은 여건상 불가능하고, 또 예상된 파급효과 또한 바람직하지 못한 것으로 인식되었으므로 통화발행이나 증세에 의해 자금을 조달하였다. 그런데 통화발행이 인플레를 유발

8) 이종원 · 김창권(1999) 참조.
9) 물론 이 밖에도 해외로부터의 차입이나 외국인 직접투자에 의해서, 그리고 다양한 사유화 정책에 의해서 자금이 조달될 수 있다.

표 10-1 동서독 통일과정 및 동구권 국가 체제전환과정에서의 주요 경제지표 추이

(단위: %)

구분		1989	1990	1991	1992	1993	1994	1995	1996	1997
동독	경제성장률(실질)	1.9	−14.4	−30.3	7.8	5.8	8.5	5.6	2.0	1.6
	실업률(연평균)	–	–	10.3	16.1	15.8	16.0	14.9	16.7	19.5
	소비자물가 상승률	–	–	21.7	13.5	10.5	3.7	2.1	2.2	2.1
	경상수지(10억DM)									
	−GDP에서의 비중(%)									
서독	경제성장률(실질)	3.6	5.7	5.0	1.8	−1.7	2.4	1.6	1.4	2.2
	실업률(연평균)	6.8	7.2	6.3	6.6	8.2	9.2	9.3	10.1	11.0
	소비자물가 상승률	2.8	2.7	3.6	4.0	3.6	2.7	1.7	1.4	1.8
	경상수지(10억DM)*	108.0	75.7	−29.9	−30.2	−23.4	−34.2	−33.8	−20.9	−10.1
	−GDP에서의 비중(%)	4.9	3.1	−1.0	−1.0	−0.7	−1.0	−1.0	−0.6	–
체코	경제성장률(실질)	1.4	−0.4	−11.5	−3.3	0.6	3.2	6.4	3.9	1.0
	실업률(연말)	0.0	0.8	4.1	2.6	3.5	3.2	2.9	3.5	5.2
	소비자물가 상승률	2.3	10.8	56.6	11.1	20.8	10.0	9.1	8.8	8.5
	경상수지(10억 달러)	0.5	−0.3	1.1	−0.3	0.5	−0.7	−1.4	−4.3	−3.2
	−GDP에서의 비중	1.5	−1.1	4.7	−1.1	1.5	−1.8	−2.8	−7.6	−6.1
슬로바키아	경제성장률(실질)	1.4	−0.4	−14.5	−6.5	−3.9	5.0	7.3	6.6	6.5
	실업률(연말)	0.0	1.5	11.8	10.4	14.4	14.8	13.1	12.8	12.5
	소비자물가 상승률	2.3	10.8	61.2	10.0	23.2	13.4	9.9	5.8	6.1
	경상수지(10억 달러)	−0.1	−0.6	−0.8	0.2	−0.6	0.7	0.4	−2.1	−1.3
	−GDP에서의 비중	−0.6	−4.3	−7.9	1.6	−5.0	5.1	2.3	−11.2	−6.7
헝가리	경제성장률(실질)	−0.2	−4.0	−11.9	−3.1	−0.6	2.9	1.5	1.3	4.4
	실업률(연말)	0.4	1.9	7.8	13.2	13.3	11.4	11.1	10.7	10.4
	소비자물가 상승률	17.0	28.9	35.0	23.0	22.5	18.8	28.2	23.6	18.3
	경상수지(10억 달러)	−1.4	0.1	0.3	0.3	−3.5	−3.9	−2.5	−1.7	−1.0
	−GDP에서의 비중	−4.9	0.4	0.9	0.9	−9.1	−9.4	−5.6	−3.7	−2.2
폴란드	경제성장률(실질)	0.2	−11.6	−7.0	2.6	3.8	5.2	7.0	6.1	6.9
	실업률(연말)	0.1	6.3	11.8	13.6	16.4	16.0	14.9	13.2	10.5
	소비자물가 상승률	251.1	585.8	70.3	43.0	35.3	32.2	27.8	19.9	14.9
	경상수지(10억 달러)	−1.8	0.7	−1.4	−0.3	−2.3	−0.9	5.5	−1.4	−4.3
	−GDP에서의 비중	−2.2	1.2	−1.8	−0.3	−2.7	−1.0	4.6	−1.0	−3.1

주: 1989년은 서독, 1990년 이후는 독일 전체 자료임.

자료: Deutsche Bundesbank(1998. 4); *Monatsbericht*; Institut der Deutschen Wirtschaft Köln(1998); WIIW, EBRD, Rosati(1998).

하는 반면 증세는 경기회복을 더디게 하는 효과가 있어 나름대로의 장단점을 갖고 있다. 그러나 경기침체로 인해 증세가 현실적으로 어려웠던 체제전환국들은 대부분 통화발행 방식을 선택하였고, 그 결과 높은 인플레이션을 경험하여 가능한 한 재정긴축으로 안정을 도모하려 노력하였다. 단지 독일의 경우에는 한시적인 통일기금을 설치 · 운영하여 재정자금을 조달하려 하였으나 이자율 상승과 재정적자 누증이 초래되자 결국 증세에 의존하게 되었는데, 이러한 시행착오가 결국 독일의 통일비용을 증가시킨 요인이 되었다.

둘째, 동독을 제외한 동구권 체제전환국가들에 있어 증세에 의한 재정지출 충당이 어려워지자 결국 통화증발에 의해 조달함에 따라 결국은 인플레가 촉발되었고 따라서 이는 긴축적 금융통화정책을 불가피하게 하였다.[10] 한편, 이들 국가에 있어 재정정책과 연계된 수동적 차원이건, 보다 적극적 경제정책의 일환으로 시도된 능동적 차원의 금융정책이건 간에 실제로 실물부문에 대한 효과는 별무하고 단지 물가만 인상하였다는 것이 일반적 분석결과이다. 그러나 이는 흔히 거론되는 화폐론자들의 논리가 타당해서라기보다는 각종 제도 및 여건이 불비한 미시적 왜곡 현상이 신용경색을 유발시키고 있는 데 주로 기인하는 것으로 보아야 할 것이다.[11] 인플레 억제 노력은 중요한 것이지만 지나친 긴축적 금융정책은 사태를 악화시킬 뿐이기 때문이다. 가장 철저한 긴축정책을 도입한 폴란드가 (물론 인플레 또한 가장 극심한 편이었기 때문이기는 하지만) 체제전환 초기에 경기침체가 극심하였던 사실과 상대적으로 느슨한 긴축정책을 활용한 헝가리가 경기침체가 덜 심하였

10) 단, 동독의 경우는 통화통합에 의해 금융통화제도가 개편되었으나 동독 화폐를 고평가한 교환비율의 적용으로 인플레가 초래되었으나 여타 동구권에 비해 덜 심각하다.

11) 체제전환 이전에 이미 민간부문이 어느 정도 발전되었던 폴란드나 자율화가 상당 수준 진전되었던 헝가리에 비해 중앙계획통제가 가장 철저한 수준에 있었던 체코가 체제전환 이후 겪은 신용경색 정도가 가장 극심하였었다. 예컨대, 1991년 체코 금융기업의 80%가 지불불능 상태였던 반면 폴란드는 50% 수준에 머물렀던 사실이 이를 입증해 주고 있다.

던 사실은 이를 입증하고 있다. 증세에 의해 충당하기 어려운 재정지출 중 불가피한 경비의 충당을 위한 통화발행은 정부 예산적자 보전의 한도 내에서라면 이를 허용하는 것이 바람직하다는 것으로 분석되고 있다.[12)]

긴축적 금융정책이 특히 문제되는 것은 기업도산에 따라 부실채권을 떠안은 금융기관들의 기술적 파산위험 때문에 중앙은행의 긴축정책 추구 자체가 한계가 있을 뿐만 아니라, 긴축은 결국 이자율을 상승시켜 투자위축과 기업부담 증대를 유발하여 경기침체를 가속시킨다는 점이다. 대량 기업도산을 막기 위해 은행들은 일부 채무변제 내지 연장을 해 주는 한편, 스스로의 생존을 위해 단기성 자금운용에 집착하며, 불확실성을 이유로 투자성 대출을 꺼리거나 고이자율을 부과해 온 동구권의 경험은 이를 극명하게 입증해 주고 있다.

셋째, 환율정책 측면에서 볼 때 고정환율제를 도입한 체코와 슬로바키아는 준고정환율제를 도입한 헝가리나 폴란드(초기에는 고정환율제를 채택하였으나 유지하지 못함)보다 환율을 상대적으로 안정시킬 수 있었다. 환율의 안정은 고이자율정책보다도 외자유치에 훨씬 중요한 유인이 된다는 점에 유의해야 할 것이다. 또한 이러한 환율의 안정은 도입한 환율제도 자체보다도 결국은 당사국의 국내물가를 얼마나 잘 안정시켜 실질실효환율의 안정을 유지시켜 주는가 하는 점이 보다 중요한 고려사항이 된다는 점을 강조해 두고 싶다. 이러한 점에서도 체코의 상대적으로 안정적인 환율유지는 결국 상대적으로 낮은 물가상승률 유지에 있었다는 사실을 대변해 주는 좋은 예가 되고 있다.

넷째, 임금정책에 있어 독일은 동서독 간 소득수준 균등화 목표의 조기

12) Bofinger(1994) 참조.

달성을 위해 인위적으로 동독의 임금을 매년 상향조정시켰다. 바로 이 정책이 물가인상은 물론 동독 기업의 파산과 대량 실업을 촉발한 가장 큰 원인으로 지적되고 있다. 한편, 여타 동구권 국가들에서는 구체제하의 과잉고용을 해소시켜 가는 과정에서 생산성이 향상되었고 그 상승분이 임금상승률을 상회할 수 있는 수준으로 유지됨으로써 대량 실업을 방지하는 기능을 발휘할 수 있었다. 체코에서는 인플레 억제 차원에서 임금 초과상승분(임금상승률 상한 초과분)에 대한 세금을 별도로 책정하였는가 하면, 폴란드에서는 비교적 통제가 쉬운 공공부문의 경우 잠정적으로 임금 초과상승분에 대해 누진과세를 적용하였다(1994년 이후에는 단체임금 교섭방식으로 전환함).

이러한 노력의 결과 동구권 국가들의 생산성 향상 속도는 구동독보다 컸고 임금상승분을 상회함으로써 국제경쟁력 향상 및 수출증대에도 기여하기에 이르렀는데, 특히 폴란드는 1997년에 이르러 체제전환 직전인 1989년 수준을 상회하는 실적을 올리게 되었다.

다섯째, 여기서 한 가지 지적해 둘 것은 전통적인 재정 · 금융정책은 기본적으로 총수요관리정책의 특성을 갖고 있어 경기회복효과를 위해서는 물가상승을 감수해야 하는 한계가 있다. <그림 10-1>에서 y_0와 p_0를 원래의 균형소득 및 물가수준이라 할 때 재정 · 금융정책에 의한 총수요증대는 소득증대(y_0에서 y_1으로)와 물가인상(p_0에서 p_1으로)을 동시에 초래함을 보여 주고 있다. 그러나 실제 체제전환국들에서는 체제전환과정에서 배태된 혼란과 제도 및 여건상의 미비로 인한 각종 제약으로 인해 총공급이 크게 위축됨으로써($AS_0 \rightarrow AS_2$) 경기침체(소득이 y_2로 저하)와 인플레(물가가 p_2로 상승)가 동시에 나타나는 스태그플레이션(stagflation) 현상이 일반화되었다.

물론 이러한 과도기적 공급애로현상은 단기간에 해소되는 성격의 것이 아니다. 따라서 이러한 특성을 갖는 공급애로 요인 타개에 유념하되 동시에

그림 10-1 체제전환경제의 정책효과

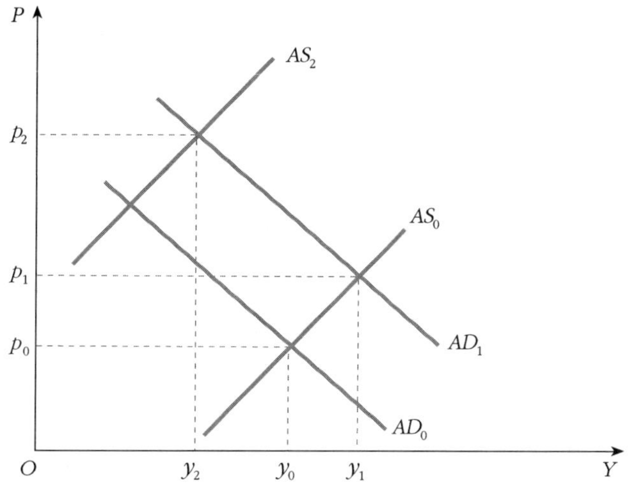

공급곡선을 오른쪽으로 이동시킬 수 있는 단기적 정책마련에 심혈을 기울여야 할 것이다. 이는 전통적 재정금융정책과는 달리 소득향상과 물가안정효과를 동시에 도모할 수 있다는 특성을 가지고 있다는 점이 강조될 필요가 있으며, 특히 이러한 관점에서 볼 때 임금이나 이자율의 하향조정정책이 얼마나 중요한 역할을 감당할 수 있는가 하는 점이 명백해질 것이다.

5. 통일비용 극소화 방안의 모색

이상에서 우리는 독일 통일과정에서 유래된 이른바 통일비용에 대한 인식을 재정립할 필요성을 확인한 바 있고, 또 그러한 관점에서 동구권 체제전환국들이 추진한 경제적 대응에 대한 평가를 시도해 보았다. 아울러 이러한 분석시각에 바탕을 두고 일단 한국에서의 통일비용을 남북한이 통일될 경우 시장경제체제로의 동질성 회복에 필요한 핵심적 사업 추진에 소요되는 경제적 부담이라 인식한 바 있다. 물론 이때 경제적 부담이란 물론 실제 필요한 자금의 규모가 기본 내용이 될 것이지만, 동시에 통일 초기에 예상되는 경기침체 및 인플레 현상으로 인해 발생할 국민경제의 부담 내지 충격의 크기를 아울러 포괄하는 의미라 볼 수 있다. 그리고 소요자금규모란 궁극적으로는 통일 이후 추진할 통일사업의 내용 및 목표를 어떻게 설정하는가에 따라 달라질 성질의 것이므로 수 차례 언급한 바 있듯이, 통일비용을 남북한간의 소득수준 균등화를 목표로 설정하는 지극히 불합리한 정치적 목표달성에 소요될 남한측의 이전지출로 규정하는 우는 범하지 않고자 한다.[13)]

한편, 만일에 통일실현시 전통적인 방법에 따라 산정된 통일비용이 현실적으로 감당하기 어려운 수준으로 추정된다면 이는 단지 당초의 목표를 수정하여 대처하면 될 성격의 것일 뿐, 비용조달의 어려움으로 인해 국가가 필연적으로 파산할 수밖에 없는 사태가 초래된다는 것으로 받아들일 필요는 없는 것이다. 즉, 보다 현실적인 상황은 통일한국이 결국은 감당할 수 있는 수준 내에서 통일사업 목표를 설정하되 통일로 인한 제 비용 및 충격을 최단시일 내에 극소화해 나가는 방향으로 정책대응을 하게 되는 것으로 예상하는 것이 합리적일 것이다.

물론 이때 저간의 연구에서처럼 남한 국민들이 통일로 인한 비용에 대

13) 소득수준 균등화를 목표로 설정할 경우의 통일비용은, 예컨대 최근 남한이 겪은 바 있는 IMF체제하의 상황이 초래될 때 오히려 남한측이 부담할 이전지출규모는 작아진다는 우스꽝스러운 결과가 초래될 것이다. 고소득지역의 소득저하로 저소득지역과의 소득수준 격차가 줄어들어 소득균등화라는 통일경제의 목표달성이 보다 용이해졌다는 인식은 지극히 비논리적이다.

해 지불할 의사가 있는 재정부담수준을 설문조사를 통해 추정한 다음 이를 통일비용으로 가늠하려는 견해가 제시될 수 있다. 그러나 이러한 관점에서 추정된 통일비용규모는 대체로 소득균등화 목표달성에 필요한 경비추정규모보다 훨씬 낮게 산출되어 왔다. 이러한 결과는 지극히 당연한 것이라 할 수 있는데 산출된 부담규모는 단지 자발적 의사를 반영한 재정지원금 규모의 성격을 가질 뿐이며 설문조사 방식 또한 하향편의를 유발하기 쉽게 수행되었기 때문이다. 또한 이 추정액은 실제 동원 가능한 자금규모를 의미하거나 이 추정액보다 더 큰 재정부담 부과는 불가능하다는 의미로 받아들일 수도 없는 것이다. 그리고 이러한 설문조사는, 특히 조사시기에 따라 변동폭이 클 수도 있어 그 결과는 단지 참고사항에 불과한 것으로 보아야 할 것이다. 현실적으로 볼 때 실제 부과될 부담규모는 자발적 지불의사 규모보다 클 수밖에 없는 것이어서 보다 합리적인 통일비용 추정은 오히려 박태규(1997)가 시도한 접근방식에 따라 추계하는 방식이 될 것이라 보여진다.

박태규는 통일과정에서 겪게 될 통일비용을 위기관리비용, 체제전환비용 및 경제적 투자비용으로 구분한 다음 항목별로 소요비용을 합산하였다. 그러나 박태규도 결국은 거시적으로 두 경제가 목표된 소득수준을 이루게 하기 위해 필요한 비용을 통일비용으로 규정함으로써 소득균등화 목표지향 방식의 기본 틀을 벗어나지는 못하였다.

이상과 같은 사항을 고려하여 본 연구에서는 통일비용을 일단 궁극적으로는 국민경제의 동질성 회복이란 목표달성에 소요되는 경제적 비용으로 인식하되 그 절대치 자체를 추정하는 데 궁극적 분석목표를 두기보다는 대체적으로 예상되는 소요경비 또는 현실적으로 수용 가능한 남한측 부담규모를 먼저 내정한 다음(마치 국가예산을 먼저 편성하듯이), 그 한도 내에서 통일사업을 추진하되 가능한 경제적 부담 내지 비용을 극소화시키는 정책대안을 마련하는 데 주안점을 두고자 하였던 것이다. 따라서 통일비용을 수용 가능한 한도 내에서의 통일사업 추진비로 인식하되 그러한 비용의 물리적 규모 자체보다는 비용(내지 충격)의 크기를 극소화시킬 수 있는 접근방법의 모색에 초점을 맞추려는 것이다.

이상과 같은 인식하에 본 연구에서는 현실적으로 수용 가능한 물리적 통일비용규모를 일단 GNP 대비 조세부담률(국세기준)을 기준시점 대비 1~5% 수준 정도로 상향조정할 때 얻을 수 있는 조세수입 증가수준으로 일단 가정하였다.[14] 그런 다음 이렇게 설정된 통일재정기금을 조세부과나 화폐발행(한은차입) 또는 국채발행(일반으로부터의 차입)으로 충당할 때, 경기침체나 인플레를 어떤 방법이 가장 잘 수습할 수 있는지를 확인함으로써 궁극적이고 동태적인 차원에서 통일비용의 극소화를 시현할 효율적 정책대안을 찾아내 보고자 한다. 물론 그 결과는 통일비용규모를 당초에 어느 수준으로 설정하는가에 따라 그리고 정책혼합을 어떻게 도모하는가에 따라 달라지리라 본다.

이러한 관점에서 일단 본 연구는 동구권 국가들의 경험을 바탕으로 효율적인 정부정책의 혼합적 운용방안 중 핵심적인 내용을 5가지로 구분하여 제시한 다음, 일종의 모의분석을 통해 그 효율성을 비교 · 분석해 보고자 한다. 이러한 목표달성을 위해 본고에서는 SUM '95 모형을 축소 개편한 SUM '98 모형을 설정하여 추정한 다음 다양한 정책 의태분석을 통해 정책별 파급효과를 비교 · 검토하는 방법을 택하였다. 이 모형은 남한 경제의 구조적 특징을 연립방정식 형태의 거시계량모형으로 구성한 것으로 다음과 같은 가정

14) 즉, 초기연도(1997년을 가정할 경우)의 통일비용은 일단 GNP의 1~5% 정도로 설정하였으나 3~5년 이후부터 그 규모는 점차 축소될 것으로 예상할 수 있다. 그러나 연도별 통일비용의 절대규모나 지속기간 등은 본 연구의 중심과제가 아니므로 자세한 추정내용은 생략한다.

하에 활용하고자 한다.

첫째, 북한 지역의 경제여건에 대한 실증분석이 현실적으로 불가능하므로 남한 지역만을 대상으로 하는 모형을 설정하여 활용한다. 이는 결과적으로는 남한이 북한 경제의 체제전환문제를 주관하되 북한 경제를 외생적으로 처리하는 형식으로 운용한다는 가정을 한 셈이다. 따라서 예컨대 남북한 간의 인구 및 생산요소 그리고 상품의 이동이 남한 경제구조를 본질적으로 변화시키지는 않는 정도 내에 머물 것이라 가정한 것으로 볼 수 있다.

둘째, 이러한 가정이 갖는 한계성이 분명하지만 실증분석상 현실적으로 해소할 수 없는 부분이라는 점과, 단순히 투자함수 하나만으로 통일비용을 추정해 온 기존의 접근방식에 비해 훨씬 개선된 분석결과를 보장해 줄 것이란 점에 착안하여 시도한 분석방안이다.

셋째, 남북한 통일은 북한 경제체제의 몰락으로 갑자기 실현될 성격의 사건으로 인식하되 통일 후 남한이 북한을 시장경제체제로 전환시키기 위해 추진할 경제정책의 핵심적인 내용은, 화폐통합을 비롯한 화폐금융제도와 조세제도의 정착, 신속한 사유화 정책 실시를 모태로 하는 재정 · 금융 및 소득정책이 될 것이라 가정한다.

이상과 같은 가정하에 설정된 SUM'98 모형은 구조방정식 체계의 모형으로 단순한 예측은 물론 외생적 변화가 경제 전반에 미치는 파급효과를 정확히 추적하여 파악할 수 있는 강점을 가지고 있다.[15] 이 모형은 SUM'95 예측모형을 모태로 작성되었으나 채권시장과 해외부문 등을 논의의 편의상 외생처리함으로써 결국 총공급부문과 총수요부문, 그리고 화폐금융부문과 임금 · 물가 · 이자율 · 환율부문의 총 4개 블록으로 구성하였다. 4개 블록은

15) SUM'98 모형의 구성체계도(flow-chart)와 그 특징은 편의상 생략한다.

형태방정식 11개, 정의식 3개 및 균형조건식 1개로서 총 15개의 방정식으로 구성되었으며, 11개의 내생변수로 정의되고 있다. 단, 역사적 의태분석 및 정책 의태분석에서 일부 변수들을 외생처리하는 실험을 시도해 보았다.

이상과 같은 특징을 갖는 거시계량모형의 최종 추정결과는 다음과 같다. 단, 추정에 사용된 통계자료의 표본기간은 1982년 1/4분기부터 1997년 4/4분기까지 66개 분기이다. 1997년 외환위기 그리고 2008년의 국제금융위기 등의 구조조정기를 제외하기 위해서이다. 사용된 통계자료는 경상자료이며 계절성(seasonality)이 존재한다고 판단되는 모든 변수는 ARIMA X-11기법에 의해 계절 조정된 값으로 전환시켜 사용하였다. 모든 행태방정식은 기본적으로 통상최소자승법(OLS)에 의해 추정되었다.

5.1. 총공급부문

① 총생산

$$\log YX_t = -10.134 + 0.785 \log KEX_t + 0.469 \log LEXMWHX_t$$
$$\qquad (-3.117) \quad (28.970) \qquad\qquad (1.917)$$

$\overline{R^2} = 0.996 \qquad D.W. = 0.240$

② 노동수요

$$LEX_t = 4006.305 - 0.003\,WAGEX_t + 0.058\,YX_t + 0.719\,LEX_{t-1}$$
$$\qquad (3.568) \quad (-1.792) \qquad (2.303) \quad (8.705)$$

$\overline{R^2} = 0.981 \qquad D.W. = 1.445$

③ 노동공급: 외생처리

④ 실업률

$$URX_t = 0.181 - 61.052 DLEX_t + 59.915 DLFX_t - 2.319 DYX_{t-1} + 0.963 URX_{t-1}$$
$$(3.247) \quad (-11.533) \quad (10.514) \quad (-2.923) \quad (58.897)$$

$\overline{R^2} = 0.982 \qquad D.W. = 2.268$

5.2. 총수요부문

① 민간소비

$$CPX_t = 433.760 + 0.577 YDX_{t-1} + 7.130 M2AVEXRCPIX_t - 32.576 R_t$$
$$(0.354) \quad (9.224) \quad (2.208) \quad (-0.540)$$

$\overline{R^2} = 0.996 \qquad D.W. = 1.375$

② 총투자

$$ITX_t = -695.631 + 22005.771 DYX_t - 14.547 R_t + 7844.224 DM2AVEX_t + 1.020 ITX_{t-1}$$
$$(-0.844) \quad (3.417) \quad (-0.285) \quad (0.916) \quad (102.567)$$

$\overline{R^2} = 0.995 \qquad D.W. = 1.864$

③ 조세수입

$$GRTX_t = -313.724 + 0.159 YX_t$$
$$(-2.055) \quad (58.942)$$

$\overline{R^2} = 0.982 \qquad D.W. = 1.396$

④ 정부 재정적자

$$GBDX_t = GEX_t + GNLX_t - GRX_t$$

⑤ 가처분소득

$$YDX_t = YX_t - GRTX_t - DPX_t$$

⑥ 국내총생산

$$GDPX_t = GPX_t + ITX_t + GCX_t + EXX_t - IMX_t + SDX_t$$

⑦ 해외순수취 요소소득

$$NFIX_t = YXD_t - GDPX_t$$

⑧ 총생산물시장 균형식

$$YXD_t = YX_t$$

5.3. 화폐금융부문

① 화폐수요

$$M2AVEXRCPIX_t = 259.991 - 4.981R_t + 0.014YX_t + 282.906DER_t$$
$$(7.756) \quad (-2.374) \quad (89.571) \quad (2.358)$$

$\overline{R^2} = 0.994 \qquad D.W. = 0.254$

② 화폐공급: 외생처리

5.4. 임금, 물가, 환율 부문

① 임금

$$\log WAGEX_t = 1.210 - 0.014 URX_t + 0.638 \log CPIX_t + 0.712 \log WAGEX_{t-1}$$
$$(3.905)\ (-3.930)\ (2.897)\ (7.798)$$

$$\overline{R^2} = 0.998 \qquad D.W. = 2.279$$

② 소비자물가지수

$$CPIX_t = 31.315 + 7.455 DYX_t + 0.036 M2AVEXRCPIX_{t-1} + 0.1 \times 10^{-4} WAGEXMA_t$$
$$(12.233)\ (0.428)\ (6.131)\ (1.878)$$

$$+2.190 DGCX_{t-1} + 0.394 R_{t-1}$$
$$(0.272)\ (3.420)$$

$$\overline{R^2} = 0.986 \qquad D.W. = 0.416$$

③ 회사채수익률

$$R_t = 4.859 - 0.000 M2AVEXRCPIX_t + 38.789 DCPIX_t + 14.238 DER_t$$
$$(4.914)\ (-1.372)\ (2.547)\ (4.143)$$

$$+7.530 DYX_{t-1} + 0.916 R_{t-1} - 0.275 R_{t-2} - 0.011 R_{t-3}$$
$$(0.990)\ (9.092)\ (-1.947)\ (-0.111)$$

$$\overline{R^2} = 0.803 \qquad D.W. = 1.666$$

④ 환율

$$ER_t = 57.365 - 0.006 BOC\$X_{t-1} - 0.008 NCI\$X_{t-1} + 0.002 DEBTX_{t-1} + 0.854 ER_{t-1}$$
$$(1.068)\ (-2.044)\ (-2.818)\ (3.795)\ (10.466)$$

$\overline{R^2} = 0.858 \qquad D.W. = 1.539$

SUM '98 모형의 추정결과 개별 방정식의 추정계수 부호가 이론과 대부분 합치되고 통계적 유의성도 높았다. 동태적 안정성 내지 모형 전체의 적합도 판정을 위해 1992년 1/4~1994년 4/4분기 기간을 대상으로 역사적 의태분석을 실시해 본 결과 주요 변수들은 RMSPE가 5% 이내로 머무는 등 훌륭한 적합성을 가지고 있는 것으로 확인할 수 있었다.

원래 정책 의태분석은 경제정책변수를 외생변수로 처리하면서 내생변수에 미치는 영향을 역사적(사후적)으로 분석해 보는 것이다. 본장에서는 바로 이러한 분석방법을 활용하여 통일실현시 예상 소요경비의 규모를 GNP 대비 담세비율의 1%에서 5%로 인상시키는 정도로 가정한 다음, 이를 조세부과나 통화발행 또는 국채발행을 통해 조달할 경우 각각이 경제성장률과 실업률 그리고 물가상승률에 미치는 효과를 살펴보았다. 즉, 이러한 정책 의태분석을 통해 아래와 같은 5가지의 다양한 정책대안들 중 어느 것이 과연 통일로 인한 경제부담(예컨대, 경기침체 및 인플레이션)을 가장 효율적으로 치유하는 결과를 가져다 줄 수 있는지 확인해 보고자 하였다. 분석대상 시기는 비교상의 편의를 위해 역시 1992~1994년 기간을 선정하였는데, 설정한 정책내용은 일단 5가지 유형으로 구분하되 주요 정책변수들, 즉 중앙정부조세(*GRTX*), 화폐공급(*M2AVEX*), 이자율(*R*), 임금(*WAGEX*), 환율(*ER*)이 주요 내생변수들인 GNP(*YX*), 실업률(*URX*), 물가(*CPIX*) 등에 미치는 효과를 중심으로 1992년부터 1994년까지의 12분기(3년) 동안의 기간에 대해 분석 · 정리해 보았다.

표 10-2 변수목록

변수	의미	단위	자료출처	비 고
BOC$X	경상수지	백만 달러	한은, 조사통계월보	–
CPIX	소비자물가지수	1990=100	〃	–
CPX	민간소비	10억 원	한은, 국민계정	CHX+CPNPX
DCPIX	소비자물가 변화율	%	한은, 조사통계월보	$(CPIX_t/CPIX_{t-1})-1$
DEBTX	총외채	백만 달러	〃	–
DER	환율 변화율	%	〃	–
DGCX	정부지출 변화율	%	〃	–
DLEX	노동수요 변화율	%	〃	$(LEX_t/LEX_{t-1})-1$
DLFX	노동공급 변화율	%	〃	$(LFX_t/LFX_{t-1})-1$
DYX	총공급 측면 경상GNP 변화율	%	〃	–
DM2AVEX	M2 평잔의 변화율	%	〃	$(M2AVEX_t/M2AVEX_{t-1})-1$
ER	대미 환율	원/달러	〃	–
EXX	상품 · 용역 수출	10억 원	〃	–
GBDX	중앙정부 재정적자	10억 원	〃	–
GDPX	국내총생산(국민계정기준)	10억 원	한은, 국민계정	–
GCX	정부 소비지출(국민계정)	10억 원	〃	–
GRTX	중앙정부 조세수입	10억 원	한은, 조사통계월보	–
GRX	정부 수입	10억 원	〃	–
IMX	상품 · 용역 수입	10억 원	〃	–
ITX	총투자(국민계정)	10억 원	한은, 국민계정	IFX+IIX
KER	제조업 평균가동률	%	통계청	–
KEX	실제 가동된 자본스톡	10억 원	–	KX*KER
LCPIX	log 표시 소비자물가지수	–	–	log(cpix)
LEX	노동수요	천 명	한은, 조사통계월보	–
LKEX	log 표시 실제 가동된 자본스톡	–	–	log(KEX)
LLEXMWHX	log 표시 고용된 노동자의 노동시간	–	–	log(LEXMWDX)
LWAGEX	log 표시 전 산업 임금	–	–	log(WAGEX)
M2AVEX	M2 공급(평잔)	10억 원	–	–
M2AVERCPIX	실질 M2 공급(평잔)	10억 원	–	M2AVEX/CPIX
MWHX	월평균 노동시간(전 산업)	시간/월	–	–
NCI$X	순자본유입	백만 달러	한은, 조사통계월보	–
NFIX	해외순수취요소소득	10억 원	〃	–
R	회사채수익률	%	한은, 국민계정	–
SDX	통계상 불일치(국민계정)	10억 원	한은, 조사통계월보	–
URX	실업률	%	한은, 국민계정	–
WAGEX	전 산업 임금	원	한은, 조사통계월보	–
WAGEXMA	WAGEX의 이동평균	–	〃	$(\sum_{i=0}^{3} WAGEX_i)/$
YDX	가처분소득	10억 원	한은, 국민계정	YX–GRTX–DPX
YX	총공급 측면의 경상GNP	10억 원	〃	–
YXD	총수요 측면의 경상GNP	10억 원	〃	–

표 10-3 주요 내생변수의 RMSPE(1992년 1/4분기~1994년 4/4분기)

변수명	RMSPE	변수명	RMSPE
GNP	4.09	화폐수요	2.13
노동수요	1.67	이자율	16.14
실업률	18.34	환 율	2.29
임 금	3.89	물 가	2.13
소 비	0.97	조 세	5.31
투 자	4.89		

SIM1: 통일로 인한 비용규모를 GNP의 1~5% 수준으로 가정하되 이를 전액 조세부과로 충당할 경우(단, 이렇게 조성된 조세수입의 대부분을 북한으로 이전시켜 지출하고 남한 내에 귀속되는 정부 지출은 조세수입 증가분의 5~40% 이내로 한정시키는 것으로 가정함)

SIM2: GNP의 1~5% 수준에 해당하는 통일비용을 한은차입, 즉 화폐발행으로 충당하되 역시 조성된 통화는 대부분 북한으로 이전시켜 지출하고 남한 내에서는 통화량 증가분의 10~40% 수준만을 귀속시켜 정부 지출로 충당할 경우

SIM3: 이자율(*R*)을 1, 5, 10, 15% 증가시킬 경우 – 이 상황은 소요 통일비용을 국공채 발행으로 조달함에 따라 이자율이 상승하는 경우를 분석하기 위한 것임.

SIM4: 통일독일에서처럼 체제전환지역(북한)에서의 인위적인 임금정책의 영향으로 인한 남한 지역에서의 임금(*WAGEX*)이 5, 10, 15, 20% 증가될 경우

SIM5: 평가절하 등에 의거하여 환율(*ER*)을 5, 10, 15, 20% 상승시킬 경우

상기 다섯 가지 유형의 정책이 GNP(*YX*)와 실업률(*URX*) 및 종합물가수준(*CPIX*)에 미치는 효과를 통일비용 규모별(GNP의 1~5% 수준)로, 그리고 조성된 통일기금 중 남한 지역으로 귀속되는 비중(확보된 기금의 5~40% 수준)에 따라 추정해 보았다. 단, 공급부문의 역할이 다소 축소조정된 본 모형의 특성을

감안하여 SIM1과 SIM5의 의태분석에서는 공급부문을 외생처리하여 분석해 보았다. 이상과 같은 의태분석에서 나타난 특징을 요약해 보면 다음과 같다.

첫째, 통일비용을 전액 정부 조세로 조달하되 조달된 기금의 대부분을 북한 지역에 정부지출 형식으로 이전시킬 경우에는 실질성장률(명목GNP성장률-물가상승률)과 실업률(*URX*)을 기준으로 볼 때(실질성장률의 극대화 내지 실업률 극소화를 통일부담 극소화의 주요 지표로 본 것임), ① 통일비용규모를 GNP의 1% 수준으로 설정할 경우에는 북한 지역으로의 정부 이전지출비중을 80% 이내(즉, 남한 지역으로의 귀속비중을 20% 이상으로)로 유지할 경우 비로소 실질성장률이 '+'로 돌아서고 실업이 감소하는 결과가 보장되며, ② 통일비용규모를 GNP의 2% 수준 이상으로 상향조정할 경우에는 남한 지역으로의 귀속비중 또한 점차 확대해야 긍정적인 효과를 기대할 수 있다는 결과가 도출되었다. 즉, 통일비용규모를 GNP의 2% 수준으로 설정한 경우에는 남한 지역 귀속 지출비중을 30% 이상, 그리고 GNP의 3% 이상의 경우에는 남한 지역 귀속 지출비중을 40% 이상 비중을 유지하는 것이 바람직하다는 결과가 도출되었다. 통일비용규모가 현실적으로 볼 때 GNP의 3% 이상 수준으로 추정될 것임을 감안하면 결국 북한 지역으로의 정부 이전지출규모는 대체로 60% 이내로 제한하는 것이 바람직하다는 정책적 함의를 도출해 낼 수 있다.

둘째, 통일비용을 전액 화폐공급으로 조달하되 조달된 기금의 일부를 북한에 정부지출 형식으로 이전시킬 경우에는, ① 정부 조세의 경우보다 초기 경기하강(recession) 정도는 덜한 편이고, ② 3차 연도부터는 실업해소도 빨라지는 긍정적 요인이 있으나, ③ 정부 조세에 비해 물가상승이 크게 나타난 성과기준으로는 정부 조세정책에 비해 못하다. ④ 즉, 3차 연도부터 시작되는 경기회복 속도도 미미한 편이며, ⑤ 단, 전반적으로 화폐부문 시뮬레이션은 상대적으로 불안정한 것으로 나타났다.

셋째, 통일비용 전부를 국공채 발행을 통한 민간으로부터의 차입으로 조달할 경우 민간소비 및 투자 등이 위축되는 일차적 효과 외에 국공채 가격 하락을 통한 이자율 상승은 투자 및 소비지출을 다시 한 번 위축시키게 될 것이다. 통일비용규모와 이자율 상승 정도를 직접 결부시켜 분석하기는 매우 어려우므로, 본장에서는 단지 이자율이 1~15% 정도 상승하는 결과가 초래되었다는 가정 아래 정책 의태분석을 시도해 본 것이다. 분석결과 이자율 상승폭이 클수록 실질성장률의 감소폭이 커지고 또 물가인상과 실업률의 상승폭이 증가하는 것으로 나타났다. 동구권 국가들의 체제전환정책 평가에 나타난 바 있듯이, 한국에서의 모의분석에서도 이자율 상승을 초래하는 통일비용 조달방안은 여타 방안들에 비해 결코 선호될 수 없는 것으로 확인된 셈이다. 그런데 여기서 한 가지 밝혀 두어야 할 사실은 SIM3 의태분석 결과 명목GNP성장률의 하락폭이 그다지 크게 나타나지 않았다는 점이다. 그러나 이는 만성적 초과화폐수요로 인해 화폐수요가 이자율에 대해 전통적으로 비탄력적인 특성을 가져온 역사적 행태에 근거한 추정식을 활용한 데 기인하는 것으로 이해하는 것이 정당하리라 본다.

넷째, 통일독일이 동서독 간의 소득격차를 조속히 균등화시키기 위한 목표달성의 일환으로 동독 지역 근로자들의 명목임금을 전년 대비 20% 수준부터 시작하여 인위적으로 상향조정한 바 있다. 이러한 정책이 통일한국에서도 채택되어 북한에서의 인위적 명목임금 상향조정이 남한 지역 명목임금 또한 4~20% 정도씩 상승 압력을 미친다고 보고 그 결과를 분석해 본 결과(이는 북한으로부터 남한으로 이주하게 될 인구규모에 따라 가속화될 수도 있는 부분임), 명목임금 상승폭 확대에 따른 명목경제성장률 감소폭이 증가하고 물가는 상승하여 실질경제성장률의 하락폭을 가일층 확대시킬 뿐 아니라 실업률을 천문학적으로 증대시키는 결과가 초래됨을 나타내 주고 있다.

다섯째, 동구권 국가들이 체제전환과정에서 경험한 통화가치 불안정과 국제수지 적자 누적을 극소화할 수 있는 정책대안의 하나로 평가절하정책이 제시되어 왔으며, 이를 통일한국 경제를 대상으로 모의실험을 수행해 본 결과 평가절하는 실질성장률 상승과 실업률 하락을 초래하여 통일부담을 완화시켜 줄 것으로 평가되었고, 평가절하폭이 커질수록 이러한 효과 또한 상승하는 것으로 분석되었다.

6. 요약 및 결론

본장에서는 독일의 통일정책에서 유래된 이른바 통일비용의 추정에 관한 기존의 접근방식들이 갖는 한계성 내지 문제점을 제시하고 이를 보완할 수 있는 별도의 통일비용 접근방안을 제시해 보았다. 즉, 본 연구에서는 통일비용을 남북한의 소득수준을 같게 하기 위해 남한이 북한에 이전지출해야 할 투자총액으로 인식해 온 종전의 개념 대신, 통일비용을 국민경제의 동질성 회복이란 목표달성에 소요되는 경제적 비용으로 인식하되 절대규모의 크기 자체를 추정하는 대신 현실적으로 수용 가능한 남한측 부담규모를 먼저 내정한 다음, 그 한도 내에서 통일사업을 추진하게 된다고 가정하며 궁극적으로는 이러한 과정에서 예상되는 경제적 부담 내지 비용을 극소화시키는 정책대안을 마련하는 데 주안점을 두었다.

한국 경제의 거시계량모형인 SUM '98을 사용하여 구조방정식을 추정한 다음 이 모형의 동태적 안정성 내지 모형 전체의 적합도 판정을 위해 역사적 의태분석을 실시한 결과, 주요 변수들의 RMSPE가 5% 이내에 머무는 동태적 안정성을 보여 주었다. 경제정책 시뮬레이션으로 정부 조세, 화폐발행, 이자율, 임금, 환율 등이 변할 때 GNP, 실업률, 물가상승률, 실질경제성장률 등이 어떻게 변화하는지를 살펴보았다.

이상에서 살펴본 정책 의태분석 결과 우리는 ① 통일비용 극소화는 통화발행이나 국공채 발행보다는 조세수입 증대방안이 효율적이고, ② 조달된 기금 중 적어도 40% 정도 이상의 정부지출은 남한으로 귀속될 필요가 있다는 점, 그리고 ③ 명목임금의 인위적 인상방안은 통일비용문제를 극도로 악화시키지만, ④ 평가절하정책은 통일부담 완화에 기여할 것이란 결론을 도출한 셈이다. 물론 본 연구에서 구체적으로 분석된 주요 결론 외에도 동구권의 체제전환정책 분석에서 확인한 바 있듯이, 사유화의 신속한 정착이 통일비용 극소화에 절대적으로 필요한 기본 경제정책이라는 점과 사유화의 방식에 따라 그 성과는 상당한 차이가 있다는 사실을 다시 한 번 강조해 두고자 한다.[16)]

16) 자세한 내용 및 정책대안은 이종원 · 김창권(1996) 참조.

참고문헌

고일동 편, 『남북한 경제통합의 새로운 접근방법』, 한국개발연구원, 1997.

권오윤, 「북한경제정책의 변화에 관한 연구」, 현대경제사회연구원 편, 『북한경제의 오늘과 내일』, 1996, pp. 343~367.

김영하, 「분단비용과 통일비용에 관한 인식제고 방안, 대학생들의 의식조사 연구결과를 중심으로」, 『통일정책 · 환경(I)』, 1997 신진연구자 북한 및 통일관련 논문집, 1997, pp. 1~92.

김용구, 「독일 통일관련 경제정책의 실제에서와 한국의 통일관련 논의에서의 제 문제점 비교분석 및 개선방안 모형을 중심으로 한 한국 통일정책모델 수립을 위한 연구」, 『1994 안보학술논집』 제5권 제1호, 1994, pp. 473~553.

______, 「독일통일이후의 통일관련 경제정책의 제수단 및 효과분석에 입각한, 한국에서의 소위 '통일비용'에 관한 제논의의 문제점 분석과 '통일비용' 감소방안의 모색을 위한 연구」, 한국비교경제학회 편, 『남북한의 경제체제와 통합』, 1995, pp. 146~204.

김준영, 「내생적 경제성장과 통일비용 시뮬레이션」, 대한상공회의소 · 성대 한국산업연구소 편, 『통일한국의 경제체제와 정책기조』, 1995, pp. 67~84.

김창권, 「독일 통일비용 15년 평가와 시사점」, 『통일경제』, 겨울호, 2005.

문준조, 「북한의 토지임대제도 연구」, 현대경제사회연구원 편, 『북한경제의 오늘과 내일』, 1996, pp. 164~194.

박태규, 「한반도 통일에 따른 소요비용의 추계와 재원조달 방안」, 『한반도 통일시의 경제통합전략』, 한국개발연구원, 1997, pp. 371~486.

박헌주, 「북한의 주택사정과 통일후 정책과제」, 『통일경제』, 제8호, 1995, pp. 77~88.

배진영, 「경제통합의 속도와 시기: 투자지출액 접근」, 베르너 푸쉬라 · 김원식 공편, 『통독의 경제적 평가와 한반도 통일』, 후리드리히 에베르트 재단 및 대외경제정책연구원, 1993, pp. 34~70.

손희두, 「통일 후 북한지역 내 재산권 문제 처리방안, 동서독 통일과정과 비교하여」, 『한세정책 제안』, 1994, pp. 51~67.

신창민, 「통일비용의 추정」, 평화통일자문회의 발표논문, 1992.

이상만, 「남북한 경제통합의 경제적 영향: 통일비용의 접근방법」, 한국비교경제학회 편, 『1994년도 학술발표대회 논문집』, 1994, pp. 115~137.

이상현 · 박완근, 『독일의 경제통합정책』, 한국은행 조사연구자료 98-4, 1998.

이영선, 「한반도에서의 경제적 통합의 효과: 통일비용과 이득에 대한 시나리오적 접근」, 연세대학교 동서문제연구원 학술세미나 발표논문, 1992.

이종원 · 김창권, 「동구권 국유기업의 사유화 정책 평가 및 한반도 통일에의 시사점」, 『국제경제연구』, 제2권, 1996a.

______, 「통일실현시 북한경제의 시장경제로의 전환을 위한 경제제도 개혁방안: SSM 사유화 정책을 중심으로」, 『재정논집』, 제11집, 1996b, pp. 271~298.

이승현 · 김갑식, 「통일비용: 논의의 현황과 쟁점」, 『국회입법조사처 이슈와 논점』, 제101호, 2010.

이종원 외, 『통일경제론』, 도서출판 해남, 1997.

전홍택 · 이영선 편, 『한반도 통일시의 경제통합전략』, 한국개발연구원,

1997.

조동호, 「통일에 따른 경제적 편익」, 『한반도 통일시의 경제통합전략』, 한국개발연구원, 1997, pp. 439~503.

현대경제연구원, 「남북통일, 편익이 비용보다 크다–통일비용 및 통일 편익의 추정과 시사점」, 『HRI 경제주평』, 통권 422호, 2010a.

______, 「동서독 20년 평가와 시사점–통일비용과 편익 분석을 통한 긍정적 통일 인식 확산」, 『HRI 경제주평』, 통권 411호, 2010b.

Bofinger, P., "Macroeconomic Transformation in Eastern Europe: The Role of Monetary Policy Reconsidered," in Herr *et al.*, *Macroeconomic Problems for Transformation: Stabilization Policies and Economic Reconstructuring*, 1994, pp. 77~95.

Calvo, G. and F. Coricelli, "Stabilization in Poland," *Economic Policy*, 14, 1992, pp. 176~226.

Deutsche Bundesbank, "Die Entwicklung der Staatsverschuldung seit der deutschen Vereinigung," *Monatsbericht*, 1997, pp. 17~32.

Eberstadt, N. and J. Banister, *North Korea: Population Trends and Prospects*, 1990.

Fisher, S., R. Sahay, and C. A. Vegh, *From Transition to Market - Evidence and Growth Prospects*, IMF Working Paper 98/52, 1998.

Herr, H., S. Tober, and A. Westphal, *Macroeconomic Problems for Transformation: Stabilization Policies and Economic Reconstructuring*, Aldershot, 1994.

Hoffmann, L., *Warten auf den Aufschwung: Eine ostdeutsche Bilanz*, Regensburg, 1993.

Laski, K. and A. Bhaduri, "Lessons to be drawn from main mistakes in the transition strategy," in S. Zeccini, ed., *Lessons from the Economic Transition. Central and Eastern Europe in the 1990s*, OECD, 1997.

Rosati, D., "Endogenous Budget Deficits During Transition: The Mechanism and Policy Response," in Herr *et al.*, *Macroeconomic Problems for Transformation: Stabilization Policies and Economic Reconstructuring*, 1994, pp. 45~76.

______, *Transition Countries in the First Quarter 1998: Widening Gap Between Fast and Slow Reformers*, The Vienna Institute for International Economic Studies (WIIW), Research Reports, No. 248, 1998.

Scalapino, R. A. and C.-S. Lee, *Communism in Korea, Part II: The Society*, Berkeley, 1972.

Sinn, H.-W., "Economic Problems of German Unification: Lessons for Korea," Paper prepared for the Conference *50 Years of Public Finance in Korea: Retrospective and Perspectives*, Seoul, Oct. 20-21, 1995.

찾아보기

[ㅈ]

◆ 저자약력 ◆

성균관대학교 경제학학사
미국 Kent State University 경제학석사
미국 Indiana University 경제학박사
미국 George Washington University 객원교수(Fulbright Researcher)
미국 Stanford University 객원교수
미국 Yale University 초빙교수(Fulbright Senior Lecturer)
한국응용경제학회 회장
한국경제연구학회 회장
한국경제학회 회장
현재 성균관대학교 경제학과 교수
　　한국사회과학협의회 회장

■ 저서

한국경제의 거시계량분석(공저), 성대출판부, 1991
국제경제와 한국경제(공편저), 박영사, 1992
경제경영통계학, 박영사, 1986(1994, 2004)
계량경제학, 박영사, 1994(2007)
SAS를 이용한 통계분석(공저), 박영사, 1995(1996, 1999, 2003)
RATS를 이용한 계량경제분석(공저), 박영사, 1995(1999, 2004)
통일경제론(공편저), 해남, 1997
한국경제의 발전과 미래(공저), 해남, 1998
부패의 경제(공저), 해남, 2000
한국제조업의 고용조정 분석(공저), 집문당, 2001
한국경제론: 한국자본주의 발전의 명암과 미래전망, 율곡, 2002
한국경제의 산업조직(공저), 해남, 2003
통일실현시 경제안정화를 위한 주요정책과제, 한국노동연구원, 2003
북한인력에 관한 법제 · 실태와 활용방안(공저), 한국노동연구원, 2004
THE KOREAN ECONOMY AND ITS PROSPECTS, East West Reserch Institute, 2004
한국경제론(제2판),해남, 2004
경제예측론, 해남, 2006
경제학, 해남, 2009
국제금융위기와 한국경제: 위기를 기회로, 대한상공회의소, 2010

통일에 대비한 경제정책

2011년 5월 18일 초판1쇄 인쇄
2011년 5월 25일 초판1쇄 발행

저 자 이종원
발행인 노현철
발행처 도서출판 해남
서울특별시 서대문구 충정로 3가 227-1 우리타워 6F
전화 739-4822 팩스 720-4823
e-mail haenam30@dreamwiz.com
homepage www.hpub.co.kr
등록 1995. 5. 10 제 1-1885호

정 가 25,000원

ISBN 978-89-6238-030-9 93320